Dieter Bachmann

Die Vorzüge der Halbinsel

❚ Auf der Suche nach Italien

marebuchverlag

Die Deutsche Bibliothek verzeichnet diese Publikation
in der Deutschen Nationalbibliografie;
detaillierte bibliographische Daten sind im Internet
unter http://dnb.ddb.de abrufbar.

2. Auflage 2008
© 2008 by **mare**buchverlag, Hamburg

Lektorat Jürgen Abel, Hamburg
Umschlaggestaltung
marebuchverlag, Hamburg
Vorsatzabbbildungen Szenenbild aus «Amarcord»
von Federico Fellini © defd
Théodore Géricault *Le Radeau de la Méduse,*
1818/19, Louvre, Paris
Typographie und Einband
Farnschläder & Mahlstedt Typografie, Hamburg
Schrift Scala Pro
Druck und Bindung CPI Clausen & Bosse, Leck
Printed in Germany
ISBN 978-3-86648-084-1

Von **mare** gibt es mehr als Bücher:
www.mare.de

«Der literarische Diskurs über die Schönheiten Italiens
hat viele Leute dazu verleitet, nur das zu bemerken,
was ihnen aufgetragen wurde, und nicht das zu untersuchen,
was ihnen vor Augen trat.»

Predrag Matvejevic, «Der Mediterran»

1

Weit weg. ▍ «Mare o terra?», fragt der Kellner in einer einfachen Trattoria an der Küstenstraße N 18 – vom Meer oder vom Land? Vor uns tiefes Dunkelblau, der Golf von Policastro. Wir blicken hinaus. Hinter uns Kalabrien, steinig, trocken, schon jetzt, im Frühsommer.

Aus den Bergen sind wir heruntergekommen an die Küste. Wir schauen über das Wasser und denken an die beiden Alten, dort hinten, in einem der einsamen Täler, wo die Menschen aufschauen, wenn ein Auto auf der Naturstraße vorbeikommt. Die beiden Alten in ihrem Gemüsegarten. Bohnen waren im Vorbeifahren zu erkennen, Tomaten, Artischocken. Ein kleines, bescheidenes Haus. Die Alten bückten sich gleich wieder über ihr Beet. Die Sonne drückte sie mit dem Gesicht auf die Erde.

Hier, am Meer, ist alles großer Raum. Das Meer, der Himmel und, damit wir nicht ganz verlorengehen, die felsgesäumte Küste.

Meer oder Land? Es geht um das Antipasto. Der Kellner will wissen, welche Vorspeisen wir möchten. «Cosa gradiscono?», fragt ein solcher Kellner, wenn er höflich ist, «Was wünschen Sie?»

Uns ist alles recht. Terra, das kann Schinken bedeuten, Prosciutto crudo, Salami, sicher Oliven und eingelegtes Gemüse. Peperoni, Zucchine, Melanzane, die violett schimmernden Auberginen. Ziegenkäse, mit etwas Glück. Sonst Pecorino, den Schafskäse. All das, was von dort aus den Bergen kommt.

Oder doch lieber Mare? Könnte als Frutti di mare daherkommen, mit eingelegten Sardellen in Olivenöl und Petersilie, gebackener Tintenfisch, vielleicht ein mit grünem Pfeffer in Öl und Zitrone mariniertes Fisch-Carpaccio. Muscheln, Vongole und Cozze, eine Mazzancolle, oder einfach ein paar kross gebackene Crevetten? Wir sind zu zweit und bestellen beides. Und lösen damit einen italienischen Zwiespalt. In «Poli-Castro», auch einem Doppelmoppel aus griechischer und römischer Wurzel. Terra o mare? Muss man sich denn immer entscheiden? Man kommt hierher, um sich zurückzulehnen. «Cosa gradisce?» Beides, Herr Cameriere, beides, und eine Karaffe Weißen dazu, della casa. Ist das Glas dann halbvoll oder halbleer? Lob der Halbinsel! Meer und Festland zugleich, ein Land, und sogleich seine Begrenzung. Land plus Meer, beides reichlich, und manchmal beides nur halb. Man kann, wenn man will, sich als Festländer fühlen. Und wenn dir die andern nicht passen, spielst du Insulaner. Bis du die anderen wieder brauchst. Ein Spiel, ein sehr italienisches Spiel in einem Land, in dem die Geste zählt und nicht immer nur das Ergebnis, das Resultat.

Das Ausland ist von hier aus gesehen nicht sonderlich interessant. Es scheint weit weg zu sein. Die Zeiten der Emigration sind zum Glück vorbei. Man will nicht wissen, auf der Halbinsel, dass sich die Länder im Norden in den vergangenen zwanzig Jahren drastisch verändert haben, moderne und ebenso selbstbewusste wie selbstkritische Länder geworden sind. Man nimmt es nicht zur Kenntnis. Man ist mit sich selbst beschäftigt.

Eine kontinuierliche Berichterstattung über die anderen europäischen Länder und einige Schwerpunkte außerhalb Europas – Afrika, Lateinamerika, Asien – gibt es in den besten Zeitungen nicht. Es gibt nur Nachrichten über Krisen, über Kriege, über die, an denen man – vorauseilender Gehorsam gegenüber dem transatlantischen, dem bewunderten großen Bruder – selbst beteiligt ist. Es gibt nicht die kontinuierliche Information, wie sie jeder Leser der *Süddeutschen* oder der *NZZ*, des *Le Monde* oder der *New York Times* hat.

Im Vergleich mit diesen Zeitungen ist selbst die hochgelobte *Repubblica* ein Revolverblatt: im Auslandsteil nur die Katastrophen, im Inlandsteil Sex & Crime und die mäandernden Machenschaften und Krisen der Mächtigen und der Reichen. Dafür ist der Kulturteil von höchstem Anspruch. Das Fernsehen als Informationsmedium kann man vergessen; wenn Politik dort überhaupt vorkommt, ist es Politik als Show.

«Menefrego» heißt: Es ist mir wurscht. Die größten liberalen Tageszeitungen, der *Corriere della Sera* und die *Repubblica*, schreiben in jedem Artikel über Deutschland mindestens drei Namen falsch – wenn ein solcher Artikel, etwa im Vorfeld eines Staatsbesuchs von Frau Merkel, überhaupt einmal erscheint.

Aber ob der Mann Muntefeling heißt oder Murefering, oder Mentefürung oder Munterfeeling – spielt das eine Rolle?

Wenn man auf einer Insel lebt, hat das Wort Festland einen leicht abschätzigen Charakter. Den gleichen Klang, den in der Schweiz das Wort Ausland nach dem Zweiten Weltkrieg hatte und teils immer noch hat. Es ist unbestimmte Angst dabei, und manchmal Ablehnung.

Trotzdem, im Unterschied zu einem Kleinstaat hat Italien das nötige Gewicht für Selbstgewissheit. In einem solchen Land kann man auch zu Hause bleiben. Und so ist es gewiss weiter von Parma nach Zürich als von Zürich nach Parma.

Jede Insel lebt in einer Splendid Isolation. Eine Halbinsel halbwegs auch. Es bleibt zwar angewachsen, dieses lange Landbein, bleibt ein Teil des Körpers Europas. Aber weit außen. So weit, dass sich in diesem Landbein ein eigener Blutkreislauf dreht.

Lachend kommentierte der Finanzminister der neuen Regierung, Tommaso Padoa-Schioppa, das Erbe seiner Vorgänger. «Italien wirkt immer chaotisch, selbst wenn wir unsere Staatsfinanzen ordnen. Das ist Teil unseres nationalen Spiels ... Jeder gegen jeden, aber das ist Teil unseres nationalen Stils, der Italiener so anziehend für die Deutschen macht. Während meiner Zeit in Frankfurt musste ich lernen, dass es in Deutschland gefährlich ist, ständig die Spur zu wechseln. In Italien ist es gefährlich, das nicht zu tun.»

Wenn sich in Neapel die Fememorde, die gewöhnlichen Morde, die Eifersuchtsdramen und die Überfälle wieder einmal häufen, dann macht die Freitagsbeilage der *Repubblica* mit einer Titelstory auf, die vorwurfsvoll fragt: «Wie viele Neapel gibt es in Europa?» Eine Stadt geht unter, und die Zeitung wiegelt ab. Mit dem in diesem Land fetischhaft geliebten Instrument Statistik belegt sie, dass Rom – Rom, nicht Neapel! – mit seiner Kriminalitätsrate weit hinter Amsterdam, London, Berlin, Paris und Madrid liege und dass Italien in der Klassifikation der 25 EU-Staaten vor den friedfertigsten – Irland, Holland und Dänemark – am Ende der Skala der Morde pro 100 000 Einwohner steht. Die Story, wie rührend, kommt zu dem Befund, dass Italien, im Vergleich zum übrigen Europa, «nur in Bezug auf die organisierte Mafia und ähnliche Organisationen ein spezifisches Problem» hat.

Nur in Bezug auf die Mafia!?

In Rom geht eine Dame aufs Postamt, um Briefmarken zu kaufen. Der Beamte bedauert: Es sind keine Marken da. Die Dame schaut sich demonstrativ um: «Aber ich befinde mich doch in einer Post?», sagt sie, gespielt empört, oder schon wirklich ein wenig gereizt. Man hat sich in dieser Stadt ein bisschen wundgelebt mit den Ämtern. Schlamperei, denkt die Dame und lässt das Auge blitzen, «mannaggia!»

Der Beamte muss, es ist ihm nicht angenehm, zugeben: das ist ein Postamt.

«Dann möchte ich jetzt meine Briefmarken haben», sagt sie. Das ist die Kraftprobe des Tages! Der Beamte seufzt. Traurig schaut er durch sein Schalterglas.

«Dann geben Sie mir bitte das Geld, Signora.» Sie reicht es durch den Spalt, abgezählt, zehn Mal das Porto für einen Brief nach Europa.

Dann schließt er den Schalter und verschwindet.

Ein Schild hat er hinterlassen: «Sportello chiuso». Schalter geschlossen.

Die Dame wartet davor. Hinter ihr zehn andere.

Nach einer Weile kommt er wieder, öffnet den Schalter und händigt die Briefmarken aus. Er hat welche gefunden. Wo? Egal. Wohl beim Tabacchi, der Zigaretten verkauft, Lottoscheine, Pferdewetten, Rätselhefte, Kugelschreiber, Wertmarken, Zeitungen und die ganze riesige Palette an Buch-, DVD-, CD- und anderen Supplementen zur gedruckten Presse, daneben Modellflieger, Weihnachtsmänner, Weinführer, Flugdrachen und Landkarten? Und Briefmarken, ja.

Sie hat sich durchgesetzt. Aber auch der Beamte hat ein Kunststück gezeigt. Hat, beflügelt durch eine furibonde Signora, eine lockere Improvisation über das Thema Auch-Umwege-führen-zum-Ziel vorgeführt.

Und das Warten? Die Empörung?

Hat sie nicht ihre Briefmarken? Sie hat sie.

«Hier abtrennen» steht manchmal an der gepunkteten Linie einer Anzeige. Eine kleine Schere verleiht der Aufforderung Nachdruck. Hier abtrennen!, das denkt auch der Fremde nicht selten, der Fremde, der kein Tourist ist und nicht jederzeit abhauen kann, wenn er über der Landkarte sinnierend die Linie Triest – Turin studiert, den Arco Cisalpino, diesen durch den Alpenbogen aufgebauten Kulturunterschied.

Ach, könnte man diesen kulturellen Sonderfall Italien doch in ein Floß verwandeln, denkt einer, eine Arche, einen Dampfer, ein Narrenschiff. Langsam, ganz langsam triebe das Land ins Mittelmeer hinaus, eine schwimmende Welt, eine Insel. Ein Floß, Floß der Medusa. Ein Floß, das sich selbst überlassen bliebe, die Passagiere in Hoffnung und Entsetzen zusammengedrängt.

Und dann, von Istrien bis nach Südfrankreich – alles Küste! Die Schweiz und Österreich liegen plötzlich am Mittelmeer.

Aber was verlören wir nicht alles, nur schon hier oben, im Norden des Südens –

«Du warst noch nie in Triest», sagt einer. Wie kann man Triest nicht kennen? Gut, wenn schon Triest, dann kann man auch gleich wieder einmal in Venedig vorbei. In Vicenza, sagt der Kenner. Oder weiter südlich. Nach Ferrara!

Ferrara, das kennst du wieder nicht? Jaja, die Gärten der Finzi-Contini ... Herbst, der berühmte Nebel in Ferrara. Ein Fahrrad, ein schwarzschweres Ding, klingelnd mit seiner hopsenden Reiterin über das Kopfsteinpflaster von Ferrara, aus dem Nebel heraus, in den Nebel hinein ... und das reicht schon wieder für eine Sehnsucht.

Nein, bitte nicht abtrennen!

Wir schrecken auf. «Mare o terra», drängt der Kellner, die beiden Antipasti auf dem Arm; er hat noch andere Gäste. Wer nimmt welchen Teller?

«Stellen Sie beide in die Mitte.»

Tiefblau der Golf, wie handgekräuselt. Der weiße Landwein leuchtet im beschlagenen Glas. Terra e mare. Land plus Meer. Nur jetzt kein Entweder-oder. Man kann hier beides haben, und jederzeit fast alles. Mare e terra. Du bist auf einer Halbinsel, du hast die Wohltaten der Insel und die Vorzüge des Festlands. Spiel damit. Es zählt der Atemzug, in dem du dich am Leben fühlst.

Play it again, Federico ... Männer, Frauen, Kinder, wie sie auf einer Flottille von Barken, Schiffen, Booten hinausfahren auf das nächtliche Meer. Die *Rex* wollen sie sehen, den größten Dampfer Italiens, eine Großtat des Faschismus, die *Rex*, die in dieser Nacht vor ihrem Städtchen, dem Meer vor Rimini vorbeikommt. *Offenes Meer. Außen. Sonnenuntergang. Sommer.* Der Schwimmer, der einzige Schwimmer von Rimini, und wie er sich, heldenhaft erschöpft, an Bord ziehen lässt. Pataca, der Advokat.

Die schöne Gradisca, die unnahbare Schöne – vor dem König, im Bett des Grand Hotel, hat sie nur noch gehaucht: «Gradisca» – «Bedienen Sie sich.» Der Philosophieprofessor. Titta, der junge Mann, seine Eltern, ein Matrose. Der Blinde mit der Ziehharmonika.

Gesprächsfetzen, Lachen über dem ruhigen Wasser. *Die Musik erfüllt die Nacht mit einer melancholischen Stimmung.* Man wartet, wieder einmal steht die Zeit still, und es ist der Augenblick, in dem das Verschwiegenste gesagt werden kann.

«Ich möchte eine Begegnung, die anhält, ein ganzes Leben lang», sagt die schöne, die begehrte, die dreißigjährige Gradisca. «Ich möchte eine Familie haben, Kinder, einen Mann, mit dem man am Abend noch ein bisschen plaudern kann ... Und manchmal auch zusammen ins Bett gehen, denn was nötig ist, ist nötig ...»

Da kommt endlich, aufrauschend im Meer, riesengroß die *Rex* daher.

«Das größte Werk des Regimes», ruft begeistert der kahlgeschorene Faschist. Evviva!

«Gleite dahin, du Riese des Meeres!», schreit der Philosophieprofessor.

«Gute Fahrt», ruft der Stadtchronist, «es lebe Italien!»

Gleite dahin – gute Fahrt.

Der ungeheure Koloss zieht davon wie ein wundervoller Traum.

«Addio! Addio!», ruft Titta, Fellinis junges Alter Ego, sehnsüchtig und traurig.

«Angeber, Angeber!», schreit eine Männerstimme zum Dampfer hinüber.

Dann: *Furzgeräusch.*

Die Rex ist jetzt nur noch ein kleiner Lichterkranz, ein Sternzeichen unter vielen anderen am Himmel. Aber die Nacht verschlingt auch dieses. Noch ein fernes Aufheulen der Sirene ... Hat man sich nicht glänzend unterhalten? War das nicht ein wunderbarer Abend?

Man war dabei und muss nicht fort. Wie viele Dampfer fuhren nicht in die Emigration, nach Amerika, Argentinien, Australien?

Man rudert zurück.

Jetzt kommen die dunklen Wogen des Kielwassers heran.

Es reicht unter Umständen, wenn man gesehen hat, wie die Welt vorbeizieht.

Wenn der Dampfer in der Nacht verschwunden ist, versinkt auch das Festland im Dunkel.

Wir ziehen eine Jacke über.

Zürich, Heimatstraße. ■ Zwei, drei Schritte durch einen kleinen Vorgarten (Gestrüpp, Spiräus, Hortensien), eine steile schmale Treppe hinunter, und man steht im Untergeschoss, im Keller eines schmalen Einfamilienhauses, welches man sich nicht großartig vorstellen soll. Vorige Jahrhundertwende, also späte Gründerzeit. Einigermaßen hell durch hoch gelegene Klappfenster zum Vorgarten hin. Plus Neonbeleuchtung. Eine Art Atelier und Kleiderlager, vollgestellt mit Regalen, Kleiderständern, Ablagen, mit Schachteln, Paketen. Am Rand ein Arbeitstisch mit einer Nähmaschine, hier in der Mitte ein Tisch auf gusseisernen Füßen. Kaffeemaschine, Flaschen, Gläser. Mehrere Zapfenzieher. Ein Sparschwein für einen eventuellen Zustupf, auf dem steht: «Schwarzgeld». Ein Kommen, Lümmeln und Abhauen, Sprache vorwiegend Italienisch, genauer: Schweizerdeutschitalienisch, Secondo-Klang. Im Zentrum steht Lino, ein kahlköpfiger, etwas bauchig gewordener Mann jenseits der sechzig, Brille auf der Stirn, zurückhaltendes Lächeln. Ein Maßband um den Hals. Lino, der italienische Schneider an der Zürcher Heimatstraße. Er hat eine Flickschneiderei, feiner: Änderungen, und etwas Neuverkauf, Eigenimport. Verkauf direkt aus der Lieferschachtel. Such dir eine passende Größe, sagt Lino, habe alles da. Willst du einen Kaffee? Nein? Einen Apero? Wein? Da steht die Flasche. Dann doch lieber einen Kaffee. Einer steht mit Lederjacke und dunkler Sonnenbrille an die Tür gelehnt. Ist ja auch eine Art clandestiner Treffpunkt, ein Stück Italia, also «Eimatstraat, estraterritoriale». Erinnert an Emigration, fünfziger Jahre, Hochkonjunktur und Italienerschwemme, an überfüllte Nachtzüge, an große Koffer und verschnürte Schachteln im Gepäcknetz. An die, nach getaner Arbeit, prompt versuchte Vertreibung vom Schweizerboden, «Ausländer raus!», an Überfremdungsinitiativen und ähnliche politische Infamien, die man sofort verdrängt hat, als zwanzig Jahre später die Jugos und die Schwarzen gekommen sind. Jetzt sind die Italos gleich wie wir. Lino hat möglicherweise eine etwas abweichende Erinnerung. Lino lässt sich einen Kaffee heraus, den wievielten?, und setzt sich an die Nähmaschine. In der Wohnung, einen Stock höher, seine Familie, die Frau und früher eine studierte Tochter. Die hat über sprachliche Assimilation von Italienern in der Schweiz gearbeitet.

Die erste Generation schluckt, die zweite verdaut.

Man kann hier sitzen und in Ruhe überlegen, ob es nicht die Besten waren, die weggegangen sind. Die Tüchtigen … die Maurer, Mechaniker, Handlanger, Schwerarbeiter (Mineure, Gießer, Dreher), Köchinnen, Büglerinnen, die Schneider. Die gute Sorte. Hat man je davon gehört, dass Kardinäle in die Fremde gingen, Bankdirektoren, Oberlehrerinnen, Neofaschisten, Äbtissinnen, Senatoren? Oder brave Ingenieure, Flugkapitäne, Ärzte, Physiker? Die blieben zu Hause und versuchten, sich das Land mit Hilfe von Söhnen, Töchtern, Neffen, Freunden und Freundesfreunden, dem Amico und dem Amico des Amico, unter den Nagel zu reißen. Wurden dick und fett, oder dünn und ledrig, sind immer noch da, uralt, reich, mächtig, unsterblich.

Linos Interieur … Schachteln, Werkzeug, der Tisch und ein paar Stühle in diesem nur von Oberlichtern erhellten Soussol abgestellt: da sein und nicht da sein. Als ob 1960 gestern gewesen wäre. Grad angekommen. Legt den Gedanken nahe, dass so einer auch an der Heimatstraße immer fremd bleibt, mit den Jahren ein bisschen weniger als am Anfang, vielleicht. Erzählt vom Spagat zwischen dort und hier, dieses Interieur – der Bewohner selbst, er beklagt sich nicht. Immer abgereist, niemals ganz angekommen, denkst du. Also eigentlich immer noch unterwegs.

Lino würde das nicht so sagen. Sicher nicht. So nicht.

Ich sage: Ciao, Lino, a presto. E grazie per la tua ospitalità.

Latte macchiato. ❚ Ich benutzte das Wort «Oberlicht». Dabei kam mir in den Sinn, wie der Schmied das nannte, als ich bei ihm ein Klappfenster als Oberlicht bestellte.

«Lei vuole un vasistas», sagte er.

Ich staunte nicht schlecht. Ein was? Ein Was-ist-das?

Wie es so kommt, traf ich einen Professor. Das Wort war ihm bekannt, und er sparte nicht beim Erklären. Italiener seien sehr neugierig, also gierig auf alles Neue. Beispiel: Handy. Wenn der Deutsche eines habe, besäße der Italiener schon drei.

Ich hatte keinerlei Mühe, darauf nichts zu erwidern.

Ein solch Lernbegieriger müsse einst im Norden auf diese Einrichtung, das Klappfenster, gestoßen sein, sagte der Professore, eine Einrichtung, die hierzulande nicht bekannt gewesen sei.

Der Italiener habe gefragt, der Gefragte ihn wohl nachgeäfft mit seinem schlechten Deutsch: Vasistas?

Der Professor überzeugte mich nur teilweise. Wie soll auf dem schmalen Pfad einer solchen Anekdote ein Wort in einen Sprachraum einwandern und sich dort einrichten können? Inzwischen hatte ich nämlich nachgefragt: viele kannten dieses Wort, vasistas, und sie wussten genau, was es bedeutet.

Das wäre also, dachte ich, wie bei Johann Peter Hebel und seinem Herrn Kannitverstan, wo einer, einer aus Tuttlingen, der in Amsterdam nach dem Besitzer eines schönen Hauses und danach nach dem Eigentümer einer Reederei fragt, von den Holländern, die sein Deutsch nicht verstehen, die Antwort «Kannitverstan» bekommt, worauf er annimmt, das müsse ein reicher Herr sein, der so heiße – das wäre mit dem «Vasistas» also ähnlich zugegangen?

Es gibt im Italienischen den geläufigen Fall des Kindergartens, der hier ebenso heißt, nämlich «Kindergarten», aber das ist nicht weiter verwunderlich, gibt es doch in jeder Sprache die Lehnwörter; das beliebteste in Italien heißt derzeit: «okay».

O. K. Aber was ist mit Gualdo, dem Ort in der Nachbarschaft, in dem ein Deutscher wohnt, dem der Ortsname heimisch vorkommt, nämlich als ein italienisch anverwandelter «Wald» erscheint? Was, wenn Knödel zu Gnocchi werden (waren sie vorher wirklich «Knödel» und nicht vielleicht «Quenelles»?). Was ist mit Federico, dem italienisierten Friedrich, und vasistas erst mit Alberigo, in dem etwas so Deutsches wie ein Alberich steckt?

Und was ist mit dem Wort «Lanzicheneccho», das erst auf den zweiten, den dritten Blick freigibt, was an Deutschem in ihm steckt? Ein «Landsknecht» nämlich, und zwar kein «Knecht vom Lande», sondern ein «Lanzenknecht». Ich fand das Wort erst vor ein paar Tagen wieder, als von Mantua, den Gonzaga und den plündernden Reisläufern die Rede war.

Auch die Sprache hat ihre Reisläufer, Lanzenknechte oder Ausreißer. In beiden Richtungen, versteht sich. Als ich nach dem deutschen Wort für die Bedeutung von Freizeit-Sport-Segler-Yacht-Hafen fragte, antwortete mir mein deutscher Gewährsmann ohne Zögern: Marina.

Man kann solchen Wanderungen müßiggängerisch nachträumen.

«Der Mensch hat wohl täglich Gelegenheit», schreibt Johann Peter Hebel am Anfang des «Kannitverstan», «in Emmendingen und Gundelfingen so gut als in Amsterdam, Betrachtungen über den Unbestand aller irdischen Dinge anzustellen, wenn er will, und zufrieden zu werden mit seinem Schicksal, wenn auch nicht viel gebratene Tauben für ihn in der Luft herumfliegen ...»

Das könnte nun so weitergehen: die Tauben erinnern an die Vogelgrippe und wie diese sich von Kontinent zu Kontinent ausbreitet, an Bakterien, Viren, ganze Insekten, die mit Flugzeugen dorthin gebracht werden, wo sie nicht hingehören, an blinde Passagiere, illegale Einwanderer, Emigranten wie Lino (um auf das «Oberlicht» zurückzukommen), Emigranten, die in der Fremde zu Hause sind und doch fremd bleiben.

Capito?

Klingsors Garten. ▮ Die Kinder waren da geboren worden, herangewachsen, erwachsen geworden. Nach all den Jahren sind ihre Eltern nun aus ihrem Haus ausgezogen. Ohne Not. Nicht wie früher, in den anderen Jahrhunderten, als man in die Emigration gehen musste. Oder wenigstens in die Stadt, zu den neuen Arbeitsplätzen, die nicht mehr im Steinbruch, im Maisfeld, im Tabak, im Weinberg waren. Diese hier gingen, weil ein Wechsel eine Änderung bringt, frischen Wind. Wir sollen uns ja ständig ändern; Bewegung hält jung!

Das alte Gemäuer, das sie verlassen haben, ist ein schönes Haus gewesen, damals, am Anfang, mit Liebe und Leidenschaft umgebaut, mit einem riesigen Garten und von Wald umsäumt. Und schön ist es immer noch. Neue Leute leben darin, solche aus der Stadt, die nicht grüßen, als ob sie noch nicht gemerkt hätten, dass sie in einem

Dorf wohnen. Sie fahren mit dem Auto durch den Nucleo, den Dorfkern, und schauen durch die Menschen hindurch, die sie antreffen. Die Neuen spüren das Netz von eingeschliffenen Beziehungen nicht, das unsichtbare Netz, in das sie wie ein Fremdkörper hineingeraten sind. Alle sehen sie, sie sehen sich die Neuen sehr genau an. Nur die Neuen, die sehen nichts.

Wir alle sind so. Man ist am Anfang blind, blinder als blind für das, was man doch vor den Augen hat. Man muss erst lernen, die anderen Zeichen zu lesen. Am neuen Ort bedeutet alles etwas anderes. Man muss die Angst überwinden.

Die Leute, die weggezogen sind, hatten das Bedürfnis, einiges zu erklären. Vielleicht hatten sie sogar so etwas wie ein nicht ganz sauberes Gewissen. Die, die gehen, wissen, dass die, die bleiben, über sie sagen: Man geht doch nicht fort. Der Neid derer, die bleiben, ist kleiner als das schlechte Gewissen derer, die gehen.

Der Mann, er war zufällig auch mein Arzt, erzählte mir, als wir uns noch einmal trafen, von den Umständen seines Weggangs. Offenbar hatte er es fertiggebracht, wenn er wirklich ein schlechtes Gewissen hatte, dieses schon auf das Haus zu übertragen. «Das Haus hatte schon angefangen, sich zu rächen», sagte er. «Einmal habe ich mir beinahe den Hals gebrochen, als ich auf der Treppe ausgerutscht bin; ich bin noch nie so ins Stolpern gekommen auf dem Granit.» Ziegel hätten sich verschoben auf dem Dach, ohne einen Sturm zu brauchen. Eine tote Schwalbe lag auf der Steintreppe. «Die Heizung fiel nur deswegen nicht aus», lachte er, «weil es fast noch Sommer war, damals.»

Er sagte schon: damals.

«Aber viel schlimmer war es», sagte er, «als all die lieben Bekannten anfingen, durch mich hindurchzusehen. Ich sah es in ihren Augen. Verräter, sagten die Augen. Nun gut. Die Dableiber fingen an, mir meine Schuld aufzurechnen. Die Untreue; unser mit vielen Skrupeln gefasster Beschluss wegzugehen. Da wäre Dableiben auch kein

Vergnügen mehr gewesen. Das Schlimme aber war: Ich sitze allein in meiner alten Osteria, ich sehe dem Betrieb um mich herum zu, wie immer, und plötzlich sehe ich sehr genau, wie gut es ohne mich weitergehen wird. Gut? Viel besser!»

Er schluckte.

Ich weigerte mich, ihn zu bedauern.

Dann berichtete er von einem der letzten Abende. Alles sei schon für den Umzug bereitgestanden. Da habe sein Nachbar von gegenüber ihn und seine Frau zum Abendessen eingeladen. Das habe er all die Jahre über nie getan. Umgekehrt übrigens auch nicht. Es sei ein Fest verwunderter und zugleich zu Ende gehender Nachbarschaft geworden. Der Gastgeber habe sich unendliche Mühe gegeben, es war ja ein Abschiedsessen. Ausgezeichnete lokale Weine. Selbst meinem Bekannten, also meinem Arzt, war manche Flasche unbekannt. Und wir haben über die Jahre einiges zusammen getrunken.

Das Auffallendste aber: das ganze Menü sei mit Pilzen komponiert gewesen. Von der Vorspeise, dünnen Scheibchen von Parmigiano mit rohen geraffelten Steinpilzen, Olivenöl und ein paar Tropfen Zitrone, über das getrüffelte Rührei, das Rahm-Süppchen mit Stockschwämmchen bis zu den zarten Schnitzeln mit den köstlichen, getrockneten und mit Calvados und Rahm gegarten Morcheln.

Super sei das gewesen. Er habe den Gastgeber gefragt, wo er denn all die Pilze herhabe.

«Aus deinem Garten und deinem Wald», habe der andere gesagt.

«Wie, aus meinem Garten?»

Da hätte er ja die ganze Zeit in einem Pilzparadies gelebt und es nicht gemerkt. Eigentlich nicht gut möglich, oder?

Da wachse viel, habe der Nachbar ruhig gesagt, so ruhig wie Leute sind, die nicht am nächsten Tag umziehen müssen. Er habe sich die ganzen Jahre über erlaubt, sich hie und da ein bisschen zu bedienen, ja, über viele Jahre und Jahreszeiten.

«Und die Trüffel?», fragte mein Freund. Denn eigentlich war der weggezogene Arzt mein Freund gewesen. Seine Stimme kippte ins Falsett, wie immer, wenn er sich aufregte.

Ach, die Trüffel seien immer schon da gewesen, sagte der Nachbar. Nun, auch für ihn gehe jetzt wohl etwas zu Ende.

Nord–Süd. ❚ Auch nach vielen Jahren des Hin und Zurück, der Fahrt in den Süden und der Rückkehr in den Norden, ist die Fahrt über den Gotthard immer wieder ein Erlebnis. Ich meine: die Fahrt mit der Eisenbahn. Nein, nicht einfach deshalb, weil man immer öfter mit der Schadenfreude des Noch-einmal-Davongekommenen auf die stehenden Wagenkolonnen vor den Portalen des Tunnels hinabsieht. Sondern vor allem, weil es so schön ist zu erleben, wie der Zug langsam an Höhe gewinnt, wie er kämpfen muss gegen die Topographie des Gebirges, den Widerstand, der sich dem entgegenstellt, der von Norden nach Süden will. Göschenen ist tief verschneit, Schneetreiben; zehn Minuten später auf der andern Seite blendender Sonnenschein.

Alle tun überrascht, obwohl sie genau das, nichts anderes erhofft haben für ihre Fahrt ins Tessin. Und wie der Zug sich dann vorsichtig, sozusagen Fuß vor Fuß, wieder hinabschraubt, hinunterwindet, aufatmet und in der Ebene Tempo macht ... Der Geruch von Kaminfeuer in der hellen Luft –

Es ist ein Gemeinplatz, von der gewaltigen Leistung der Arbeiter und Ingenieure im ausgehenden 19. Jahrhundert zu sprechen, sicher, aber sie ist immer noch spürbar, erlebbar. Wenn die schweizerischen Bundesbahnen vor Jahren zu einem Jubiläum eine Tribüne bei Wassen an den Berg gebaut hatten, von der aus man – wie eine Märklinbahn! – den Verkehr bewundern konnte, an diesem zentralen Punkt, wo die Kehrtunnels im Berg sich überlagern und draußen kühne Brücken die Schluchten zwischen den tief eingeschnittenen Runsen überspannen, so lag darin berechtigter Stolz.

Und der Anfang eines langen Abschieds. Wenn der Basistunnel, 51 Kilometer Röhre zwischen Amsteg und Polleggio, also von Talsohle zu Talsohle, einmal gebaut ist, wird es das Erlebnis der Gotthardüberquerung nicht mehr geben. Man wird von Zürich oder Basel zu schnell in Lugano sein und viel zu schnell von Mailand in Stuttgart. Das Bollwerk, das die Alpen sind und bleiben, diese Mauer, die so hoch ist, dass sie das Wetter bestimmt und zwei Kulturen scheidet, wird aufgehoben sein. Ich bin als Reisender konservativ, bin gegen den Gotthard-Basistunnel, und da dies eine sinnlose Gegnerschaft ist, bin ich auf jeden Fall für die Aufrechterhaltung der Bergstrecke und des Scheiteltunnels. Geht es nach mir, bleibt die Bergstrecke für Gotthard-Anfänger für die ersten zehn Alpenquerungen obligatorisch.

Solange wir freilich noch keine Wahl haben, sind wir für jede Verbesserung der Nord-Süd-Verbindung dankbar. So eine war mit dem «Cisalpino» versprochen, und tatsächlich gibt es nun, was Fahrzeiten und Verbindungen betrifft, ein paar Lichtblicke. Aber die neuen direkten Züge zwischen Genf, Bern, Basel, Zürich und Mailand, Bologna, Florenz, Venedig und Triest sind ein Angebot. Ich spreche von den Neigezügen, welche die Bergstrecke etwas schneller bewältigen.

Ein Angebot, sage ich. Kein Vergnügen. Warum ist im Pendolino notorisch die Toilette überschwemmt? Warum sind ständig irgendwelche Türen blockiert? Fleckige, durchgesessene Polster, kaputte Fensterrouleaus, blasig aufgeworfene Bodenbeläge. Eng, laut, unbequem. Das ist der Pendolino, als Fortschritt angekündigt, als Dauerkrise unterwegs.

Ewige Pannen, endlose Verspätungen, Warten und hastiges Umsteigen auf Ersatzzüge. Ein Drittel dieser Züge, das sagt die Statistik, ist verspätet, mehr als nur fünf Minuten verspätet. Das aber ist nicht mehr eine Frage der Technik, es ist eine Frage der Philosophie. Und insofern ist der Cisalpino nicht nur ein Zug, sondern ein Beispiel für kulturelle Differenz. Der Cisalpino bestätigt Huntingtons These vom

«Clash of Civilizations», und bei jeder Fahrt muss er nicht nur die topographische Steigung, sondern auch die Barriere des kulturellen Unterschieds überwinden. Eigentlich müsste er während der Fahrt, sagen wir: im Gotthardtunnel, wo sich, wer weiß bei welchem Kilometer, auch die Sprachgrenze befindet, die Farbe wechseln. Das sagt schon die Sprache. Im Italienischen ist die Panne nur *un guasto*, ein Schaden. Ein Zug, der auf der Strecke stehen bleibt, ist nicht «kaputt»; lediglich fährt er im Augenblick nicht. Und so ist der Cisalpino ein Vehikel, das zum Verbinden gemacht und zum Trennen verurteilt ist.

Es fängt damit an, dass es im Italienischen für das Wort «Verspätung», «ritardo», ein Diminutiv gibt, das wir im Deutschen geradezu obszön fänden: den «ritardino». Wir wollen, beleidigt wie wir es bei einer Verspätung gleich sind, nichts wissen von einem «Verspätunglein».

In deutschen Gegenden gibt es bei einer Verspätung ab fünf Minuten eine Aufregung, ab zehn Minuten Rabatz; in Italien sind Verspätungen von zehn, fünfzehn Minuten erst ein Ritardino. Das heißt nicht nur: eine kleine Verspätung, sondern: keine richtige Verspätung. Eigentlich gar keine. Auch mein Zug, denkt der Italiener, hat ein Recht auf das Recht, das ich so gern in Anspruch nehme: das Recht, zu spät zu kommen. Eine richtige Verspätung wären dreißig Minuten und mehr; und genau von da an gibt es beim italienischen Eurostar auch eine Rückerstattung, zumindest theoretisch.

Wie mit den Verspätungen als solchen geht man in Italien auch mit ihrer Ankündigung milde um. «Il treno Eurostar delle ore cinque e venticinque circola con dieci minuti di ritardo», sagt die Stimme aus dem Lautsprecher. Tatsächlich hat er zwanzig Minuten Verspätung, nicht zehn, aber das merkt man immer noch früh genug, nämlich dann, wenn man zehn Minuten gewartet hat und er nicht kommt, und dann sind es ja, bis er kommt, wirklich nur noch zehn.

Mein persönlicher Verspätungsrekord in Italien mit einem Zug,

der keineswegs zusammenbrach, sondern nur etwas unfahrplanmä-
ßiger fuhr, etwas länger brauchte als vorgesehen, waren viereinhalb
Stunden, und ich muss zugeben, dass die Verspätung, nachdem
die erste Stunde Fahrplanrückstand einmal erreicht war, immer angenehmer wurde. Es gab den Punkt, an dem wir, inzwischen eine
Schicksalsgemeinde, gar nicht mehr ankommen wollten.

«Siamo in orario», teilt man der Mutter durchs Telefonino mit, «wir
sind pünktlich», wenn der Zug ohne erkennbaren Grund und bereits
zehn Minuten verspätet vor dem Signal in Mailand-Lambrate hält
und der Nordländer wieder mit den Fingern aufs Tischchen zu trom-
meln beginnt, flacher atmet, weil sein Anschluss nun sicher endgül-
tig weg ist. «Siamo in orario, puoi buttare la pasta.» Du kannst die Spaghetti ins Wasser tun! – und das ist nun definitiv eine präzise Zeitan-
gabe, denn verkochtes Nudelwerk essen wir nicht. Die Mamma weiß
eben: pünktlich heißt Fahrplan plus fünfzehn.

Der Cisalpino ist ein Friedensangebot an das Unvereinbare, auch
was Sauberkeit und Unterhalt betrifft, alle Arten von Zuverlässig-
keit. Bei den Bundesbahnen, so kann man hören, sei die Ansicht ver-
breitet, der Zug werde in Mailand zu wenig gut gewartet. Nachlässig,
mangelhaft. Cisalpino-Chef Lucio Gastaldi weist das zurück. Dass
die Italiener in Mailand schlecht arbeiteten, sei ein Klischee, sagt er.
«Die Leute sind professionell.» Wir sind beruhigt. An Feinheiten des
Übersetzens interessiert, fragen wir uns allerdings: Was bedeutet das
Wort professionell im Deutschen und was im Italienischen?

«Jeder dritte Pendolino ist massiv verspätet», titelt eine große
Schweizer Zeitung. Was heißt: massiv? Massiv heißt: mehr als vier
Minuten, sagen die gründlichen Schweizer. Höhnisches Gelächter
im Südabschnitt! Vier Minuten! Ein Italiener würde sagen: Massiv
verspätet ist ein Zug dann, wenn er nicht ankommt. In Italien würde
man sagen: 65 Prozent der Züge kommen mit weniger als vier Minuten Verspätung an. Die Schweiz dagegen sagt: 35 Prozent der Neige-
züge haben mehr als vier Minuten Verspätung.

Das ist massiv, sagen die Schweizer, empört.

Ein Italiener sagt: Was ist eine Verspätung, Carissimo! Hauptsache, du kommst an. Und bist du einmal am Ziel, zerfließen deine zehn, zwanzig Minütchen Ritardino wie die weichen Uhren bei Salvador Dalí.

Ein Schweizer rennt zum Beschwerdeschalter. Zugegeben: der Italiener rennt deswegen nicht dorthin, weil der Schalter sowieso geschlossen ist.

Ein schönes Beispiel für kulturelle Differenz und die sprachliche List zu ihrer Überwindung liefert Cisalpino-Direktor Lucio Gastaldi, wenn man ihn auf die Gründe für die Verspätungen anspricht. «Ja», sagt er, «der Gotthard ist eben für einen Zug nicht so unproblematisch wie das Flachland.» Er sagt: «Bei Steigungen und Gefällen» – warum eigentlich sind Gefälle ein solches Problem, caro Gastaldi? –, «bei Steigungen und Gefällen von 26 Promille am Ceneri und am Gotthard müssen zwei der drei Traktionseinheiten funktionieren, sonst steht der Zug still. Im Flachland reicht eine Traktionseinheit.»

Das ist lateinische Rhetorik. Erstens nimmt der Bahnchef offenbar an, dass es durchaus normal sein könnte, wenn eine von drei Traktionseinheiten – was immer eine Traktionseinheit sein mag – *nicht* funktioniert. Zweitens: Italiens Fiat konstruiert einen Zug, der dafür gedacht ist, den Ceneri und den Gotthard zu befahren. Sonst hätte die schweiz-italienische Eisenbahn-Gesellschaft gar keinen Cisalpino gebraucht. Und dann stellen sich diesem Zug unvermittelt Steigungen von 26 Promille entgegen! Das ist unfair.

Die Italiener haben einen Zug gebaut, um zu sehen, wie er fährt. Das ist guter alter Ingenieurgeist. Die Schweizer wollen einen Zug, der so fährt wie bestellt. Das ist phantasielos.

Der Neigezug Pendolino ist nicht eindeutig, denn er ist interpretierbar. Man kann zum Beispiel davorstehen und ihn schön finden. Man kann auch drinsitzen und ihn unbequem finden. Ein Italiener könnte also in einem schönen Zug fahren. Ein deutscher Passagier sitzt in einem unbequemen. Ich persönlich, ich steige in Florenz in einen schönen Zug ein, und in Zürich steige ich aus einem unbequemen aus. Der Zug hat während der Fahrt seine Charakteristik verändert. Oder ich mich? Das wäre nicht ungewöhnlich, besteht doch immer die Gefahr, dass man auf der Nachhausefahrt wieder das wird, was man schon gewesen ist.

Man könnte zum Cisalpino aber auch sagen: Es ist eben ein Neigezug; er neigt sich je nach Neigung.

Wenn der Neigezug Pendolino interpretierbar ist, also nicht eindeutig, dann heißt das auch, dass es, um ihn zu verstehen, Toleranz braucht. Sonst fährt er nicht. Das ist das Italienische an ihm. Das sieht, logisch, auch Signor Gastaldi so. Der Zug stehe nun «zehn Jahre im Einsatz», sagt er. «Wir haben festgestellt, dass gewisse Komponenten früher ausfallen als geplant.» Das ist für uns, die wir schon einmal ein italienisches Auto hatten, keine Überraschung: dass gewisse Komponenten früher ausfallen als geplant.

Man darf, als Cisalpino-Benutzer der ersten Stunde, aber sagen, dass hier gewisse Komponenten eigentlich sofort ausgefallen sind, die Toiletten zum Beispiel, die Türen, die Neigetechnik, das Klima. Die Italiener würden sagen: Details. Hauptsache bei einem Zug ist schließlich, dass er fährt. Nun, der Cisalpino fuhr tatsächlich keineswegs immer; tatsächlich fuhr er von Anfang an öfter mal nicht.

Als Konsequenz der festgestellten Mängel würden anfällige Teile nun früher ausgetauscht, sagt Gastaldi. Das ist ein Angebot.

Aber die Erfahrung zwingt uns, genauer hinzusehen. Was wird ausgetauscht? Nur die anfälligen Teile. Wer allfällig sieht wann einem Teil an, dass es anfällig ist?

Aber auch die allfällig anfälligen Teile werden nicht sofort ausgetauscht, nur «früher». Wir schauen uns das Wort «früher» näher an und übersetzen es zunächst ins Italienische, also näher zu Signor Gastaldi hin. Früher ist vieldeutig: es hat mehrere Funktionen. Das Wort meint Vergangenheit («früher waren die Züge bequemer»), entspricht der Bedeutung von «ehemalig» («der frühere Eisenbahndirektor erzählte keinen solchen Unsinn»), ist ein Synonym von «eher» («ich nehme einen früheren Zug»), bedeutet adverbial gebraucht ebenfalls «eher» («anfällige Teile sollten früher ausgetauscht werden»), aber auch «damals» («früher, als die Züge noch pünktlich fuhren»). Wir wählen die Bedeutung von adverbial «eher» und finden dafür italienisch «prima».

Prima.

Das Wörterbuch gibt für die Verwendung von «prima» in diesem Sinne folgendes Satzbeispiel: «Domani si dovrà alzare prima», «Morgen muss er früher aufstehen». Die allfällig anfälligen Teile werden *früher* ausgetauscht werden; *prima* als was, darf man fragen. Oder anders gefragt: wann?

Unter «prima» (mit Wortbedeutung «in precedenza») gibt Zingarelli das Verwendungsbeispiel «un anno ... qualque mese *prima*», ein Jahr, ein paar Monate eher. Das passt Herrn Gastaldi, der allfällig anfällige Teile ja auf keinen Fall *sofort,* also *immediatamente,* austauschen möchte. Jetzt nicht, also später. Wann ist später? Später ist vor oder bei Eintreten einer Notwendigkeit, nennen wir diese der Einfachheit halber: Zusammenbruch. Signor Gastaldi ersetzt allfällig anfällige Teile vielleicht «ein Jahr, ein paar Monate vor dem Zusammenbruch». Da kein Mensch wissen kann, wann ein Zug zusammenbricht, ja, ein Zug in der Regel überhaupt nicht zusammenbrechen sollte, ist das leider eine ziemlich ungefähre Art, den Zeitpunkt des Ersetzens eines allfällig anfälligen Zugteils zu beschreiben. Unter solchen Umständen kann es ja sein, dass das allfällig anfällige Teil nie ersetzt wird oder dass der Zusammenbruch, auch nur der Stillstand dem Ersetzen vorausgeht oder dass das allfällig anfällige Teil nicht mehr ersetzt werden muss, weil nicht das anfällige Teil als solches, sondern gleich das Ganze, also alles Anfällige, aufs Mal zusammengebrochen ist.

Dann müsste man das Ganze ersetzen. Und genau das hat man

mit dem Pendolino vor. Nach der Eröffnung der Lötschberg-Basistunnels im Sommer 2007 sollten die heutigen Triebzüge ersetzt werden durch eine neue Komposition. Den neuen Hochleistungszug baut ein neuer Hersteller, nicht mehr Fiat, sondern Alstom, eine französische Firma. Alstom habe, wie es höflich heißt, «die Sparte von Fiat übernommen». Aber auch auf den neuen Zug hat sich die alte Krankheit übertragen: Verspätung. Als ob es diese Pointe gebraucht hätte. Er fährt noch nicht und ist schon verspätet. Er kann nämlich, so teilen die Bundesbahnen mit, erst «später» ausgeliefert werden.

Zwischen das «Haus Alstom in Savigliano», das den Zug liefern soll, und unsere Enttäuschung setzen die Bundesbahnen als Puffer eine Erklärung, die den Ritardo in ein etwas gequältes Deutsch übersetzt. «Wir wollen (...) einen tadellos funktionierenden Zug ohne die fast *unvermeidlichen* Kinderkrankheiten», sagt Pressesprecher Fritz Sterchi.

Nicht 2007? Nicht 2008? 2009? «Wir *rechnen* damit, dass im Verlaufe des Jahres 2008 *voraussichtlich* ... die ersten Züge ...»

Sie rechnen mit voraussichtlich? Was ist dann daran noch *Rechnung?* Oder sagen Sie «voraussichtlich», weil, wie Sie sagen, Kinderkrankheiten also doch «unvermeidlich» sein werden? Also hoffen Sie nur und dürften eigentlich gar nicht «rechnen»? Ja, lieber Herr Sterchi, sind Sie vielleicht schon ein bisschen gastaldisiert?

Clash of Civilizations. Die Partner Schweizer Bundesbahnen und Trenitalia, die zusammen die Cisalpino AG führen, haben das gleiche Problem wie ihr Zug. Ein Problem der Interpretation. Einen Zug wie ein Stoßmichziehdich. Die Fakten, mit denen sie sich konfrontiert sehen, sind identisch. Aber der Umgang mit ihnen ist nicht derselbe, die Lesart ist nicht die gleiche. Sie haben ein kulturelles Problem.

Der Cisalpino ist ein Exempel für kulturelle Differenz und zugleich ein Vehikel zu ihrer Überwindung. Das ist nicht immer einfach. Der Gotthard, der zwischen zwei Welten liegt, hat oft mehr als die 26 Promille Steigung (oder Gefälle), manche Kluft bleibt unüberwindbar. Und auch in der Kultur gibt es die Verspätung, die schweizerische ist sogar ein stehender Begriff geworden, die Schweizer Kulturverspätung. Manchmal ist nicht klar, auf welcher Seite der Rückstand größer ist. Zum Beispiel kennt Italien längst ein Rauchverbot in öffentlichen Räumen, in Bars und Restaurants, während sowohl die Schweiz wie Deutschland sich damit furchtbar schwertun. Darüber, dass in Zügen nicht geraucht werden darf, sind sich allerdings alle einig.

Mit dem neuen Zug von Alstom haben sich die Eisenbahner dazu entschlossen, für die kulturelle Verständigung, oder gegen ihre Tücken, einen Ausgleich zu schaffen, indem sie einen dritten Partner einführen, die französische Firma in Italien. So werden wir allfällig anfallende italienische Sätze in Zukunft zuerst ins Französische und von dort ins Deutsche übersetzen.

Pünktlich und menschleer fährt immer noch der gute alte SBB-Schnellzug über den Gotthard. Jede Stunde ab Arth-Goldau nach Bellinzona, mit Halt in Schwyz, Brunnen, Flüelen, Erstfeld, Göschenen, Airolo, Faido, Biasca. Leere Abteile noch und noch. Schattdorf liegt bald hinter dir, Lugano-Paradiso kommt noch lange nicht. Dazwischen machst du's dir auf dem Gotthard gemütlich. Keine zürnende Mänade am Buffetwagen, nein, ein tamilischer Bier-Wein-Kaffee-und-Sandwich-Zauberer: *Immel nul lächeln.*

Weit und breit kein Handy-Idiot. Ruhe, Erhabenheit, Aussicht. Jede Menge Muße, den Wechsel der Kulturen zu genießen. Nach einer 2-Deziliter-Flasche Merlot, und vielleicht einer zweiten, wenn der Carrello auf der Talfahrt zurückgekommen ist, erscheint alles in milderer Beleuchtung.

Draußen dunkelt es. Dem Reisenden geht ein Licht auf. Dreißig Minuten fährt er mit diesem Zug länger als mit dem Pendolino. Das ist in etwa so viel, wie er bei diesem als Verspätung jederzeit einrechnen muss.

Jetzt hat er es begriffen. Jetzt übersetzt er es ins Italienische: «La vita è bella. Dunque festeggiamola.»

Zürich–Florenz retour. ▪ Der Kellner im Speisewagen, bei der Abfahrt in Florenz von ausnehmender Höflichkeit, wird forscher, als der Zug sich nach Mailand der Schweizer Grenze nähert. Noch drei Stunden bis Zürich, der Mann ist seit dem frühen Morgen auf den Beinen, der Ton wird ruppig. Nach Bellinzona schlicht unverschämt. Was ist geschehen? Die Gäste haben gewechselt. Statt jener Italiener, die wissen, wie sie mit einem Kellner umgehen, nämlich indem sie ihn spüren lassen, dass er seinen Beruf für sie ausübt und nicht umgekehrt der Gast für den Kellner da ist, waren Schweizer, die notorischen Gaststättenduckmäuser zugestiegen. Wir. Jene, die schüchtern im Mittelgang stehen bleiben und fragen, ob sie sich setzen dürften, obwohl man sieht, dass es freie Plätze gibt.

Dieser Kellner schlägt sofort zu und schickt die Schweizer zum Warten in die Bar; er habe hier, bitte sehr, noch den Tisch vorzubereiten. Das sagt er laut, und laut wird er nun beim Servieren. Wünscht einer noch etwas, bleibt er stehen, schüttelt den Kopf und geht dann brummend ins Office.

Im Mittelgang warten etwas später die Leute, die nun lange genug in der Bar ausgeharrt haben. Andere Gäste, die es bereits zum Essen gebracht hatten, drehen die Köpfe, als wollten sie sagen: Wir sind beim Essen, also nehmen Sie gefälligst Ihre Person aus unserem Mittelgang!

Einer bestellte ein zweites 2,5-Deziliter-Fläschchen Rotwein. «Come vuole», sagt der Kellner brüsk. Das Fläschchen kommt dann mit einem Knall auf den Tisch: das ist die Empfehlung, sich gelegentlich zu verziehen.

Am Gotthard zeigt sich: der Kellner hasst seinen Beruf, er hasst es, nachts im Speisewagen durch die Schweiz zu fahren, und erst dazu

Richtung Norden. Mit einer solchen Schweizer Kundschaft, schüchternen Gästen, die er nicht einmal hasst, nur verachtet.

Als es in die Kehrtunnels geht, wird klar, wie sehr diese Schweizer Gäste dem Cameriere unterlegen sind. Sie versuchen zum Beispiel, italienisch mit ihm zu reden, also stammeln sie. Er hält, frech, die Hand ans Ohr: Cosa dici?

Er duzt die Gäste in der Annahme, die merkten es, täten aber so, als ob sie es nicht merken würden. Was auch der Fall ist.

Er sagt nicht: «Scusi?» Er fragt: Hè?

Ein Lümmel, was soll's. Die Gäste, jetzt vollkommen wehrlos, verlangen die Rechnung, warten, sehen diese dann lange an, viel zu lange, der letzte Rest von Nonchalance geht verloren, eigentlich ist schon die ganze Erholung ihres Wochenendes im Tessin im Eimer. Und nun geben sie ein übersetztes Trinkgeld. Er nimmt's ohne Dank. Zwischen Florenz und Mailand hat der Kellner nicht ein kleineres Trinkgeld, sondern gar keins bekommen.

Nach dem Gotthard stürzt er plötzlich ins Abteil, wedelt mit einem Schweizer Hunderter und fragt: «Du wechseln?»

Nun wächst der Schweizer Fahrgast aber zu kühner Gestalt. «Du nicht wechseln», sagt er, mitten ins Frettchengesicht.

Sie sind alle aus Ostia, hat mir einmal einer erzählt, alle Mannschaften, die auf dieser Strecke arbeiten, aus Ostia bei Rom. Nichts gegen Ostia, bitte, aber die sind jedenfalls eine Bande, und wir, die Gäste, hängen ab von der guten Laune der Gangster, ihrer Freundlichkeit, die sie zu unserer Verwirrung auch hie und da fertigkriegen, vornehmlich wenn es bergab geht, gen Italien.

Früchtchen, sagt einer, Goldschätzchen, typisches Produkt der alles verzeihenden Mamma. Nennen wir es, ohne psychologische Hilfe, ruhig Vulgarität. Das latent Vulgäre, das einer aus der Familie und einer dort nicht stattgefundenen Erziehung mitbringt.

Und so einer soll dann verstehen, dass er in seinem Beruf dazu da ist, für andere etwas zu tun? Es sei denn, der andere macht gleich kusch!, sagt also jenes langgezogene «seentaaa», mit dem der Italiener den Lümmelnden an den Tisch zwingt. Er gibt dem Kellner das Gefühl, ein Kellner zu sein.

Schweizer Duckmäuser winken erfolglos mit dem resignierten Händchen, das sie schon immer aufgestreckt haben, ohne dass es beachtet worden wäre. Ein scheues «Hallooo» hauchen sie vielleicht dazu. Wenn der Kellner überhaupt reagiert, winkt er ab: Jajaja, er kommt dann schon, er hat sie schon gesehen. Was die immer wollen! Aber meistens reagiert er gar nicht, sehenden Auges erblindet. Nach dem letzten Halt vor der Endstation Zürich wird dann heftig einkassiert und abgeräumt. Die Speisewagenleute schaffen es, noch vor den Reisenden aus dem Zug und auf dem Bahnsteig zu sein.

In einer kurzen Nacht verwandeln sie sich. Beim Morgengrauen ist der Werwolf wieder ein Mensch – es geht zurück nach Ostia. Aber bis Bellinzona werden die Schweizer noch lernen müssen, dass es nicht ratsam ist, von einem solchen Goldjungen zu verlangen, dass er rasch sein Handy hinlegt und einen Kaffee bringt.

Geburt einer Legende. ❚ Eines Tages hatte er wie beiläufig damit angefangen. Dann wurde das zu einer Marotte. Schließlich war es eine Gewohnheit, und so war er der Mann geworden, der das Rad den Berg hinunterschiebt.

Die Ausfahrten mit dem Rennrad betrieb er seit Jahrzehnten. Er kannte im südlichen Tessin Stock und Stein, im Varesotto, im Comasco: die Wege und die Abwege, die einsamen Sträßchen, die Berge, die Täler und natürlich alle möglichen Unterschlupfe, in denen man zwischendurch einkehren konnte, zu Barbera und Spaghetti. Einmal war er von zu Hause mit dem Rad bis Chiavari gefahren, er wollte das Meer sehen. Er war kein Rennfahrer, immer aber ein Philosoph auf zwei sirrenden Rädern.

Das Fahrrad hielt er für die würdigste Erfindung der Technik, für die herausragende Idee einer Menschheit, deren Fortschritte sonst, wie er gern sagte, stets nur zu Untergängen führten. Dafür hatte er übrigens auch eine Erklärung: Das Unglück ist, sagte er, dass der Mensch nicht mehr Tier ist und noch nicht Mensch geworden ist. Wirklich Mensch sein würde bedeuten, dass wir den Zustand des Verstehens, der Liebe, der Zärtlichkeit erreicht hätten.

Er wurde nicht müde, das Fahrrad zu preisen: Mein beträchtliches Körpergewicht auf einer Konstruktion von wenigen Kilo so leicht unterwegs. Die Geschwindigkeit auf dem Rad ist besser als Gehen, aber selbstverständlich auch kontemplativer als Fahren mit einem stinkenden Benzinmotor.

Auf dem Fahrrad, so unterwegs und nur so, fühlte er sich glücklich.

Einmal war er bis nach Chiavari gekommen, am Ligurischen Meer. Chiavari – was für ein Wort! Eine Verheißung. Der Mann hatte auf dieser Strecke mit dem Rad seine Sehnsucht eingeholt.

Wofür er dann berühmt wurde, das hatte eines Tages einfach so angefangen. Er fand es lästig, dieses Hinunterfahren mit angezogenen Bremsen, vielleicht auch für gefährlich. Er lernte etwas Neues, er brachte sich etwas bei: das Absteigen am Berg. Bergauf versuchte er, im Sattel zu bleiben. Bergab, und besonders, wenn es steil war, stieg er ab, schob das Rad neben sich her, schaute in das Grün, das ihn umgab.

Entgegenkommende Fahrer, in den Pedalen sich hinaufarbeitend, blieben stehen, fragten, ob sie helfen könnten. Ob etwas kaputt sei. Einer rief: Er habe gewusst, dass es aufwärts mühselig sei – jetzt also auch abwärts.

Den Mann, der das Rad den Berg hinunterschiebt, kümmerte die Aufmerksamkeit wenig, die er erregte. Und er nahm, anfangs jedenfalls, nicht wahr, wie er zu dem wurde, was man eine Figur nennt. Es sprach sich nämlich herum in seinem Revier. Sein Verhalten, seine Marotte. Väter sagten zu ihren Kindern: Da kommt der Mann, der das Rad den Berg hinunterschiebt. Spott und Verwunderung mischten sich.

Am Ende blieb Bewunderung. Er war etwas geworden, an das man sich erinnerte. Weißt du noch, das war damals, als ... Und jetzt gab es auch schon ein Lied, in dem er vorkam, der Mann, der das Rad den Berg hinunterschiebt. Eine Strophe in einem dieser alten lombardischen Lieder, in denen das Lustige und das Traurige verschmelzen. Er war unsterblich geworden, und zwar da, wo er es nicht gewollt hatte. Seinen Namen, einen bekannten Namen, den man mit Achtung aussprach, hatte er sich auf einem ganz anderen Gebiet gemacht. Er hatte ein Ansehen gehabt. Jetzt wurde er berühmt. Berühmt mit etwas, das er nicht geplant, nicht angestrebt, einfach nur so getan hatte.

Ich weiß nicht, ob er sich dieser Berühmtheit überhaupt bewusst war. Der-Mann-der-das-Rad-den-Berg-hinunterschiebt. Er kümmerte sich jedenfalls nicht darum. Vielleicht war er, während er sich in eine Legende verwandelte, nochmals ein wenig eigensinniger geworden.

Totes Vinyl. ▪ Im Winter steckten sie die Köpfe zusammen und sangen. Sie rammten die Ellbogen auf den Tisch, verschränkten ihre Hände ineinander und brüllten sich in die Ohren, diese schwermütigen Dreiklänge, verminderte Terzen, das Moll oder Fastmoll, ihren lombardischen Bauernblues. Ein Kaminfeuer, die drei oder vier in einer Ecke, ich, der Fremde, in einer anderen, saß aufrecht am Tisch, das Glas vor mir, und hörte den Eingeborenen zu. Ich durfte sie so nennen, wenn ich ihnen still zuhörte, diesen Kleinbauern, Rebenschnipslern, Holzböcken, diesen noch nicht alten Männern mit ihren struppigen Haaren, grau gesprenkelt und wie Zündhölzchen so dick.

Es singt keiner mehr.

«Cantiamo sottovoce» hieß das, was in der auslaufenden Zeit auf

CD erschien; ein gemischtes Chörchen, Handorgel, Tessiner Lieder.

So etwas hat gewiss überlebt, im Fernsehstudio, wo am Sonntagmorgen das «fröhliche Volk» – wie hat der Ethnologe Virgilio Gilardoni diesen Terminus gehasst – in alter Tracht, Strohhut auf dem Rücken, noch einmal anstimmt, was vorbei ist.

Sottovoce heißt halblaut, gedämpft. Diese Männer sangen, so laut sie konnten, ein Rufen aus tiefster Tiefe, von dort, wo die Triebe magmatisch kochen und nicht herausdürfen. Ich meine Seele pur, Seele auf Stimmbändern, die wie Stricke sind. Ich meine den ausgehaltenen, klagenden Ton der kleinen, verwundbaren, sehnsüchtigen Männerseele, des verstruppelten Seelchens, das in jedem dieser drahtigen Mordskerle steckte.

Es war wie die Erinnerung an die Steinzeit, die Urzeit, in der die Granithäuser in den abgelegenen Gebirgsschrunden entstanden waren, Stein auf Stein, dem Wald abgetrotzt, auf dessen Rodung die Kastanie gepflanzt wurde. Herdfeuer und Bergstürze, das Wasser gischtend im reißenden Bach. Also eine Steinzeit, die es vor fünfzig Jahren noch gab – den kurzen fünfzig Jahren, in denen Welten zugrunde gingen, und nicht nur diese.

Es singt niemand mehr, auch weiter südlich nicht.

Es geht ein Weilchen, bis man die Veränderung bemerkt. Dann hört man die Stille.

Das Merkwürdige ist, dass auch jene Schallplatten, welche in Voraussicht des kommenden Untergangs aufgezeichnet wurden, kein Echo mehr geben. Sie bleiben Dokument der Ethnologie. Die Vergangenheit kratzt noch und scheppert. Aber sie tönt nicht mehr. Als gäbe es das: stumme Lieder.

Die kleine, durch die Zeiten gerettete Plattensammlung – die Stimmen der Reispflanzerinnen, der «Mondine di Villa Garibaldi», die «Musica Contadina dell'Aretino», die sardischen «Canti e Danze Tradizionali», die «Musiche e Canti Popolari dell'Emila» – nur noch schabendes, krächzendes Vinyl.

Ich schaue die Aufnahmedaten an und finde mich in den frühen siebziger Jahren. Aber das Foto der fünf Musiker auf dem Cover, drei alte, zwei jüngere, alle fünf in schwarzen Anzügen – «Gruppo dell'Acquachelda di Monghidoro» –, stammt von 1920. Da mussten noch sechzehn Jahre ins Land gehen, bis es den ersten Topolino gab, mit dem sie hätten zur Aufnahme fahren können. Und über 50 Jahre, bis ihre Lieder, während sie schon verschwanden, doch noch auf Vinyl kamen. Acquachelda di Monghidoro. Ich betrachte auf dem Coverfoto eine Erinnerung an eine Erinnerung. Das Schiff ist untergegangen. Jetzt kommen nur noch die dunklen Wogen seines Kielwassers heran.

Bar jeder Vernunft. ❙ Hinter der Bartheke, zwischen den Flaschen mit Averna, Montenegro, Fernet, Luciano, Campari steht ein kleines Kästchen aus Plexiglas. Darin ein Pingpongball. In diesen schneidet eine Rasierklinge. «AC Como» steht unten dran. Der lokale Fußballclub. Und dies Sätzchen noch: «Se perdiamo me le taglio.» Wenn wir verlieren, schneid ich sie mir ab.

Eine Drohung der kindlichen Art. «Du wirst schon sehen, was du davon hast, wenn wir verlieren.»

Der Satz ruft nach der Mutter. Die Mutter soll sich schützend vors Gemächte stellen: «Tu's nicht, bitte!» Und alles wird gut.

Ohne die andern. ❙ Man möchte sich eigentlich nur noch zurückziehen. Das denkt man öfter. In letzter Zeit noch ein bisschen öfter. Man säße dann in einem schmalen Felsental, ganz an dessen Ende, die bloßen Füße im heißen Sand, und neben einem läge schlafend ein zahmer Löwe. Man trüge immer den gleichen Morgenrock, auf seinem Flausch wüchsen Blumen. Das Handy wäre lange schon tot, Tiefenentladung nennt man das. Man hätte nicht vergessen, den

Strohhut mitzunehmen, für den man bis dahin nicht den Mut aufgebracht hatte. Außer dem Mut für den Strohhut brauchte man keinen anderen mehr. Man läse in einem dicken Buch, das so geschrieben wäre, dass man es am Ende wieder von vorne beginnen könnte, ohne dass es sich wiederholte, so meisterhaft geschrieben wie *Krieg und Frieden*, so voller Rätsel wie *Lord Jim*. Es wüchse einem ein Bart, der keinen Lebensstil ausdrücken würde, keine Weltanschauung; es sprössen Finger- und Zehennägel. Man äße Gräser, wilde Früchte und hätte wieder angefangen zu rauchen. Der Vorgänger an diesem letzten Ende des Tals hätte in einer kühlen Grotte einen Vorrat an Rotwein hinterlassen, und einen Korkenzieher dazu.

Neben vielen anderen hatte auch der Herzog von Ferrara so ein Bedürfnis, eines nach «Raum, Zeit, Leere ... Otium cum dignitate», lese ich in einer Ausstellungsbesprechung, also eines nach Muße mit Würde. Oder Nichtstun mit Stil. Nichtstun, Muße? «Sie setzt innere Sammlung voraus», lese ich, «in einem abgeschiedenen Gehäuse vielleicht, einem puritanisch eingerichteten Studiolo, angefüllt mit Schweigen und allenfalls noch ein paar Emblemen der Bildung, mit Büchern, einem Schreibpult, Porträts.»

Der Herzog von Ferrara hatte ein bisschen Kleingeld in seinem Morgenrock, sodass an ein «Gehäuse», an Bücher und Bilder gedacht werden konnte. Und es musste das Studiolo, auch wenn es puritanisch war oder was ein Herzog von Ferrara unter puritanisch verstand, doch ein wenig ausgeschmückt werden. Der Herzog ließ einen Maler kommen, der ihm ein paar angenehme Szenen entwarf, Mythologisches, Allegorisches; Putten, Blumen und durchaus unverblümte Darstellungen eines besseren Lebens. «Da wird auf der Insel Andros, wo ein Fluss aus Rebensaft fließt, bis zur Besinnungslosigkeit Wein aus großen Karaffen gebechert, während sich eine üppige Schöne im schimmernden Porenkleid räkelt» – was auch immer ein Porenkleid sein mag –, «die ihrerseits von einem Knaben angepinkelt wird ...» Und so weiter.

Auch wenn es nicht nach jedermanns Gusto sein mag, einer Schönen zuzusehen, während sie von einem Knaben angepinkelt wird – die Szene sollte wohl verführerisch sein, und vielleicht spiegelt sie ja auch das, was der Herzog von Ferrara in seinem Studiolo, mit oder ohne Dignitate, so getrieben hat. Der Maler übrigens, der ihm, Alfonso d'Este, im Jahr 1518 das Zimmerchen ausgemalt hat, hieß Tizian, und die Bilder, um die es sich handelt, waren in London in einer, wie da steht, «atemberaubenden Ausstellung» zu betrachten und zu bedenken.

Kaiser Tiberius hat sich, tausendfünfhundert Jahre vor unserem Herzog, auf Capri eine gigantische Eremitage bauen lassen, hoch über dem Meer, den Winden ausgesetzt, vor einer atemberaubenden Aussicht. Er lenkte das Schicksal seines Imperiums von dort oben, und wenn ihm die Rauchzeichen, die ihm von fernen Kriegsschauplätzen Nachricht gaben, zu ungünstig waren, hat er vielleicht zuerst einmal weggeblickt, aufs Meer hinaus, und sich Gedanken darüber gemacht, ob die Welt ohne den Menschen nicht besser eingerichtet gewesen wäre. Auf der Zinne seiner vielstöckigen Villa Jovis. Im azurnen Wasser unter dem Felsen ruht ein vor Jahren gestrandeter Tanker, friedlich. Die Stille des Eremitierens hängt noch in den Pinien, die hoch über der Klippe stehen.

Kaiser Tiberius und der Herzog von Ferrara scheinen geschafft zu haben, worum unser Mann im Felsental immer noch ringt. Er denkt nach, sein Bart wird länger, der Weinvorrat nimmt ab, er wird nicht klüger. Da, wo in seinem Otium sich die Dignitas ausbreiten sollte, ist gähnende Leere. Manchmal weiß er nicht mehr, worüber er eigentlich nachdenken soll. Statt innerer Sammlung spürt er nur Unruhe. Er merkt, wie auch die Zeit, die er hier verbringt, ihm einen Vorwurf macht: Du verschwendest mich, sagt sie. Er öffnet eine Flasche, der Wein hat Korken. Er spürt, wie er täglich einsamer wird. Er weiß langsam nicht mehr, was er hier zu suchen hat. Er würde gern wieder einmal einen Tizian sehen, möglichst in einer Stadt wie London, wenigstens in einer wie Ferrara. Oder auch nur einen Tiepolo. Er hat Tiepolo immer gehasst. Eines Tages, er kann seinen Frucht- und Beerensalat nicht mehr riechen, steht er auf und geht in den letzten Fetzen seines Morgenrocks gegen den Eingang des Felsentals. Sein Haar weht im Wind. Der Löwe wacht auf, blinzelt, schaut ihm nach, wälzt sich auf die andere Seite. Der Weg aus der Schlucht ist kürzer, als er es in Erinnerung hat. Dort, wo die Wüste im äußeren Felsental versandet, steht jetzt ein Schild. Das war noch nicht da, als er ankam. Der Mann kennt das Verkehrszeichen, Sackgasse. Er geht weiter, geradeaus. Es hat Menschen gegeben, denkt er, die das Ende der Wüste erreicht haben.

Sophronius Eusebius Hieronymus aus Stridon aber verließ im Jahr 379 die Wüste von Chalkis, in die er sich fünf Jahre zuvor zurückgezogen hatte, um dort unter härtesten Kasteiungen die Sünden seiner Jugend zu tilgen. Er kam auf der anderen Seite an, in Antiochia, reiste weiter nach Konstantinopel und später nach Rom, wo er die berühmte Vulgata schuf, die erste vulgärlateinische Bibelübersetzung von allgemeiner Geltung. In Rom versuchte er, im Verein mit drei vornehmen Frauen mit Namen Marcella, Melania und Paula den römischen Klerus zum kontemplativen Leben zu bewegen. Er wurde missverstanden. Später gab er in Bethlehem mit der Gründung eines Mönchs- und eines Nonnenklosters das erste Beispiel eines Mönchstums, das sich die Pflege von Literatur und Wissenschaft zur Aufgabe macht, otium cum dignitate. Den Dorn, den er dem Löwen aus der Pfote entfernt hatte, trug er bis zu seinem Lebensende am 30. September 420 an einer feinen Lederschnur am Hals.

Kanon für Kon-Tiki. ▪ Welche Lektüre man mitnehmen sollte zum langen Abschied, das ist eine oft gestellte Frage. Auch eine müßige. Ich dachte trotzdem ein wenig nach und notierte zehn Titel:
Bouvard et Pécuchet

Der Mensch erscheint im Holozän
Lord Jim
Pnim
Schatzkästlein des rheinischen Hausfreunds
Simultan
Enigma of Arrival
Moby Dick
Don Quijote
The Old Man and the Sea.

Bericht. ∎ An einem Tag, den man für einen der letzten Tage des zu Ende gehenden Jahrtausends hielt, obwohl bis dahin noch ein ganzes Jahr abzuleben war, fünf Tage nachdem ich zum zukünftigen Leiter des Schweizerischen Institutes in Rom gewählt worden war, durch einen Stiftungsrat, der in der Bundeshauptstadt Bern im mir in den darauffolgenden Jahren bis zur Übelkeit vertraut werdenden muffigen astlochgesprenkelten alpenholzausgeschlagenen Arvenstübli des Casinos getagt hatte und mich mit seiner Wahl auf einen viele Jahre während, freilich selbstverschuldeten Irrweg schickte, am 14. Dezember 1999 also fuhr ich auf der winterleeren Autobahn A 1 durch die Poebene nach Süden und fand am Ende eines langen Tages durch die Hilfe eines ortskundigen Geometra, der von der Verkäuflichkeit eines jahrzehntelang unbewirtschafteten Grundstücks gehört hatte, den Ort, der, kaum hatte ich ihn flüchtig gesehen, unbedingt der unsere werden musste.

Vollständig ahnungslos, Hals über Kopf erwarben wir durch den Geometra als unseren Stellvertreter, dem wir so vertrauensvoll wie blindlings unser Geld überwiesen hatten, ohne später je eine Quittung oder Abrechnung zu sehen, am 22. Mai 2000, wiederum ohne die Verkäufer je gesprochen und uns über ihren Besitz und die Gründe seines Verkaufs unterhalten zu haben, das Grundstück, zunächst 9,4308 Hektar, im Grundbuchverzeichnis als «Ländliche Liegenschaft», «Olivenhain», «Ackerland», «lockerer Wald» gekennzeichnet, in Wirklichkeit eine Ruine, ein eingestürztes ehemaliges Bauernhaus, von dem noch ein Teil der Mauern stand, mit einem riesigen Umschwung, der überall mit drei bis vier Meter hohem Ginster, Gebüsch, struppigem Wald und Macchia überwachsen war, einer Wildnis, in der ich da und dort, in einem anscheinend regelmäßigen Muster, durch das Buschwerk in die Höhe gezwungene Olivenbäume ausmachen konnte.

Das Licht in dem großen Gelände war an diesem hellen Wintertag von unsäglicher Sanftmut.

Was ist es, das einen zu einem solchen Schritt bewegt? Die allgemeine Unruhe? Der Überdruss am bisherigen Ort? Die hinlänglich bekannte Südsehnsucht, also ein Kitsch? Der Neuanfang, der mit dem Job in Rom zusammenfallen würde?

Ich hatte während der langen Suche, die dem Kauf voranging, an einem Tag, nach dem nichts mehr so sein sollte wie vorher, einmal eine Annonce entworfen, «Unter einem großen Himmel suchen wir ein behagliches DICHTER- UND DENKER-HAUS, ruhig, vorzüglich in Südfrankreich, Italien, aber auch Burgund, Jura, Elsass, Süddeutschland», eine Anzeige, die ich wohl wegen ihres zu vagen und zu sentimentalen Charakters nirgendwo hatte erscheinen lassen.

Warum noch einmal, mit genau 60, eine so tief einschneidende Veränderung? Der Wunsch war blind, ein Axolotl, aber er drängte und er hatte eine Richtung, und diese Richtung hieß: noch einmal, und zwar mit Sack und Pack raus aus dem Land, in dem ich, abgesehen von zahlreichen Reisen und Auslandsaufenthalten, immer gelebt hatte. Es war wohl ein Weggehen gemeint, bei dem der Rückweg abgeschnitten sein sollte.

Warum? Ja, warum –

Ich glaubte zu handeln, in Wirklichkeit war ich getrieben von Motiven, von denen mir das meiste verborgen blieb. Es ist stärker, das

Ziehen, das Drängen, als die Gründe, die einer für sein Handeln nennen kann. Nennen wir es Neugierde, die alte Abenteuerlust oder besser vielleicht die Lust auf ein Stück Leben, das in dem bisherigen noch nicht vorgekommen ist. Die Unrast, die schon so vieles auf dem Gewissen hatte. Die ewige Unruhe und ein immer wieder überhandnehmender Hang zum Einsiedlertum.

«Olivenbauerndarsteller», sagte ich einer liebenswürdigen Kollegin, die mich in Rom interviewte, «schreib Olivenbauerndarsteller – habe mich nie nach Landwirtschaft gesehnt, mache sie jetzt, weil das Land es erfordert, wollte Natur, das auf jeden Fall, einen Lebensabschnitt Natur, und Ruhe, also ohne euch.»

Darüber starben die Eltern. Nicht aus Kummer, aber der Sohn, der an ihr Greisen- und Sterbebett gehört hätte, war nicht da, respektive nicht dort, denn nun war er ja eben da, in Italien. Und, meinte er, nicht so frei, dass er gleich oder auch nur so oft, wie es nötig gewesen wäre, wieder hätte gehen können, zu ihnen, von denen er wissen konnte, dass ihnen nicht viel Zeit blieb. Die Mutter, teilweise gelähmt, im Pflegeheim, der Vater, von ihr getrennt, in einem Altersheim versorgt.

Ein Foto aus Umbrien hing über dem Bett, in dem mein Vater während langer Monate zum Fötus zusammengekrümmt dalag, klein geworden, die Arme vor der Brust, im ärmellosen Unterhemd, ein Hungerkünstler geworden, ihm schmeckte nichts mehr, und der Küchenchef kämpfte auf verlorenem Posten um seinen Appetit. Und doch erinnerte er mich jetzt in seinem Unterhemd an den kräftigen Turner, der er, ich kannte ihn so von seinen Jugendfotos, einmal gewesen war.

Derweil trieb ich, von welchen Furien gehetzt?, die Dinge in Rom und in Umbrien unter Aufbietung aller Kräfte voran. Ich habe meine Mutter, die wartete, nicht mehr lebend gesehen, und tot war sie, im Sarg, das Gesicht wie auf mittelalterliche Weise mit einem weißen Tuch umbunden, fremd und fern. Meinen Vater sah ich im Rollstuhl an ihrer Beerdigung wieder. Die Asche meiner Mutter wurde auf einem sogenannten Gemeinschaftsgrab auf grüner Wiese verstreut, einem Platz, den sich die Eltern schon seit längerem gemeinsam ausgesucht hatten.

Ein paar Wochen später standen wir alle wieder am selben Ort, nun war der Vater gestorben. Ich hatte in Rom gehört, dass er, an Schwindel leidend, gestürzt war. Vielleicht hatte er sich auch fallen lassen, 90 Jahre alt geworden, als Greis nun in dem ehemaligen Blindenheim, an dem er in seinen besten Jahren mit seinem Hund vorbeispaziert war. Ein Blindenheim, hatte er damals gesagt, an der besten Aussichtslage über dem See!

Aus seiner Kammer unter dem Dach hatte er dann nicht auf den See, sondern hinten hinaus auf die Gärtnerei seines Altersheims gesehen, auf Bohnen und Levkojen, ein Gewächshaus und ein paar Beete, die ihn wohl noch einmal, noch ein letztes Mal an seinen Garten und sein Haus erinnerten, das er einst im Tessin besessen hatte – oder vielleicht auch an den kleinen Garten, den er, ein Junge noch, in Basel gepflegt hatte, ein Gemüsebeet und daneben ein Stall mit Kaninchen. Der Vater war ein Träumer gewesen und vielleicht nie richtig in dieser Welt angekommen, fremd geblieben.

Unter den Dingen, an denen ich in Rom arbeitete, ignoriert von den Herren im Berner Arvenstübli, von denen kaum einer unsere Arbeit je zur Kenntnis genommen hat, war eine Fotoschau über die Emigration der italienischen Fremdarbeiter und -arbeiterinnen in die Schweiz.

Wieder war ich ahnungslos, oder wenigstens im Unklaren darüber, wie sehr diese Reise von Hunderttausenden – es sollen letztlich an die vier Millionen Männer, Frauen und Kinder von der Emigration in die Schweiz betroffen gewesen sein – mich anging. Ihre Züge fuhren immer noch, ich fuhr nun auf denselben Geleisen. Ich brachte das tiefe Unbehagen, das ich im ehemals so geliebten Rom empfand, nicht zusammen mit der Tatsache, dass ich hier, wo ich doch offenbar so dringend hingewollt hatte, in keiner Weise angekommen war und dass ich, was der schwerere Teil des Schicksals jener Emigranten gewesen war, auch keine Möglichkeit hatte, nach Hause zu fahren. So kam ich nach Ablauf meiner Dienstzeit, die im Einverständnis beider Seiten nicht verlängert wurde, nach Umbrien. Das Wort Emigration würde mir für meine Italienzeit, die nun schon über sieben Jahre andauert, allerdings auch heute noch als unanständig erscheinen.

Lasciate ogni speranza. ▌ In einer entfernten Galaxie, so scheint es mir heute, drei Raumkrümmungen hinter der Schwarzen Sphinx, eines nebligen Morgens in der Hauptstadt, fand ich mich eingekesselt in einen wimmelnden Vielvölkerhaufen, zwischen drängelnden Balkanern, wimmerndem Afrikanerkind, faustreckend gestikulierenden, schabende Drohlaute ausspuckenden Leuten aus dem Zweistromland, unter dumpf und tonlos stoßenden Völkerstämmen der russischen Weiten, Nord- und Mittelasiens, drückte ich mich und wurde drückend gedrückt von verzweifelten Bittstellern, auf ihr Recht Pochenden, Niedergeschlagenen, Aufbegehrenden, war Vagant unter Zigeunern, Nordafrikanern und Mazedoniern, kopftuchverhüllten Türkinnen und einer jammernden Somalierin, schön wie die Sonne, Ertrinkenden ähnlich, drängten wir als ächzende Masse gegen ein geschlossenes Tor an einem desolaten Verwaltungsgebäude an der Via Genova, gegen einen überaus abweisenden Portone, warteten, drängten, das alles für jenes Papier, das uns den weiteren Aufenthalt in dem Land, das uns dieser Tortur aussetzte, erlauben würde.

Es war frühmorgens, eher um fünf als um sechs, als die Masse und ich in ihr gegen das Tor drängten, einige von uns auf es einhämmerten. Weiteres Warten, bis es sich endlich knarrend, zögernd öffnete und sich die Ersten von uns, blind rennend, in den dahinterliegenden Hof stürzten. Als Masse ergossen wir uns in einen Innenhof, in welchem hinter großen Glasscheiben geschlossene Schalter erkennbar wurden. Elektrisches Licht blakte gelb. Wir versuchten, uns so schnell wie möglich zu orientieren, und hasteten über Stufen, durch Glastüren und Durchgänge in die wie Viehgatter uns auffangenden Warteräume. Sofort bildeten sich verschiedene Schlangen vor Abschrankungen, die zu Schaltern führten. Davor Uniformierte. Hinter den Schaltern sah man schemenhaft Menschenfiguren. Das waren nun wohl die Beamten der Behörde, und während man langsam näher rückte, erkannte man junge Männer, die einzelne Uniformteile trugen, der eine eine Hose mit Litzen zu einem dicken Pullover, ein anderer eine Uniformjacke zu zivilem Beinkleid. Ganz offenbar waren das Funktionäre, die sich aufgrund ihrer Macht ein legereres Tenü leisten konnten. Diese streiften nun, einer nach dem andern, ihre Arbeitskleidung über, weiße Schutzmäntel, Labormänteln gleich, nur dass auf den Schultern goldfarbene Epauletten standen, Schulterstücke, die den weißen Mantel zur martialischen Demonstration staatlicher Autorität machten. Warum trägt man weiße Mäntel mit goldenen Tressen, wenn es um das Ausfüllen eines Formulars geht?

Aufgewachsen noch mit den grauen Ärmelschonern der alten eidgenössischen Beamten, längst an das legere Zivil und die Freundlichkeit unserer Verwaltungsleute gewöhnt, hatte ich noch nie im Leben auf einem Amt solche Labormäntel gesehen, angesichts deren es ganz und gar unmöglich war, nicht an Internierungslager, Quarantänestationen, Kontrollbaracken zu denken oder zumindest an die harsche Disziplin der Wärter, wie sie in Strafanstalten herrscht.

Eine weitere Stunde verging, bis ich den Mann am Schalter erreicht hatte. Da zog der Beamte seinen weißen Mantel aus und ließ das Schalterglas herunter, indem er mir mitteilte, dass nun auch er seinen Morgenkaffee verdient habe. Das «auch» ließ vermuten, er nehme an, dass wir hier draußen seit dem frühen Morgen nichts anderes getan hatten, als Morgenkaffee zu schlürfen.

Als er nach zwanzig Minuten wiederkam und, angewidert, die Papiere prüfte, die ich vorgelegt hatte, vollständig, wohlgemerkt, denn ich hatte mich so weit wie möglich über dieses Prozedere informiert, sagte er nach einem Blick auf meine schweizerischen Dokumente, dass er an diesem Schalter hier nicht für mich zuständig sei. Dieser Schalter sei nur für Außereuropäer bestimmt, für die *Extracomunitari*. Für Leute meiner Herkunft sei der Schalter dort drüben vorgesehen.

Ich stellte mich, ohne zu murren, wieder an, «dort drüben», zuhinterst natürlich, ein Duckmäuser, der hier gewiss nicht auffallen wollte.

Kurz bevor ich an diesem zweiten Schalter an die Reihe gekommen wäre, gab es einen Zwischenfall. Schon lange hatte das schwarze Kind in den Armen seiner Mutter verzweifelt gekräht, geschluchzt, und die Mamma hatte das Kind auf erhobenen Armen wie ein Pfand gegen die Reihe der Glasfenster gehoben: seht her, das Kind hier, nehmt es auf, es gehört zu euch. Anstatt Papiere, Fotografien, Stempel, Unterschriften vorzulegen, versteifte sich die Afrikanerin aufs Reden, aufs Bitten und Betteln, Schluchzen-und-das-Kind-Vorzeigen, auf Heulen und Greinen, nicht ohne Erfolg, denn nun kam eine Beamtin aus dem geschützten Bereich der Verwaltung heraus, sprach mit der Frau, beugte sich sogar über das immer weiter vorgezeigte Kind, versprach Hilfe und bestellte die Frau auf den Nachmittag noch einmal in dieses Amt. Als ob es bis dahin einen Weg gebe, der jetzt noch nicht zu erkennen gewesen wäre.

Dann gelangte ich auch an diesem zweiten Schalter bis vor den Beamten. Er schaute in meine Papiere und erklärte sehr freundlich, dass dies nicht mein Schalter sei. Dies hier sei der Schalter für die Europäer, also für Personen aus Ländern der Europäischen Union, zu denen die Schweiz bekanntlich nicht zähle. Mein Schalter sei dort.

Und er wies genau auf den Schalter, an dem ich zuerst angestanden hatte.

Aber ich sei doch schon dort gewesen!

Das sei ganz richtig gewesen.

Aber ich sei dort nicht bedient worden!

Das sei falsch gewesen! Und ich solle es noch einmal versuchen.

Es gab auf diesem Amt zwischen dem Schalter für Europäer und dem Schalter für Außereuropäer keinen speziellen Schalter für Schweizer. Ich wollte eine Aufenthaltsbewilligung, nicht mehr und nicht weniger, einen *permesso di soggiorno*, ich wollte ihn auch nur, weil man ihn in meiner Situation haben sollte. Aber es gab zwischen den Boatpeople, jenen Erbarmungswürdigen, die in Lampedusa gestrandet waren, und den Privilegierten, die sich durch Brüssel vor dem lokalen Gesetz als gleich betrachten konnten, keinen Platz und keine Extrawurst für einen Svizzero.

Dieses Amt hatte beschlossen, dass es solche wie uns einschüchtern musste. Uns verband ein Papier, das uns fehlte. Ich hatte nicht gedacht, dass ich zu denen gehören könnte, die sich der Demütigung seines Erwerbs unterwerfen mussten. Nun hatte auch ich meine Lektion abgekriegt. Es gibt keine Ausnahmen, wenn man einmal so vor das Gesetz geraten ist. Immerhin war ich, wenn auch ein Extracomunitario ohne die vom Gesetz vorgesehene Herkunft, schon wieder privilegiert. Ich konnte nach Hause gehen, oder in andere Länder, in denen es keinen *permesso di soggiorno* oder ein einfacher und weniger unwürdig zu erwerbendes Papier für mich geben würde. Für die meisten der andern war Italien nur das erste Ufer, das sie erreicht hatten, nur eine Station.

Für den Nachmittag wurde ich noch einmal bestellt. Die Papiere lagen bereit. Zwei Mal für ein Jahr zu erneuern, bis sie abgelaufen sein würden. Ich kam aus dem Amt als freier Mann, mit einem Passepartout für eine lange Zeit. Schon sah ich, als ich in einer Bar an der Via Nazionale einen Kaffee kippte, auf die anderen herunter, auf die da am Tresen, auf die Touristen, die glauben, ihr Pass genüge, um in Italien bei den Italienern zu sein.

Weißer Mohr. ▐ Ein deutscher Freund, vor geraumer Zeit in NA-MIBIA geboren, hörte auf der Präfektur in Perugia, sein Land sei diesem Amte nicht bekannt. In seinen *permesso di soggiorno* könne Namibia, obwohl buchstabiert und dann noch auf ein Blatt Papier geschrieben, daher nicht eingetragen werden.

Man schlug ihm etwas «Ähnliches» vor, nämlich NIGERIA. Nigeria war dem Amte bekannt.

Dem Freund war es egal. Das Ähnliche kann unter solchen Umständen als das Gleiche gelten. Es ist nur eine Frage der Entfernung, des Abstandes. Von Peking aus gesehen, ist es nicht entscheidend, ob einer aus Oberursel oder aus Unterursel kommt. Von so etwas Entlegenem wie einer Prefettura in Perugia aus hätte in diesem Fall als Herkunft eigentlich das Land «Afrika» genügt.

Le charme discret de la bourgeoisie. ▐ Mein Gegenüber blieb ungerührt. Ein älterer Mann, er würde sich einen Herrn genannt haben. Ich hatte ihm klarzumachen versucht, wie schlecht der Ruf Italiens in Europa geworden sei, seit Silvio Berlusconi das Land auf der internationalen Plattform repräsentiert – und dabei Italiens Ansehen demoliert, zumindest nachhaltig beschädigt.

Wir saßen in der Nähe von Todi in einem spätmittelalterlichen Kreuzgang beim Essen und hatten schon ausgiebig über den Unterschied zwischen den Troffie, den Strangozzi und den Strozzapreti diskutiert, drei Sorten von handgemachten Teigwaren, dreimal Mehl und Wasser, aber kein Ei, einander ähnlich, doch ungleich. Das sind Sujets, die in diesem Land nicht nur ältere Herren beschäftigen. Viele Gläser und einige Flaschen standen auf dem Tisch, diskret waren die Pflanzen im ehemaligen Klostergarten beleuchtet. Musik in der Nacht, etwas von Offenbachs Barcarole in der warmen Luft – eine Situation, für jede Art des Verzeihens wie geschaffen.

Ich konnte es nicht lassen.

«Schulz», sagte ich, «Schulz! Was Ihr Premier sich da geleistet hat in Straßburg, oder war es in Brüssel? – so etwas vergisst man halt nicht.» Sein Premier war wieder einmal ausgerutscht und hatte einem deutschen Europa-Abgeordneten, der ihn zu kritisieren gewagt hatte, eine Rolle als Kapo in einem KZ-Film offeriert.

Der Onorevole schaute stumm.

«Ich meine», sagte ich, ich konnte es nicht lassen, laue Nachtluft hin oder her, «in Paris oder in Berlin, da nimmt man eine solche Regierung doch gar nicht mehr ernst. Vielleicht in Washington, nach eurem Irak-Kotau ... Die Art und Weise, wenn Sie gestatten, wie man in diesem Italien mit dem Recht und insbesondere mit der Gesetzgebung umgeht ... eine Regierung, die nur für ihre eigenen Interessen, nein, die nur in ihre eigene Tasche wirtschaftet!»

Auch das brachte ihn nicht aus der Fassung. Solche Herren, mit allerhand Wassern gewaschen, haben eine Würde, um sie zu bewahren.

«Ach», sagte er, «das hat noch jede Regierung so gemacht.»

Dann folgten ein paar Invektiven gegen Prodi, D'Alema und gegen alle anderen Linksregierungen vorher. Der Herr, ein pensionierter Bankdirektor, erklärte freimütig, er sei ein Mann der Alleanza Nazionale von Gianfranco Fini, dem zum staatstragenden Verantwortungsdarsteller konvertierten Neofaschisten, vielleicht dem intelligentesten, jedenfalls dem gerissensten Mann in Berlusconis Kabinett.

Im Übrigen wäre Berlusconi als Politiker noch viel besser, sagte der Herr, wenn man ihn nur machen ließe. Damit meinte er die Verhinderer im eigenen Laden, im Mitte-rechts-Bündnis. Für die Opposition nämlich, für Leute wie Rutelli, Frassino, Veltroni, hatte er nur ein Schnauben übrig, für die Rifondazione Comunista von Bertinotti nicht einmal das.

Ich dachte, vielleicht ist es eines der großen Probleme des heutigen Italien, dass seine Bewohner nicht wissen, welches Bild ihre Regierung nach außen vermittelt.

Aber die da, die gehören doch zu Europa, dachte ich weiter, im Gegensatz zu uns! Aber ich sagte nichts dergleichen. Es muss eine ganz eigene Mischung von Stolz und der Sicherheit ergeben, wenn man mit einer so hervorragenden Vergangenheit lebt. Wir dort oben, wir sind vielleicht selbstgenügsam – aber die Selbstsicherheit, die geht uns ab.

«Wissen Sie, wir sind eben eigentlich Römer», sagte auch dieser Herr, und zu meiner Verblüffung: «Vor kurzem sprach man hier noch Latein.»

Vor kurzem?

Man ist wer, auch ohne die andern. Im Übrigen sah man aus dem Garten auf den Tiber hinunter. Glänzend wand er sich in der fruchtbar grünen Landschaft, jetzt glitzernd im Mondlicht. Sie waren sogar mehr noch als Römer, die hier: sie waren eigentlich Etrusker!

Da war alles da, was es zu einem angenehmen Leben braucht. Die laue Nacht, die Kunst, die Schönheit, die Vergangenheit, gutes Essen und Trinken ...

Der Chor, der zum Schluss noch, auf Deutsch, das Abendlied von Matthias Claudius gesungen hatte, war gegangen, und der Mond war aufgegangen und wie im Lied nur halb zu sehen, über Zypressen, Oleander und Pinien, einem herrlichen italienischen Garten.

Und da schwieg ich endlich. Und dann gingen wir auch.

Den Herrn hatte mein Gerede gar nicht beeindruckt. «Arrivederci», sagte er freundlich, «e a presto, da noi.»

Der Anti-Italiener. ▌ Giorgio Bocca, 87 Jahre alt, Journalist, Kulturkritiker, schreibt wöchentlich eine Kolumne im *Espresso* und nennt sich in ihrem Titel, selbstironisch, einen «Antitaliano». Aus Anlass einer Neuauflage der vor 16 Jahren erschienenen, bitteren Analyse seines Landes unter dem Titel «Il provinciale» führte der *Espresso* mit Bocca ein Gespräch. Hier ein Auszug, am Ende ergänzt um eine

Bemerkung, die Bocca in seiner Kolumne «L'Antitaliano» derselben Ausgabe gemacht hat.

Provinzler und Pessimist. Sind Sie das immer noch?

Mehr denn je. Mein Pessimismus ist total geworden. Aber davon handelt schon jenes alte Buch: vom nicht erfüllten Wunsch eines Piemontesen, der im Lauf seines Lebens Zeuge davon werden möchte, wie Italien ein normales Land wird. Im Jahr 2007 angelangt, bleiben jedoch alle Fragen offen: Warum unsere Gesellschaft nicht reifer wird. Warum wir keine vernünftige Wirtschaft haben. In den Jahren von Berlusconi sind die kleinen Schritte, die wir schon gemacht hatten, zunichtegemacht worden.

Sie seien zu pessimistisch, sagen Ihre Kritiker.

Die Wirklichkeit ist finsterer, als mein Pessimismus es je sein könnte. Ganze Provinzen im Süden werden von der organisierten Kriminalität beherrscht, in Sizilien ist die bürgerliche Rechtsordnung in die Hand der Mafia übergegangen. Die Mafia wird dort Mittelschicht, normal, alltäglich.

Mit Neapel sind Sie ebenso streng. Glauben Sie nicht an seine Genesung?

Nein. Die Neapolitaner sind sympathisch, man isst dort gut, aber für eine bürgerliche Gesellschaft ist Neapel das schlechteste Vorbild. Seit Jahresbeginn, in knapp drei Monaten, hat es 23 Morde gegeben. In den vergangenen fünfzig Jahren ist der Wohlstand gestiegen, aber die Laster der Gesellschaft sind dieselben geblieben. Während sechzig Jahren, bis zu Berlusconi, habe ich gedacht, die italienische Gesellschaft würde sich schlecht und recht zum Besseren hin entwickeln, die Industriellen, die Arbeiterschaft, das Bürgertum, die Justiz. In Wirklichkeit ...

Berlusconi hat immerhin das neue Mitte-rechts-Zentrum geschaffen.

Er hat etwas geklärt, nämlich dass in Italien die Mehrheit rechts steht. Und durch ihn ist diese Rechte oft brutal, ignorant, primitiv. Die Italiener haben immer noch Mühe damit, zu kapieren, was Demokratie ist. Aber sonst gibt es in diesem Land keine Politik mehr. Die Gefahr dabei ist ein Abgleiten wie im Russland Putins, wo sich anstelle einer europäischen Demokratie ein Machtsystem mit mafioser Charakteristik eingerichtet hat.

Wie denken Sie über den wachsenden Druck des Vatikans auf die italienische Politik?

Mit dem bin ich schon beinahe einverstanden.

Einverstanden? Was für eine Überraschung!

In der Wüste der Werte in diesem Land macht der Papst moralische Vorschläge. Schlägt ein ethisch bestimmtes Verhalten vor. Eine Ordnung. Das drückt besten Katholizismus aus, ich habe kein Problem mit dessen Verkündigung. Auf der andern Seite mag das vielleicht eine Gefahr für den Fortbestand des Laizismus sein. Aber davor habe ich keine Angst. Das Problem des Papstes ist die Krise des Katholizismus und wie die Kirche überleben kann.

Tatsache ist, dass wir in einer Gesellschaft leben, die mit Geschick vom Diebstahl lebt. Der ungebremsteste und zynischste Kapitalismus, den wir je hatten, hat sich durch den technologischen Fortschritt und den globalen Markt die optimalsten, die unglaublichsten Bedingungen geschaffen, um Geld zu machen. Der Einfluss des Arbeiters ist praktisch verschwunden: du kannst deine Fabrik verlagern, wie du willst; du kannst die Produktion dorthin verschieben, wo die Arbeitskraft billig ist; du kannst dir vom Staat dabei helfen lassen, die Steuern für die Armen zu erhöhen und sie bei den Reichen zu ermäßigen; du kannst den ins Gefängnis spedieren, der einen Apfel geklaut hat, und den Reichen, der Milliarden gestohlen hat, ins Grand Hotel, wo er den Verfall von Fristen abwartet und andere rechtliche Tricks anwendet, die ihn unangreifbar machen. Alles verändert sich – aber zum Schlechteren.

Für die Ehrlichen und die Guterzogenen wird der Platz immer enger.

Attenti alle truffe. ∎ «Vorsicht vor Betrügern» steht auf der Rechnung, die der «Egr. Spett. le Signor Cliente» vom Wasserwerk halbjährlich erhält, «attenti alle truffe!» Und da liest er dann: «Es existieren keine Beauftragten des Wasserwerks VUS SPA, die zu Ihnen nach Hause kommen, um Ihnen irgendwelche Apparate zu verkaufen oder gegen Bezahlung Kontrollen durchzuführen, um von Ihnen Verträge über die Wasserlieferung unterschreiben zu lassen oder die Rechnungen kontrollieren zu lassen. Wenn jemand bei Ihnen vorspricht, um Ihnen mitzuteilen, dass Ihr Vertrag obligatorisch durch einen anderen ersetzt würde, oder wenn Sie Dokumente unterschreiben sollen, ohne dass man Ihnen diese zur Prüfung hinterlässt, oder wenn man Ihnen sagt, VUS SPA würde den Wasserdienst nicht mehr ausführen, dann ist das Betrug. Rufen Sie sofort die Polizei (Telefon 113) oder die Carabinieri (Telefon 112) und informieren Sie uns über unsere Hotline ...»

Alter weißer Mann. ∎ Immer wieder ganz an den Rand des Geschehens gedrängt steht dieser gebrechliche – oder gebrochene – alte Mann, zur Seite gedrängt von allen diesen Haupt- und Staatsevents, FAO-Gipfeln und Fußballtragikomödien, eine Leidensfigur mit König Anfortas' Zügen. Es spielt keine Rolle mehr, ob er mehr Bremser oder nur Bewahrer, mehr Verhinderer oder gar Erhalter gewesen ist. Heute sieht man ihn auf jener «Rutschbahn, im Nichts endend», wie Friedrich Dürrenmatt in seinem letzten Brief an Max Frisch schrieb, und noch einmal erteilt er eine Lektion, wohl die letzte.

Man spürt ja nur noch Mitleid. Die Grausamkeit der Telekamera, er hat sie nicht verdient, wenn auch selbst verschuldet durch lebenslangen missionarischen Darstellungseifer. Aber wenn er nun zittert, stammelt, lallt, in sich selbst ganz eingesunken, er, der – wie lange ist das her! – mit seinem Freund, dem Staatspräsidenten Pertini, per Jet in die Dolomiten zum Skifahren flog, er, dem keine Reise zu weit und kein zu küssender Tarmac zu tief war, wenn nun dieses Häufchen Elend mit letzten Kräften vor seine Gläubigen tritt (und vielleicht mit noch größerer Entschiedenheit vor die vermeintlichen Ungläubigen), dann ist das nicht nur ein Bild des Jammers, es ist auch ein Bild des Erbarmens, das er mit seiner eigenen Passion erweckt. Seine Gebrechen seien nichts im Vergleich zu dem, was Christus erlitten habe, soll er mehrmals gesagt haben. Es gebe kein von Gott auferlegtes Leiden, das der Mensch nicht ertragen könne. Zwar gibt er mit der Heiligsprechung des populären Padre Pio an diesem Wochenende, nach anfänglichem Zögern, dem Druck der italienischen Katholiken nach, und mit der Diskussion der In-vitro-Fertilisation durch das italienische Parlament wird seine immer wieder und bis zur Sturheit vertretene Position für einen unbedingten Schutz der Geborenen wie der Ungeborenen zumindest angefochten. Auf einem ganz anderen Feld aber wird er immer stärker.

Jan-Heiner Tück hat in der *NZZ* dargestellt, wie Johannes Paul II. mit seinem Einsatz für soziale Gerechtigkeit, Frieden und Menschenrechte der Kirche Respekt verschafft habe «in Zeiten, da die Funktionseliten in Politik und Wirtschaft einem rapiden Glaubwürdigkeitsverlust ausgesetzt» seien.

Wichtiger aber noch, was Tück zum Vorbildcharakter einer so weithin sichtbaren Leidensfigur sagt. Der Leitgedanke eines christlichen Humanismus, schreibt Tück, nach dem der Mensch nur zu sich finde, wenn er eine Wahrheit anerkenne, die über ihn hinausgehe, werde von einer auf Geld und Konsum fixierten Lebensweise verdunkelt. «Die Telepräsenz des gebeugten Mannes in weißer Soutane, der sich seinem Amt rückhaltlos verschrieben hat, kann als Zeichen gelesen werden, das dem Jugend- und Körperkult in Lifestyle und Werbung widerspricht. Den westlichen Gesellschaften, die die Unausweichlichkeit von Alter und Tod gerne verdrängen und das Sterben zunehmend in anonymen Institutionen ‹abwickeln›, wird durch den alternden Papst ein unbequemer Spiegel vorgehalten.»

Der Papst, über die Sterblichen hinausgehoben durch sein Amt als Nachfolger Christi, hätte nun Menschenmaß bekommen durch sein Leiden, also sein ganz persönliches Unglück? Das würde heißen, dass die Kirche stolz auf ihn sein könnte als auf einen, der Schwäche zeigt.

Roma-San Pietro. ▮

Der Heilige Stuhl
hat seinen eigenen Bahnhof.
Er ist das friedlichste
am Vatikan:
Hier kannst du
wenn der Zug nach Viterbo
vorbei ist
einen Hahn krähen hören.
Dreimal, wenn du Zeit hast.
Du bist hier, tatsächlich,
irgendwie schon in einer anderen Welt.
Dabei triffst du, auf
zentral katholisch-konservativem Hoheitsgebiet
keine Pilgerseele.

Der Bahnhofsvorstand
legt die Mütze auf die Aluminiumtheke
und nimmt einen Analcoolico.
Du siehst
vom Rundtischchen aus
das ockergelbe Bahnhofshaus
Gusseisen, blühender Oleander, Geleise.
Der Fahrplan dort an der Wand

ist von Hand geschrieben.
Eine Telefonkabine.
Ein Hund.
Zu deinen Füßen Stinkende Hoffart.
Im Caffè Stazione Roma-San Pietro
bedenkt sich die Gegenwart
wie ein flaumenleichtes Geheimnis
ganz unangestrengt.

Fünf runde Tischchen mit gelben Decken
fünf Sonnenschirme.
Drum herum Buchsbaum
Kübelpalmen
drei Brunnenschalen, algenüberwachsen.
Die Aufschrift
Coca-Cola
verliert in solcher Umgebung
den bösen Zug.

Ein grauhaariger Kellner
an die Türfassung gelehnt
schaut dir zu
wie du ihn notierst.
Und dann fällt dein Blick
auf eine kleine Madonna
inmitten des Buchsbaums.
Ave Maria.
Einverstanden mit dem
sinngemäß sauber gesetzten
Gartenzwerg.
Hier bist du Mensch,
dort darf er sein.

Italianità. ▪ Maria Pia erblickt uns, stürzt auf den Campo heraus unter ihre Sonnenschirme, der blonde Rossschwanz weht hinter ihr her. Sie stellt einen Tisch um, rückt rasselnd Stühle dazu, stellt die Gasheizung höher, drängt freundlich ein paar Schweden zusammen, lädt uns ein, Platz zu nehmen. Es ist früher Abend, und hinter dem mausgrauen Palazzo Righetti legt die untergehende Sonne einen Goldton um die Kuppel von Sant'Andrea della Valle.

Durchatmen.

Was soll's denn sein?

Wir sagen, was wir immer sagen: zwei Gläser Terre di tufo, per piacere. Wir trinken immer den gleichen Weißen. Wir wollen nichts Neues. Um Gottes willen.

Maria Pia betreibt eine kleine Bar, unsere Stammkneipe auf dem Campo de' Fiori. Die Bar heißt «Fiori di Campo».

Maria Pia ist Lazio-Fan; bei AC Roma, dem anderen großen Stadtclub, wollen sie keine Faschos und kein Finipack, sagt mein Freund.

Maria Pia macht ein Gesicht, als sehe sie fabelhaft aus. Und wirklich sieht sie so fabelhaft aus, wie eine solche Blondine nur aussehen kann. Wir himmeln sie hemmungslos an. Sie wolle von Männern nichts mehr wissen, sagt sie dann. Das macht sie interessant, glaubt sie, und ihr Geheimnis umweht sie wie Eau de Sortilège. Oder wie das, was jetzt alle umweht, dieses impertinente Kouros.

Maria Pia wählt die Alleanza Nazionale, völlig unverfroren, den scheinbar geläuterten Altneofaschisten Fini mitsamt der Mussolini-Enkelin Alessandra, Reptilien, die alles überdauern.

Maria Pia trägt Leggins aus Schlangenlederimitat.

In dem politischen Dauerschlamassel, in dem es immer nur um Macht, Bereicherung, Einfluss und Privilegien in barocker Vielfalt geht und kaum je um Philosophie, die sich durch Politik verwirklichen möchte, muss man überdauern können. Andreotti war so einer, ein Wüstenwaran, wechselwarm und anpassungsfähig, jederzeit gefährlich. Wahrscheinlich steht Maria Pia auch auf Andreotti.

Wir blicken auf den Platz mit dem Denkmal für den Ketzer Giordano Bruno, nicht unzufrieden. Fahrradfahrer, Vespas, Paare, Passanten. Ein kleiner Hund scheißt aufs Pflaster, während sein Herrchen im Kamelhaarmantel mit einer Matrone turtelt.

Mein Freund, mit dem ich mich am Abend bei Maria Pia treffe, lebt und arbeitet wie ich seit einigen Jahren im Land. Tagsüber tragen wir manchmal eine Krawatte und auch abends immer lange Hosen, was man von den übrigen Gästen bei Maria Pia nicht unbedingt sagen kann. Also haben wir im Gegensatz zu denen das Recht, nach Feierabend zuerst einmal auf Italien zu schimpfen. Autogenes Training. Es geht nicht lange, dann lassen wir das und kommen darauf, dass die Touristen um uns herum, vor allem die deutschen und die Schweizer, nichts von Italien begreifen.

Die mit ihrer «Italianità»! Wenn ich das Wort nur schon höre! Mein Freund macht mit seinem langen Arm im dunkelblauen Kammgarn eine wegwerfende Bewegung.

Mein Freund ist ein Mann, der bei dem Wort Italianità sofort die Krätze kriegt. Ich genauso.

Italianità! Dann sollen die mal herkommen, wütet mein Freund, wenn sie dort oben, in ihrem Scheißnorden, besser wissen als wir, wie es hier zugeht.

Mein Freund arbeitet für eine Zeitung, deren jeweiliger Chef vom Dienst ihm von Zürich aus am Morgen jeweils mitteilt, was in Italien los ist. Und der jedes Telefongespräch damit beendet, dass er betont, wie gut er, der Korrespondent, es doch habe: Du, dort unten in deinem Rom, diese herrliche Italianità.

Wir pfeifen auf die Italianità, sagen wir unisono. Triumphierend sehen wir auf den Campo.

Ja, Frau Hungerbühler, denken wir, Sie haben ja keine Ahnung! Was wäre denn Italianità? Dolce far niente? Pasta e vino? Il mare lucido? Vespa und Cinquecento? Der Sonnenuntergang abends am Tyrrhenischen Meer? Oder gar unser Terre di tufo hier auf dem abendlichen Campo de' Fiori? Sind Sie noch zu retten? Es ist zweierlei Ding, von einem Land zu schwärmen oder es als Ansässiger alltäglich zu erleben.

Niemand in Zürich weiß von dem Problem, dass man hier fünf Tabacchi anzusteuern hat, bevor man vielleicht ein Busticket verkauft bekommt. Niemand kommt dort mit Sack und Pack an den Bahnhof, und siehe, es ist Streik. Niemand in Berlin glaubt, dass in Rom ein Buschauffeur den Weg nicht kennt. Niemand in Bonn kann sich vorstellen, dass alle höheren Beamten Briefe grundsätzlich nicht beantworten und alle übrigen Empfänger Briefe grundsätzlich nicht lesen. Das braucht dort auch niemand zu wissen.

Aber wir wollen es nicht mehr hören: Italianità.

Niemand, den wir ansprechen, mein Freund und ich, gibt zu, dass er Forza Italia wählt. Nicht einmal Maria Pia, die noch weiter rechts auf dem Wahlzettel ihr Kreuzchen macht. Niemand hat Berlusconi gewählt, seine Mehrheit besteht aus Geisterstimmen. Und die Umfragen drohen immer noch damit, dass Berlusconi wiedergewählt wird. «Wenn sich auch nur ein Senator erkältet», schrieb der *Espresso* kürzlich in Bezug auf die prekären Verhältnisse der Regierung Prodi, «stürzt die Regierung.» Und dann?

Wir wüten. Wir nehmen einen Schluck und schauen über den Campo. Dann wüten wir schon weniger.

Dann müssen wir uns gestehen, dass wir es gut haben. Wir blicken zur Kuppel von Sant'Andrea della Valle hinüber, von der das Licht gewichen ist und das Gold einem nächtig-bleiernen Ton Platz gemacht hat. Dahinter tatsächlich die schmale Mondsichel. Wenn wir denken, wir müssten jetzt in Zürich sein, sagen wir versöhnlich.

Wir sitzen hier und schimpfen auf Italien, sagen wir, aber wir müssen uns gestehen, dass wir dies nur können, weil wir hier sind. Hier können wir uns aufregen über die Schlamperei, das ewige Chaos, diese ganze italienische Gleichgültigkeit.

Müssen wir doch auch, sage ich.

Dort, dort oben, müssten wir anders reden, sagt mein Freund. Hier wollen wir nichts hören von Italianità. Dort, bei denen, würden wir einen Vortrag halten, wie entspannt die Italiener sind, keine verkrampften, anal fixierten Ordnungsprotestanten und ausgetrockneten Bankheinis.

Lebt mal in Italien, würden wir denen sagen, lernt mal umzugehen mit dem Unvollkommenen. Lernt mal etwas anderes als recht haben!

Lernt mal zu leben!

Und wir lehnen uns selbstzufrieden zurück auf den billigen grünen Plastikstühlen.

Wie schön, dass es hier noch all diese unrestaurierten Fassaden gibt, sagen wir jetzt. Dieses gelebte Leben. Diese Flecken, Spuren und Placken auf den Hauswänden. Und das kühne Gewirr der Kabel!

Wir bleiben sitzen, wir sagen: Maria Pia, noch einen Terre di truffa, per cortesia.

Einen Greco di tufo.

Einen Tufo el Greco.

Einen Greco tartuffato.

Einen Truffa di Eco, nuscheln wir.

Einen Secco di muffa.

Wir sind zu faul geworden, um immer nach dem richtigen Wort zu suchen.

Maria Pia bringt den richtigen Weißwein, und soll sie doch ihre Alleanza Nazionale wählen.

Es ist spät, wollen wir irgendwo essen gehen?

Ciao, Maria Pia, a presto.

Ciao! Ihr Rossschwanz weht hinter ihr her.

Was brauchen wir, um heiter zu sein?

Mein Freund sagt: Komm, gehen wir hinüber nach Trastevere ... Die mit ihrer Italianità! Dafür laden sie uns jetzt ein. Die Zeitung zahlt!

Gerechte Besteuerung. ▌ In Kairo war ich unterwegs, der Stadt, die sie Roma-Nord nennen. Wie noch jeder Journalist es tat, unterhielt ich mich mit einem Taxifahrer. Es gibt keine Taxameter in den Kairoer Taxis, und ich hatte nun genügend dabei zugesehen, wie jeder das Fahrgeld wegsteckte, achtlos in das Bündel tat, das er in der Tasche trug.

Auf meine Frage, ob er Einkommenssteuer zahle, sagte Maghri, der Fahrer: Im Prinzip ja.

Ich: Aha. Wie viel denn?

Er: Zwanzig Prozent.

Ich: Zwanzig Prozent worauf?

Er: Auf das, was ich dem Kommissar angebe.

Ich: Was Sie angeben ... Er kann Sie nicht kontrollieren?

Er: Er glaubt mir.

Ich: Dass Sie alles angeben?

Er: Dass ich alles angebe, würde er mir nicht glauben. Wenn ich nur die Hälfte angebe, glaubt er mir auch nicht.

Ich: Also?

Er: Ich gebe vielleicht 70 Prozent an.

Ich: Oder vielleicht auch weniger?

Er: Vielleicht.

Ich: Und dann?

Er: Wir verhandeln. Er versteuert mich mit 20 Prozent von dem, worauf wir uns einigen.

Ich: Sie zahlen also 20 Prozent Steuern auf etwa 70 Prozent Ihres Einkommens, oder auch weniger?

Er (lacht): Sie haben es begriffen.

Dieses Gespräch hätte ich auch in Rom führen können. Nicht aber in Hamburg.

Der Cinquecento. ∎ Ich lese, dass es wieder Mode wird, sich beim Barbier rasieren zu lassen. Heißes Tuch, Einseifen mit dem Dachshaarpinsel, schabender Schnitt mit dem Messer, sorgfältiges Kratzen in alle Richtungen des Stoppelgefildes. Tupfen, flutschige Feuchtigkeitscrème, warmes Tuch, kaltes Tuch.

Das war unser Italiengefühl, als wir jung waren und eigentlich zu wenig Bartwuchs hatten für einen Barbiere. Wir wagten uns dennoch in den schweren, ledergepolsterten Drehsessel, an dem mit einem Klacken nun die Kopfstütze mit der Papierrolle eingesetzt wurde. Rasieren lassen: ein Luxus, der ein besonderes Vergnügen war, weil man sich so ein Stückchen weiter einbürgern konnte im fremden Land, das schöner und besser sein sollte als das eigene.

Figaro!

Das war immer schon ein Italienbild: der Mann im weißen Kittel, der vor seinem Laden auf einem Flechtstuhl auf Kundschaft wartet. Der talentierte Barbier, schreibt die Zeitung, braucht fünf bis sechs Jahre, bis er den Umgang mit dem Rasiermesser intus hat. Der untalentierte, denke ich, bleibt auch in Italien lebensgefährlich.

Aber jetzt sitzen sie also wieder und warten. Am Morgen früh der Avvocato, der Farmacista, der Giudice und der Professore. Und am Nachmittag die Jungen, die am Abend eine weiche Wange haben wollen.

Wer weiß, ob nicht nach dem Rasieren eines Tags auch das Bordell zurückkommt. Mode jedenfalls, so lese ich weiter, wird ein Auto, nach dem die Stranieri schon immer verrückt waren: der Cinquecento. Der neue ist sofort ein Hit geworden. Umso dringender sollte man nun den alten besitzen ... Der wunderbare Fiat 500, Italiens genialer Nachkriegsvolkswagen, zwischen 1957 und 1975 in 3,7 Millionen Exemplaren gebaut. Nach dem famosen Topolino nochmals ein Wurf, und nochmals eine Legende!

Viele 500er sind inzwischen zu Hühnerhaus und Kaninchenstall mutiert. Hunderttausende aber sind davon heute noch auf Feldwegen und Nebenstraßen unterwegs, tuckern auf der Statale, der Superstrada und, zum Entsetzen pfeilgeschwinder BMW- und Audi-Fahrer, auch auf den Autobahnen.

Jeder aus dem Norden hat immer schon einen Cinquecento haben wollen, wenn er in Italien ein Haus hatte, um ihn daran festzubinden. Aber nun ist der 500er auch unter Italienern immer gefragter. Nur macht man sich neuerdings Sorgen um die Zulassung. Kein Katalysator, null Sicherheit, im heutigen Verkehr eigentlich lebensgefährlich. Aber man weiß sofort Rat im Land der Sondergesetze und Ausnahmeerlasse. Es ist eine Verfügung in Vorbereitung, die dem alten 500er sein Weiterleben garantiert.

Grappa, unser Carrozziere, der Autospengler, Grappa hat für seinen alten Cinquecento monatelang geschuftet. War immer dran, wenn er zwischen der Arbeit für die Kunden eine Stunde Zeit fand. Dann schob er am Morgen, erste Amtshandlung, mit Handschuhen sein Juwel vors Schiebetor, sein Bijou. Das glitzerte perlmuttfarbig, hatte vier Stoßdämpferchen von Mercedes, einen Alfa-Motor, eine Abarth-Abgasanlage und nigelnagelneue Kunstlederpolster. In seinem Wägelchen hätte er ein Tempo vorlegen können, bei dem es diesem selbst angst und bange geworden wäre.

Aber Grappa fährt gar nicht. Er ist einmal mehr dabei, den Wagen umzuspritzen. Zudem hat er endlich die originalen Rücklichter gefunden, ferner ein altes Fiat-Emblem, das er aufs Motorhäubchen pappt. Unter jenen Deckel, der, wie jeder weiß, keinen Motor unter sich birgt, sondern den handtaschenkleinen Kofferraum.

Sind nun auch die Italiener ein so nostalgisches Volk wie wir geworden? Ebenso hoffnungslos krank nach allem, was alt ist? Sehnsüchtig nah der Umkehrung der Zukunft in eine vor uns liegende Vergangenheit?

In einer kürzlich veröffentlichten Umfrage kamen Italiens Ängste zur Sprache: zuoberst stand die Angst vor der Arbeitslosigkeit (26,7 %), dann die vor der Inflation (19,1 %), vor der Alltagskriminalität (17,5 %); den Immigranten (11,9 %) und erst ganz am Schluss, was wahrlich mehr Grund zur Sorge sein müsste, die Angst vor der Zerstörung der Umwelt (6 %).

Umgekehrt waren 2003 17,5 Prozent der Einwohner Norditaliens mit der wirtschaftlichen Situation des Landes zufrieden. Im Vorjahr waren es noch 34 Prozent gewesen. Was nottut unter solchen Umständen, ist eine Nassrasur mit sämig geschlagener Wehmutsseife. Wegdämmern, die Augen geschlossen unter dem schimmernd weißen Gesichtstuch des Barbiers. Die Sehnsucht nach einem Alltag, der sorgenlos gewesen ist, Sonnenflecken auf dem Trottoir vor dem Coiffeursalon. Der Cinquecento. Wir können inzwischen fast alles, nicht wahr. Aber dieses Auto können wir nicht mehr. Der Cinquecento steht genau für das, was wir fünfzig Jahre nach seiner Geburt und fünfhunderttausend Verbesserungen später um alles in der Welt nicht mehr fertigzubringen scheinen. Schon gar nicht, wenn man mich fragte, mit dem neuen Wägelchen, das im Herbst 2007 auf den Markt kam: eine 14 000 Euro teure Nachbildung, die aussehen möchte wie ein Stück Damals und es gerade deswegen nicht ist.

Das lokale Ornament. ▮ Hinter einem Lastwagen, der die Straße versperrt, warte ich auf freie Fahrt. Ich habe Muße, dem Lastwagen beim Manövrieren zuzusehen. Es ist ein schweres Gefährt, hinten zwei Achsen, vorne zwei Achsen. Ich denke an Brechts Gedicht vom Radwechsel und habe keine Eile.

Vorne zwei Achsen? Mir fällt auf, dass ich diese Konstruktion fast nur hier in Italien gesehen habe, hier aber öfter mal. Zwei Achsen vorne, beide gelenkt: eine aufwendige Konstruktion. Sicher sind die vorderen Achsen auch angetrieben. Bin kein Techniker, aber es ist sicher nicht einfach, sowohl die Lenkung wie das Differenzialgetriebe für eine solche Konstruktion zu bauen. Wahrscheinlich auch teuer –

Ich stehe still und schaue dem vierachsigen Lastwagen zu.

Es ist wie mit dem Cingolo, dem Raupentraktor, denke ich. Jedermann in dieser Gegend, sogar auf flachem Feld, fährt mit diesem tonnenschweren Bügeleisen. In den Alpen, die weiß Gott schwieriger zu befahren sind als umbrische, marcheggianische oder toskanische Hügel, gibt es keine Raupentraktoren. Die Firma Aebi hat für die Bergbauern einen ultraflachen Reifentraktor entwickelt, mit dem man wie angeklebt auf den Steilhängen herumfahren kann.

Solche Dinge signalisieren eine Besonderheit. Oder eine Vorliebe. Woher kommen solche Vorlieben?

Der Lastwagen will etwas sagen. Er leistet etwas, das andere Lastwagen auch leisten, aber er drückt etwas Besonderes aus. Eine «Weltanschauung»?

Jedenfalls steht er nicht, wage ich, technisch unbelastet, zu behaupten, für eine technische Notwendigkeit, er steht für einen Ausdruck – so wie übrigens auch Lokomotiven von Land zu Land ganz anders aussehen können, obwohl sie demselben Zweck dienen. Das meine ich mit: Er will etwas sagen. Ich würde den Ausdruck gern nennen: das lokale Ornament.

Das lokale Ornament konstituiert – ähnlich wie Schriften, die Gestaltung von Straßenlaternen, die Anordnung von Stromleitungen, die Gestaltung von Kanaldeckeln, von Straßenschildern – letztlich Identität. Darum sehen die Länder Europas immer noch verschieden aus – und das wird so bleiben. Mit Deutschlands gelben Ortsschildern werde ich mich immer fremd fühlen. In Paris bei der Aufschrift «Tabac», rot, mit einem merkwürdigen Doppelkonus, immer zu Hause.

Offenbar reicht die Kraft des Ornaments weiter, als ich gedacht habe. Es bestimmt sogar die unnötig aufwendige Konstruktion eines Lastwagens. (Ich sage schon: unnötig aufwendig.)

Und was soll jetzt also die Verschleuderung von konstruktiver Energie und Material «bedeuten», was denn? Vorsichtig könnte man sagen: eine bestimmte Haltung zu so etwas wie einem Lastwagen. Was für eine Haltung? Man will einen kräftigeren Lastwagen. Warum, die «normalen» sind doch kräftig genug? Weil sich bei denen Kraft unsichtbar über die Konstruktion entwickelt, wir wollen die Kraft sehen.

Das Lieblingstier des Italieners ist gewiss nicht der Klippschliefer, ein Tierchen, das aufgrund bestimmter Baumerkmale zu der Familie der Elefanten gezählt wurde, das aber aussieht wie eine Ratte. Ein Elefant des Understatement. Wenn es irgendwo ein Land gibt, in dem so etwas wie Understatement wirklich völlig unbekannt ist, dann ist es Italien. Diese Konstruktion, die da vor mir schwerfällig manövriert, zeigt die Kraft, die in dem Gefährt steckt. Da arbeitet ein Bulle.

Und was heißt das, wenn du dich weniger vorsichtig ausdrückst? Es heißt, dass die da bereit sind, etwas aufzuwerfen, wenn etwas dabei herauskommt, das bullig ist. Ein BMW-Motorrad aus München heißt «1100er». Das ist vielleicht eine zuverlässige Information, aber langweilig. Ein Ducati-Feuerstuhl aus Bologna-Borgo Panicale, Viale Cavaliere Ducati 3, heißt «Black Monster». Das hat Tempo.

Fare bella figura.

Der Lastwagen hat die Straße endlich freigegeben. Ich fahre weiter, in Gedanken. Sofort werde ich in einer unübersichtlichen Linkskurve, jenseits der doppelt ausgezogenen Mittellinie, von einem goldmetallisierten Fiat Punto überholt, einem Auto, das aussieht wie eine Espressomaschine. Hundert Meter weiter vorn fliegt ein Plastiksack mit Müll aus dem Punto und rollt zu anderem Plastik in den Straßengraben.

Der Lastwagen folgt weiter zurück, in einer Wolke von Dieselrauch.

Fichissimo. ▮ Auf dem Schild in der Führerkabine eines entgegenkommenden Lastwagens heißt es FICHISSMIO, dort wo sonst ein Namensschild steht: FRANCO, RUDI, AMLETO. Von ‹fica›, vulg.

Feige, Fotze. Auch ‹geile, tolle Frau›, ‹Klassefrau› (Wuchtbrumme), fam. ‹geile Puppe›.

Vgl. *fichetto*, ‹Schönling›, ‹Schickimicki›, auch ‹Schnösel›.

In diesem Fall wohl einfach: Oberficker, Fotzenkönig.

Handwerkers Lied. ❚ Aus Prinzip stöhnt zuerst einmal jeder, der am Tun von etwas zu Tuendem ist. Der Klempner, der Camionista; der Elektriker, der Traktormann; der Schreiner, der Gasmann.

Wenn er den Hahn anschrauben, die Kiste ausladen soll; den Draht verlegen, den Ginster roden; die Treppe richten, den Tank auffüllen: Mannaggia! Madonna! Porco Dio!

Die Situation kenne ich, nur die Flüche tönen anders.

Und doch gibt es einen Unterschied, meine ich. Und nicht nur den, dass es die Berufslehre hier nicht gibt und einer vom andern das Pfuschen vorgemacht bekommt. Nein, manche von ihnen scheinen nicht zu erkennen, dass, wenn sie einen Beruf ergreifen, dieser denselben nach sich zieht.

Im Übrigen fiel mir auf: es gibt kein italienisches Wort für Pfusch. Was wir so nennen, wird hier mit «mal lavoro», «brutto lavoro» vorsichtig umschrieben. Zumindest habe ich die zwei Begriffe, die das Wörterbuch vorschlägt, noch niemals gehört: weder «abborracciatura» noch «lavoro raffazzonato». Das ist Literatur, nicht Alltag.

Caro Antonio. ❚ Etwas Rotwein im Kopf, beim nächtlichen Blättern im Telefonbüchlein (Moleskin, mit ausgeleiertem Gummiband), beim Sinnieren über lange nicht gewählten Nummern und der wiederholten Feststellung, dass immer mehr davon stumm geworden sind durch Abreise, Entfremdung und Tod, treffe ich dich wieder, Antonio, lieber Freund, *long no seen*.

Ich grüße dich, Antonio, aus der Schwärze unserer allgemeinen

Wegdrift, langsamer Entfernung zur endgültigen hin, ich grüße dich, wenn auch nur durch dieses drahtlose Nachttelefon, meine Gedankenübertragung. Du bist der Römer gewesen, auf den Verlass war, mein Freund, der du einen Hang zu Knoblauch hattest, ich habe es immer gerochen. Du hast mir geholfen, Antonio, immer wieder, du und deine schöne Freundin, Diana, die mitunter Leopard trug (Seide, nicht Fell), die schlanke Diana, Schauspielerin und öfter deine Assistentin, Hilfe dem Bühnenbauer, dem Ausstellungsmacher, dem Installationsakrobaten, dem Handwerker, der scharf war auf schwierige Ideen.

Antonio, ich habe deinen Kahn nie gesehen, von dem du mir bei der Arbeit manchmal erzählt hast, das Boot, das du am Strand liegen hattest irgendwo bei Sperlonga und das dir, wenn du genügend Zwanzigstundentage hinter dir hattest, so dringlich geworden war, dass du in die tiefe Nacht gefahren bist, um noch ans Meer zu kommen.

Ich sehe dich in Gedanken, wie du im Morgengrauen auf dem Sandsaum gehst, dort, wo das Treibholz anlandet, das du zu einem Tisch machen wolltest, in Bretter geschnitten, an denen du die Spuren ihrer Herkunft bewundertest. Du hast mir dann keinen solchen Schwemmholztisch gemacht, Antonio, und ich habe eigentlich auch nie einen näher gesehen als den auf einem verwaschenen Foto, das du einmal aus deiner Brieftasche zogst. Träumtest du von Tischen, die seegängig gewesen wären? Wir teilten eine heftige Abneigung gegen die Jäger.

Wir sollten uns wiedersehen, murmle ich, hier, an meinem Tisch, nachts, über deiner Telefonnummer. Du warst nicht einer von vielen. Und weißt du noch: wir wollten doch, bevor ich fortging aus Rom, nachts bis in den frühen Morgen auf einer Vespa durch die schlafende Stadt fahren, zwei Vitelloni im fortgeschrittenen Alter auf dem leeren Lungotevere.

Wir haben es nicht getan. Wir haben uns verstanden, Antonio, und wir haben uns nicht wiedergesehen, wie das so ist.

Die Vorzüge der Schneckenpost. ▮ Unter den Vermischten Nachrichten schien mir kürzlich diese bemerkenswert. Zwei Vierzehnjährige schreiben ihrer Tante eine Postkarte aus Rimini mit den üblichen Feriengrüßen: «Ciao Zia, il mare qui è bellissimo», so oder so ähnlich. Die Karte geht nach Trento in Oberitalien; abgeschickt wird sie am 14. Mai.

Am 14. Mai 1984. Angekommen ist sie in diesen Tagen, mit über zwanzig Jahren Verspätung. Ebenso gut hätten die beiden die Karte damals in einer Flasche dem Meer übergeben können.

Die Tante ist tot, so nehmen wir der Dramatik dieser Geschichte wegen an. Aurora und Doriano, die damals mit der Schule ans Meer gefahren waren, sind inzwischen selber Eltern geworden, das wird uns verbürgt. Die Karte hatten sie längst vergessen, auch den sicheren Vorwurf der Tante: Warum habt ihr mir nicht geschrieben? Wenigstens eine Karte? Eine Postkarte, auf der man das Meer sieht, das Meer, das wir in Trento nicht sehen können?

Die Postkarte, sagt der *Adige*, die Zeitung, die die Geschichte mitteilt, sei korrekt in Rimini gestempelt worden, das damals noch zur Provinz Forlì gehörte. Und sie trage auch einen Ankunftsstempel aus Trento: 30. April 2004.

Abgesehen von der überraschenden Tatsache, die man angesichts gewisser Formschwächen im italienischen Postwesen ein Wunder nennen muss, abgesehen also von dem Wunder, dass die Karte an einer Adresse, die nach zwanzig Jahren nicht mehr die gleiche sein konnte, überhaupt angekommen ist – was hat die Karte, oder was hat die Post inzwischen mit der Karte gemacht? Wo lag sie? Wer hatte sie verlegt, wer hat sie wiedergefunden? Lag sie in Rimini, in Trento? Irgendwo dazwischen? Wenn ja, dann wo?

Die Geschichte hätte Johann Peter Hebel gefallen, und wäre sie ihm zu Ohren gekommen, er hätte sie fürs *Schatzkästlein* sicher verwendet. Stattdessen lesen wir dort die berühmte Geschichte vom «Unverhofften Wiedersehen», in der ein junger Bergmann sich am Tag vor der Hochzeit von seiner Braut verabschiedet, unter Tage fährt und im Stollen umkommt. Die Braut – darf man sie eine Witwe nennen? – wird alt, sehr alt. Sie vergisst ihren Bräutigam nicht und nimmt nie einen andern. Und siehe, eines Tages kommt er wieder zum Vorschein, jung und schön, konserviert durch das Vitriolwasser, in dem er gelegen hat, und die Braut küsst ihn noch einmal und stirbt.

Was uns an der Geschichte von Hebel rührt, ist die Treue der Frau und ihr Lohn in Form einer späten Wiederbegegnung. Was die Geschichte verstörend macht, ist der Umstand, dass, durch das Verschwinden der Zwischenzeit, im Augenblick der Wiederbegegnung zwei Zeiten aufeinanderstoßen, die nicht zueinanderpassen. Im Fall der Postkarte aus Rimini geschieht etwas Ähnliches. Die Karte erreicht nicht die ihr zugedachte Empfängerin, sondern wie ein Bumerang in großem Bogen wieder ihre Absender. Und in dem Augenblick, wo diese die Karte erhalten und lesen, staunend wenden, die Poststempel betrachten, fällt ihnen auf, dass durch das kleine rechteckige Feld dieser Postkarte zwanzig Jahre wie in einem schwarzen Loch verschwunden sind. Was hat die Postkarte mit ihren zwanzig Jahren gemacht? Aufhebung der Zeit im Raum.

Die italienische Post hat den beiden Postkartenschreibern, sei es durch ein Versehen, durch Nachlässigkeit, Schlamperei und jedenfalls mit viel Zufall, ein Erlebnis der vierten Dimension verschafft, eine besondere Erfahrung von Diskontinuität.

In einer Geschichte von Johann Peter Hebel gibt es zum Ende oft eine Moral, und weil Hebel ein großer Schriftsteller ist, ist die Moral nicht immer moralisch. Wie in diesem Fall. Sie lautet: Wir alle müssen uns wünschen, von der Post auch einmal so vorbildlich schlecht bedient zu werden.

Fellini, der Wind, das Meer. ∎ Bei Ankunft, Stazione di Rimini, Endstation des Eurostar von Rom, schreit es die *Voce di Romagna* gleich auf ihrer Titelseite heraus. «Grand Hotel: Stipendi e 80 lavoratori a rischio.» Dazu ein Farbfoto der Fassade auf der Frontpage, perspektivisch verzerrt, die haben wohl einen Assistenten hingeschickt. Zuckerbäckerarchitektur, Fenster mit heruntergelassenen Läden, Schriftzug über der Dachterrasse, darüber die fünf Sterne. Achtzig Arbeitsplätze im Grand Hotel gefährdet. Aber die Lokalausgabe des *Resto del Carlino* kennt schon den Retter, «il magnate russo che può salvare il Grand Hotel». Hier kommt, wenn schon ein Retter, nur ein Magnat in Frage.

Du hast deinen Fuß noch nicht aufs Pflaster gesetzt, und schon bist du mittendrin.

Der russische Magnat heißt Wiktor Wekselberg und lebt in Zürich. Er hat hier bereits die Marina gekauft, um sie zu einem der schönsten Freizeitseglerhäfen Italiens zu machen. Nun ist sein Geld gefragt für die Rettung eines der mythischsten Gebäude der ganzen italienischen Neuzeit: das angeschlagene Grand Hotel, verschuldet und leicht verkommen, jener Palast, dem Federico Fellini in *Amarcord* die Würde eines nationalen Tempels verliehen hat – auch wenn das Filmhotel keineswegs mit dem Hotel in Rimini identisch ist. Trotzdem: ein Pantheon an der Adria, absolutes Kulturdenkmal. Ein Pilgerort für Filmfreunde, jedoch, bitte, nicht nur für diese: Federico – dich möchten wir nicht gern nur den Cineasten überlassen!

«Viktor, pensaci tu», ruft verzweiflungsvoll der *Carlino* – Wiktor, du musst es richten!

Ich ging vom Bahnhof nach rechts und nach ein paar Schritten durch die Unterführung in die Viale Principe Amedeo. Am Aushang des Kiosks an der Ecke neue Aufregung. «Allarme! Miglaia di Tifosi del Napoli a Rimini!» Tausende von Napoli-Fans in Rimini erwartet! In Sachen Grand Hotel nun Gewissheit: «Il magnate russo salverà il Grand Hotel.»

Tanto meglio.

Auf Zehenspitzen quasi betrat ich den Boulevard, die Prachtmeile, die Kastanienallee des Principe Amedeo, wer immer Amedeo gewesen sein mag, ein roter Teppich des besseren Lebens, schnurgerade bis zum Meer. Dort hat man, in Permanenz, seine Umkleidekabine. Szenerie weniger für einen Fellini- als für einen Visconti-Film: Rüschen und Seide, schöne Dämchen, elegante Herren, schmale Hunde. Kaleschen, Intrigen, Gegenlicht.

Die Architektur eklektisch. Ein bisschen Tod-in-Rimini. Toskanische Pseudoschlösser, Italogotik, verunglücktes Bauhaus, Pseudomoderne, türmereiches Mittelalter und die in diesem Land jederzeit interessanten dreißiger Jahre. Vorherrschend die Freitreppenorgiastik reicher Leute, die das Geld als Marmorstufen plätschern lassen. Novecento. Italien, wie in Italien Italien herauskommt, wenn Italien Italien träumt, eine Mischung von Pomp und Verhängnis.

Jede Villa in ihrem eigenen parkähnlichen Garten, Rosen gestutzt!, Palmen gebunden! Ergibt eine Abfolge von Denkmälern des Reichtums, von alten wie von neueren, einen Geruch von Knete, der den Passanten zwanghaft vor die polierten Klingelschilder reißt: ja, da haben wir's, viermal übereinander der gleiche edle Schriftzug auf spiegelndem Messing.

Hier wohnt wohl keiner zur Miete, und jetzt, im frühen März, ist auch kaum einer da. Die Straße, von einer Autobuslinie gescheitelt, liegt, wenn der Bus vorbei ist, so ruhig da, als pflegten Häuser einen Winterschlaf. Kamelien deuten knospend auf baldige Änderung. Etwas so Kommunes wie Mimosen gibt es hier nicht.

Die allfällige Hundekacke liegt ordentlich auf dem Stück Erde, das man den Alleebäumen gelassen hat. Hier werden die Hunde von Domestiken ausgeführt. Die Bäume im Sommer wohl gewässert.

Nach zehn Minuten endet der Verkehr: da ist sie, die Piazza Fellini. Als Stadtpark geht sie als Parkanlage bis zum Lungomare dort vorne. Der Name Fellini später als der Park; die Bäume haben respektables Alter. Gartensymmetrie, Parklust: ein von vier Pferden getragener Springbrunnen, Steineichen, Palmen, ein paar Parkbänke und versteckt in den Bäumen links und rechts je ein Palazzo, in denen unter anderem Riminis Tourismusbüro untergebracht ist. Ein paar Schritte weiter steht man, immer noch im Park, vor der Fassade des Grand Hotel.

Man steht und schaut hinüber, dann fällt der Blick auf ein Plakat, das Vorschriften erlässt für die Hausschlachtung von Schweinen: «Norme per la macellazione a domicilio di suini destinati al consumo familiare.» Jenseits der Straße der Garteneingang, ein doppeltes Schmiedeeisentor, es steht offen. Im Park erkennt man zierliche Gartenstühle und Metalltische, fünfziger Jahre. Von hier, der Gartenseite her, führt ein doppelt geführter Weg, ein paar Treppenstufen hoch, unter der Zuckerbäckerfassade in die Hotelhalle.

Was tut man da? Was sucht man da? Warum fährt man viele Stunden Zug, um an einen solchen Ort zu kommen? Was hofft man hier zu finden? ER ist nicht mehr hier, und was würde es schon ändern, wenn er nun um die Ecke käme, aus dem Flur dort, wo die Herrentoilette ist? Man würde ihn vielleicht nicht einmal ansprechen, nicht nur aus Scheu. Es hat keinen Sinn, einen Zusammenhang zwischen einem Künstler und seinem Werk zu erzwingen. Das Werk kann großartig sein, ein Künstler ist meistens enttäuschend.

Das hier ist die Inspiration für *sein* Grand Hotel, aber ob er hier überhaupt gedreht hat? Er sei ja, 1939, aus Rimini weggefahren, ohne je wieder zurückzukommen. Er habe alles nachgebaut in Cinecittà, sagen jene, die es wissen. Vorsicht, denke ich, man weiß nie. Vielleicht hat er hier doch gedreht, nächtelang, heimlich, wenn alles schlief und der Biograph nicht aufgepasst hat.

Ich suche eine Beziehung, die es nicht gibt, den Schatten des größten Mannes, den Italien im vergangenen Jahrhundert hervorgebracht hat. Es war ein Poet diesmal, kein Politiker. Es war einer, der suchte; einer der fand, indem er suchte. Die Liebe, den Zweifel; die Frenetik und die Langweile, den Hunger und den Überdruss. Nur letzte Fragen ... Was ist das Leben? Wie ist es zu gewinnen? Warum verlieren wir es?

Er war das bessere Italien ... Trotzdem: Warum bin ich da? Auf Pilgerfahrt vielleicht, ein Verehrer. Möchte kein Pilger, kein Verehrer sein, dachte ich trotzig.

Gegenüber vom Bahnhof war ich noch schnell in einer ultramodernen Caffè-Bar eingekehrt, sie heißt «Otto e mezzo». Es war nicht möglich, an einem Ort vorbeizugehen, der so heißt. An einer Wand hing ein riesiges Schwarzweißfoto, Sandra Milo und Anouk Aimée im Zug, im Speisewagen, Szene des verworfenen ersten Schlusses von *Otto e mezzo*. Zauberhafte Szene. Sandra Milo, lachend, dreht sich gegen den Betrachter, lächelnd Anouk Aimée, und dahinter all die Schauspieler und Komparsen, weiß in weiß. Über dem Tresen im anderen Teil des Lokals gibt es ein zweites Foto. Es zeigt ebendiesen Tresen, davor ein paar Passanten, dahinter einen Kellner, unter den Passanten Federico Fellini. Die Jacke ist ihm etwas zu eng; er trägt für einmal keinen Hut. Eine kleine Kaffeetasse in der Hand. Ein Signore. Überhaupt keine Pose, das ist vielleicht das Verblüffendste. Ein Mann an einer italienischen Bar. Ein schönes Foto.

Hier, in der Halle des Grand Hotel, einem riesigen, mit Teppichen ausgelegten Tempel, in dem an einer Seitenwand diskret ein paar Angestellte wirken, gibt es kein sichtbares Zeichen, das auf ihn verweisen würde.

In der Bar, hell vom Licht über dem Meer her, sitzen Geschäftsleute, Männer in Anzügen, Holländer glaube ich zu hören. Sie spielen sich vom Handy einen Clip vor, eine Geschäftsherrenferkelei, wenn ich recht verstehe; sie lachen, sie werden nicht müde, sich das Bändchen immer wieder vorzuspielen. Hinter der Bar wartet ein schmales Mädchen, das braune Haar zum Pferdeschwanz gebunden; das Mädchen hört zu und macht ein Gesicht, das versteht und verstehend verzeiht.

Ich bleibe. Ich lasse mir das nicht nehmen. Ich hatte mir das vorgenommen: einen Kaffee und einen Kognak hier an diesem Ort. Ich sitze halb zum Fenster gewendet, etwas entfernt von den Holländern, immer noch auf Hördistanz. Durch das große Fenster sehe ich in den Garten, auf ein paar Tische und Stühle und eine runde Tanzfläche. Man könnte, wären bloß die Holländer nicht, die Musik von Nino Rota hören, die Ragazzi sehen, wie sie, jeder für sich, langsam und versunken zu den Tönen tanzen, in Wintermänteln, den Schal um den Hals ...

An der Wand gegenüber ein Ölgemälde. Eine Nymphe in weißem Mousseline fällt über einen ungeschlachten Faun oder Erdmann her, der an einen Fels gelehnt nackt auf dem Boden liegt. Im Hintergrund, mit dem Pfeilbogen, Cupido, der Anstifter.

Zum Kaffee stellt das Mädchen ein Tellerchen mit Pralinen. Ein Goldfischglas mit einem Tümpel Kognak, Fünfstern. Das Mädchen heißt Franca. Der Name steht auf dem Schildchen auf ihrer Bluse. Franca gleicht dem Mädchen in der Trattoria am Strand in *Dolce Vita*, dem Mädchen aus Umbrien, das weint, wenn es ein Auto mit einem Perugia-Nummernschild sieht. Das Mädchen, das die Tische deckt und mit dem Wurlitzer den Möchtegernschriftsteller Marcello von der Olivetti abhält. Am Ende, am Strand, steht Marcello durch einen Bach, der hier ins Meer mündet, getrennt von ihr. Sie winkt, Marcello winkt zurück, wendet sich ab ... «Das Leben ist zu gewinnen oder zu verlieren.»

Fellini steht hinter uns, ich spüre seinen Blick auf das Mädchen, glaube zu spüren, wie er sie abschätzt, diese Franca, er schaut wie eine Kamera. Spüre seine Lust, diese Zartheit aufzuscheuchen, fliegen zu lehren, sie gehen zu sehen, auftreten zu lassen, zur Erscheinung zu machen. «Dreh dich mal ins Profil», sagt Marcello im Film. «Du siehst aus wie all diese Madonnen im Umbrien ... aber das hat man dir sicher schon tausendmal gesagt.» Eines dieser unberührbaren Geschöpfe, nicht unschuldig, nur unfassbar, begehrt, verehrt, unerreichbar – das, was Claudia Cardinale in *Otto e mezzo* spielen sollte und nicht spielen kann, diese Schauspielerin ohne Geheimnis, ohne Schatten.

«Man würde so jemand einen Engel nennen», sagt Fellini über meine Schulter, ich drehe mich nicht um, «aber das Wort ist so abgenutzt.»

Es kann ja kein Zufall sein, denke ich, dass er diese Mädchen gern in helle Schürzenkleider steckt, das Krägelchen am Hals geschlossen, die Ärmel bis zu den Handgelenken. Es sind die, die das heilende Wasser reichen, also Quellnymphen, ephemere Geschöpfe, durchsichtig neben all den Fleischhaufen, Tabacchaias und Volpinas, den Grotesken, den Lasziven, Lüsternen, den Katzenweibern und Kokotten, neben den Intellektuellen, Frauen wie jener, zu der der Maestro die erbarmenswürdige Anouk Aimée sowohl in *Dolce Vita* als in *Otto e mezzo* verdonnert hat.

Diese Mädchen haben etwas Wahres, das nicht weiter hinterfragt werden kann, eine Botschaft, die bei jemandem wie Marcello nicht mehr ankommt. Sie bewahren ein Geheimnis, im Gegensatz zu all dem offen liegenden Fleisch. Es ist etwas, das allen Männern fehlt, das alle Männer suchen «in den Abertausenden von Fragmenten, aus denen eine Frau besteht, und in einem einzigen ist deine andere Hälfte, die verlorene Hälfte, die du immer gesucht hast».

Franca. Es ist mir peinlich, wie Fellini sie über meine Schulter hinweg anstarrt.

Ob wir nicht zusammen zum Strand gehen wollten, frage ich ihn.

Sein Mantel liegt mitsamt seinem unvermeidlichen Hütchen, eine zerknautschte Ironie aus Pied-de-poule, auf einem Sessel. Der Meister muss noch wohin, bevor wir gehen können.

Ich warte in der Halle und lasse mir eine Karte geben. Darauf haben die fünf Sterne noch ein nachgestelltes L.

Zum Strand gehst du über die vor dem Grand Hotel liegende Kreuzung, drüben durch ein Törchen zum Pavillon, geschlossen in dieser Jahreszeit, zwei Halbkreise von Umkleidekabinen mit blauen Türen.

Dann Sand. Bis zum Saum des Wassers stapfst du noch einmal rund hundert Meter. Der flache Strand.

Es ist diesig an diesem Tag. Einzelne Spaziergänger, immer am Saum des Wassers gehend, schnüren kleiner werdend in den Dunst einer riesigen Perspektive. Die geschlossene Reihe der Badeanstalten, dahinter die erste Straße mit den Hotels, Cristallo, Eden, Palace, Mysotis.

Im Zentrum von Rimini hatte ein Plakat auf die Ausstellung IL LUNGO VIAGGIO DI FELLINI hingewiesen, auf seine SOGNI, DISEGNI, FILM. Die Ausstellung, verkündete das Plakat höhnisch, sei aber seit zehn Tagen geschlossen. Vafanculo, hatte ich gemurmelt.

Der Strand ist immer offen.

Und über dem Strand der Wind.

«Man müsste eine Arbeit schreiben über die Rolle des Meers und die Funktion des Windes in Ihren Filmen», sage ich zu Fellini, der sich mit mir auf einen Stamm Treibholz gesetzt hat. Er überragt mich im Sitzen, vielleicht ist es auch nur sein dummer Hut.

Ich denke an den grandiosen Schluss von *Amarcord*, hier auf dem Sandstrand von Rimini, an die Hochzeitsgesellschaft, den blinden Akkordeonisten, die Strandhütten und daran, wie der Wind alles verweht, der Wind, der die Gegenwart auflöst und in die Zeitlosigkeit bläst, dorthin, wo alles gleichzeitig ist, wo alles ist und nicht ist, wo es im Aggregatzustand der Kunst immateriell, unfassbar, zeitlos, immer da und nie vorhanden ist.

Fellini grunzt.

Er hält mich für einen Journalisten und ist entsprechend bockig. «Make movie free from the slavery of reality ...», wieso redet er englisch mit mir? «You must be absolutely free ... of the physical reality ... slavery of present reality ...» Der Wind reißt seinen Diskurs in Fetzen, im Übrigen habe ich ihn nach so etwas wie Realismus überhaupt nicht gefragt.

Man sollte mit Künstlern nicht über ihre Sachen reden, denke ich, einmal mehr, denn sie wissen nicht, was sie tun, sind beim Reden dann dümmer als beim Machen; man muss sich alles selbst zurechtlegen, macht auch mehr Spaß, in diesem Fall Fellinis Träume als Realzustand von Kino, verwehte Erinnerungen ans Leben, auf Zelluloid, Fetzen von Geschichten, und dann der Regisseur als Dompteur, in *8½* Guido Anselmi alias Marcello Mastroianni alias Federico Fellini, der sie in den Ring, ins Zirkusrund treibt, Akrobaten, Raubtiere, Hasardeure, Verlierer, Tiefsinnige und Traurige aus tiefster Nacht, mit dem Regisseur der Wind, das Brausen, das alle treibt ... treibt und schließlich auseinandertreibt, Wind, die Geschichte vom Meer und vom Wind, ungeschrieben, unschreibbar, Bilder, wiederkehrend, eine Bilderfolge von Film zu Film, von den *Vitelloni* zu *La Strada*, Gelsomina, das Mädchen von der Hütte am Meer, *Dolce Vita* und das Geheimnis des angeschwemmten Fisches, *8½*, *Roma*, *Amarcord* bis zu *Ginger e Fred*, wo sich das Meer verloren hat im Müll der rundum versauten Welt, Abschaum, Abwasser, doch der Wind geblieben ist ... das Meer, der Wind ... Übergang zum Jenseits ... Übergang vom Begrenzten zum Unendlichen, von Zeit zu Nichtzeit, vom Festen zum Bewegten, vom Erstarrten zum Flüssigen, vom Atmen zum Atem, Wind, Wind, bläst zum Jenseits, zum Tod, ein Ende ohne Ende.

Fellini ist aufgestanden und schaut aufs Meer hinaus; er stützt die Hand ins Kreuz, sein Schal weht im Wind.

«Das ist bei Ihrem Achteinhalb doch wie bei Dante», rufe ich gegen den Wind, «‹Verirrt in des Lebens Mitte / Geriet ich tief in einen dunklen Wald›...»

«Krise, Lebenskrise», schreie ich, «sich an den eigenen Haaren aus dem Sumpf herausziehen ...»

Fellini schüttelt den Kopf, sein Hut fliegt auf, kollert über den Sand, «Backman ...», tobt er, seine verblüffend hohe Stimme, bin ich denn schuld an dem Wind?, er rennt dem Hut hinterher, seine abstehenden Haare, ein Clown, ein Dummer August. Jedes Mal, wenn er sich nach ihm bückt, fliegt der Hut in die Luft.

Der Wind wird noch stärker, bläst böig.

Ich erinnere mich an das Statement eines Tontechnikers von 8½ – ein Beruf, der auf Italienisch «rumorista» heißt –, eines Mitarbeiters, der erzählt, wie er mühselig Eisenbahngeräusche gesammelt habe – bis Fellini ihn hieß, den ganzen Kram wegzuwerfen und ihm einen «Ring Wind» zu besorgen.

«Ring», sagt der Tonmann empört, empört nicht über die Zumutung, empört über das Wort, «als ob man eine Tonschlaufe ‹Ring› nennen würde.»

Der Wind pfeift, ich höre Akkordeonschlieren, Wolken rasen über das Meer, Schaum auf den Wellen, Sand wirbelt.

«Bakmaaan ...», höre ich, «è cinemaa ... soloo cinemaa», ich sehe ihn nicht mehr im Sandsturm. «Muwi ...», höre ich, «muuwiii, ounli muwi», am Strand, auf dem Sand von Rimini, Imini, ‹Asa nisi›, aus Kindheiten, Kindlichkeiten ... «Franca, Francaaa», seine Stimme ... ASA NISI MASA ... Wind, jetzt nur noch leerer Wind – – –

2

Im Blick auf Assisi. ▌ Ich hätte die Zeichen deuten müssen. Den Jäger zum Beispiel, der halbverdeckt im Gebüsch saß, als ich mit dem Geometra, der das Land vermittelte, zum ersten Mal den Weg heruntergekommen war.

Es war ein strahlender Wintertag gewesen. Ein Jäger hatte ein paar feine Holzkäfige in einer großen Eiche aufgehängt, die am Weg stand. In den Käfigen saßen die Lockvögel. Aber ich sah nur die eingesperrten Vögel und den Jäger. Ich verstand nicht, was das bedeutete.

Der Geometra, ein Hasenfuß, flüsterte nur. Es sei am besten, ohne Aufsehen weiterzugehen. Als ich dann bei dem verfallenen Haus stand, als ich die Stille zum ersten Mal hörte und zum ersten Mal in das Muster der Olivenbäume am jenseitigen Hügel sah, hatte ich die Begegnung vergessen. Überwältigt, war ich doch endlich an dem Ort angekommen, nach dem wir seit Jahren gesucht hatten.

Auf der Böschung hinter dem zerfallenen Haus standen drei große Pinien, zwischen ihnen eine alte Zypresse. Die Zypresse war eine gedrungene, dunkle Kerze auf einem dicken Stamm, vielleicht hatte ein Blitz ihr einmal die schlanke Spitze geköpft. Die Bäume standen wie Wächter über dem Tal. Sie atmeten die Zeit, die während ihres Wachsens vergangen war. Ich wunderte mich, dass man so etwas kaufen konnte, kaufen, um es zu besitzen, also für sich zu haben, vier alte Bäume, die ein Anderer, ein Unbekannter vor langer Zeit gepflanzt hatte. Ich stellte mir den Abendwind vor und wie er in die Kronen der

Pinien greifen würde, das Geräusch des Windes in der Nacht. Das zukünftige Haus würde bei diesen Bäumen stehen. Durch ihre Stämme ging der Blick hinüber, über das weite Tal, nach Assisi.

Und das Meer, wo war das Meer geblieben? Zu den Vorzügen einer Halbinsel gehören ihre langen Küsten. Warum hatten wir auf sie verzichtet? Warum zogen wir uns ausgerechnet ins Innere, in die Mitte des Stiefels zurück?

Das Bedürfnis – fast ist es schon eine Gier geworden, das zu besitzen, was man gefunden hat, und zwar als das, was man immer schon gesucht zu haben glaubte – löscht alle anderen früheren Sehnsüchte. Man denkt in einem solchen Augenblick nur an das, was man vor sich hat. Die Suche scheint abgeschlossen, die Zeit des Wägens und Verwerfens.

Der Hügel lag im Mittelpunkt einer erhabenen Gegend. Todi, sagte ich, wie von einem Schauder angerührt, Perugia, Spello, Spoleto, die mittelalterlichen Städte Umbriens, alle in kürzester Entfernung. Und Piero della Francesca, Giotto, Benozzo Gozzoli, Signorelli. Auch Perugino. Und Filippo Lippi.

Das Meer war doch nicht fern! Zur Adria und ans Tyrrhenische Meer würde es ungefähr gleich weit sein; zwei Stunden nach Ancona, und zweieinhalb an den Orbetello.

Der Hügel stand rittlings zwischen zwei Meeren.

Am hinteren, dem Tal gegenüberliegenden und vor ihm verborgenen Hang standen Olivenbäume in regelmäßigen Mustern, in Parzellen, die wie gepunktete Rechtecke schräg gegeneinandergelegt waren, ausgebreitet wie Tücher. Ich freute mich über das Wort Hain. Auf dem Hügel hob die Sonne an diesem Nachmittag das Olivengrau hell von den dunkleren Wiesen ab.

Verführung durch Bäume.

Das riesige Grundstück, verwildert, überwuchert, erkundeten wir über einen Feldweg, der da und dort nur noch ein Pfad war. Baumhoher Ginster säumte den Pfad. So erreichten wir ein Ende des zum

Verkauf stehenden Grundstücks. Die anderen Grenzen und Enden blieben in diesem Dschungel vorerst unerreichbar.

Wir blickten auf und sahen, dass sich über dem Hügel ein großer Himmel wölbte. Vögel lärmten im Gesträuch, und weit entfernt, gefiltert durch das Dickicht, hörte man als schwaches Brummen die Geräusche des Tals, den entfernten Verkehr.

Wir sahen Spatz, Buchfink, Meise, Amsel. Wir sahen nicht, dass es sich weniger um Vögel als um Wildbret handelte.

Ein Jahr später waren zwei Brüder, die ein Baugeschäft führten, und ein Mann aus der Nachbarschaft gekommen, um ein Haus zu bauen. Zu Hause bei den Maurern tranken wir Wein. Wir bekamen Wildschwein vorgesetzt. An der Wand hingen Fotos von den Brüdern, zusammen mit Jagdkollegen, in gescheckten Jägerkleidern; sie standen vor einem Jeep-Anhänger, auf dem eine Reihe von toten Wildschweinen ausgelegt war, Blut war ihnen aus der Schnauze getroffen und eingetrocknet; es hatte den Zweig festgeklebt, der ihnen zwischen die Hauer geschoben worden war. Zwischen unserer Baustelle und dem Hobby dieser Leute sahen wir keinen Zusammenhang.

Der alte Vater der Baubrüder kam mit seiner Dreiradvespa vorbei. Man sagte von ihm, er habe sein Leben lang keinen Streich gearbeitet und immer nur die Frau schuften lassen. Er selbst sagte von sich, er sei im Krieg bei den Partisanen gewesen. Er kam, als wir ein paar Bäume pflanzten. Sie sollten die Reihe der bestehenden Pinien eines Tages ergänzen, verlängern. Der Alte schlug das Klapptürchen der Ape auf und bewegte sich, gestützt von einem Stock, schwerfällig auf den Boden, ging auf dem Weg in Stellung.

Er schaute sich die Bäume an, dann sagte er wütend: «Das alles ist zum Wegschmeißen! Grad so gut hättet ihr euer Geld zum Fenster hinauswerfen können.»

Der Alte fuchtelte mit seinem Stock gegen die jungen, ziemlich krummen Bäumchen. Die vier neuen Pinien standen auf mageren Stämmchen, elend und dünn. Ihre schütteren Kronen wie struppige

Besen. Wir waren am Anfang, Städter, unerfahren, voll guten Willens, pflanzten und wirtschafteten, kamen uns tapfer vor und ernteten Kopfschütteln.

Als der Alte gegen die Bäume fuchtelte und wir die Erbärmlichkeit der Setzlinge sahen, und nicht mehr, wie noch eine Minute zuvor, die Pracht, in der wir sie schon stehen sahen, dämmerte uns zum ersten Mal, dass wir Laien waren in allem, worauf es hier ankommen würde. Wir befestigten die Stämmchen an je drei Pfählen, die wir ein Jahr später gegen einen einzelnen massiven Pfahl austauschten. Die Pfähle hatten sich bei jedem Wind mit den Bäumchen bewegt und dabei ein jammerndes Geräusch erzeugt. Die Hungerpinien hatten noch keinen Zentimeter zugelegt. Vielleicht hatte der Alte recht gehabt.

Aber der Alte hatte seinen Stock nicht gegen die Bäume erhoben. Er hatte uns gemeint, und das, was wir nicht sahen: Wie wir auf einem Gebiet, auf dem seine Söhne, er selbst und vielleicht schon die Vorväter auf die Jagd gegangen waren, eine neue Zeitrechnung anfingen.

Wir sahen unser rechtmäßig gekauftes Land, das wohl 25 Jahre brachgelegen hatte, das künftige Haus darauf und all das, was wir darum herum planten. Er sah dasselbe Land wie wir, aber nicht das gleiche; *er* sah ein Jagdgebiet, eines, über das er und seine Kumpel immer verfügt hatten, sein persönliches Jagdgebiet, das er nicht hergeben wollte.

Wir wussten noch nicht, dass das Wort «abbandonato», das wir beide für diesen Hügel verwendeten, für uns und für ihn nicht das Gleiche bedeutete. Für ihn hieß es, dass der Hügel frei war von Besitzern; ein Jagdparadies. Für uns, dass er verlassen dagelegen hatte; eine Wildnis.

Für die Bewohner dieser Gegend waren wir nichts als hergelaufene Ausländer. Ein Gedanke, auf den wir nicht gekommen wären, sahen wir uns doch als nette Leute, die endlich etwas Anständiges schaffen wollten auf einem Grundstück, das schon lange niemand mehr bewohnt hatte.

Tag- und Nachtungleiche. ▌ In der Ebene sind die Städte zu sehen, Bevagna, Foligno, in der Ferne Spoleto, die Städte und ihre Industriezonen. In diesem Land bekommt jeder Ort sein Maß an Gegenwart ab, seine Zona Industriale aus sich gefräßig ausbreitenden Flachbauten. Die Behörden und alle andern am Profit beteiligten Vertreter wünschen sie sich groß und an ausgezeichnetem Ort. Es gibt in diesem Land keine Raumplanung, die diesen Namen verdient. Gäbe es sie, würde sie nicht beachtet.

Die große Industriekonzentration von Bastia Umbra, welche in jene von Perugia übergeht, ist unter den schlimmen Verbauungen die mörderischste. In ihrer Mitte steht, Monument eines anderen Erfolgs, die überdimensionierte Basilika von Santa Maria degli Angeli, mit Kuppel und Türmen, ein gewaltiger Dom, in dessen Innern in der Vierung die winzige Portiuncola-Kapelle gehütet wird. Hier, in diesem bäuerlichen Kirchlein, hielt der heilige Franz einst sein innigstes Gebet. An einem Winterabend, mit wenigen Pilgern in diesem engen Raum, ergreift einen heute noch die revolutionäre Kraft, die von diesem Heiligtum einst ausging.

Die Industrie, maßlos, hat einen Ring um eines der größten Heiligtümer der Christenheit gebildet, ganz unverfroren, so wie die katholische Kirche, ganz unverfroren, ihre Basilika über Francescos Kirchlein gestülpt hatte. Gestülpt und in Besitz genommen. Das war die Behauptung der Ecclesia triumphans, die wenig später im Zeichen des Kreuzes halb Amerika metzeln half und nach seinem Gold so geil war wie die Conquistadoren, welche ihr im 16. und 17. Jahrhundert die Türen öffneten. Inbesitznahme und Zumverschwindenbringen des Geistigen, der franziskanischen Armut, unterstrichen, besiegelt von der imperial-faschistoiden Gebärde der gewalttätigen

85

Fassade, die das 20. Jahrhundert vor die erdbebenzerstörte und wiederaufgebaute Kirche gestellt hat (1925–30).

Das Ganze hat Höllencharakter, was man freilich, tagsüber und aus der Entfernung, nicht so wahrnimmt. Am Tag sieht man, meist gemildert durch Dunst, eine große grüne Ebene mit Häusern, Bachläufen, Straßen, Weilern, die Städte Assisi und Spello am Hang. Im Hintergrund der Monte Subasio, ein flacher, im Winter mit Schnee bedeckter Berg mit einer durch die Waldgrenze bedingten Tonsur auf der Kuppe. Erinnert an den kleinen Mönch, und in einer der Runsen seines Hausbergs weiß man die Eremitage des Heiligen. Was man sieht, tagsüber, gleicht einem Presepio, dem Krippenarrangement einer schönen, liebenswürdigen Welt.

Doch die Tagansicht lügt.

Die Nachtansicht zeigt die Wahrheit. Die Ebene ist nun ein Meer von Lichtern, aus dem, böse, die Scheinwerfer der Industriekomplexe und jene der Sportplätze herausstechen, Straßenzüge, durch das Licht verfließende Dörfer, ein umbrisches Los Angeles. Wie in jenem Namen haben sich auch hier die Engel versteckt, verblassen die Sterne, die am aufgehellten Himmel über der Ebene stehen. Es ist das Geld, das so leuchtet, und da es neues, billiges Geld ist, soll es auch weithin zu sehen sein. Gegen Perugia hin wird der Himmel rot wie von Feuer.

Es gibt keine Lichtverschmutzung in Italien, weil hier das elektrische Licht noch keine Beeinträchtigung beinhaltet, sondern ganz ungebrochen Errungenschaft ist. Auch wenn das Wort nun schon hie und da auftaucht: «inquinamento luminoso».

«Das ist die Menschheit», sagte einer auf dem Hügel. «Man kann sie nicht lieben. Aber man muss sich eingestehen, dass man dazugehört.»

Winter mit Kühen. ▮ Das Haus war so weit fertig. Was heißt: so weit? Das heißt, für den Augenblick fertig, also so fertig, dass die Reparaturen vorbereitet waren. Es wollte nun bewohnt werden. Zwar musste der Holzboden noch einmal heraus, weil die Klempner, die hier Idraulici heißen und über keinerlei Fachausbildung verfügen, fahrlässig oder unbekümmert gleich zu Anfang einen Wasserschaden mit installiert hatten. Das Wasser war unter den Boden gesickert, das Holz hatte sich aufgeworfen, es musste herausgerissen werden, ein neuer Boden musste verlegt werden. Mit bedeutender Weisheit sagte später ein anderer Idraulico: O ja, Wasser ist gefährlicher als Feuer! Es gibt hier immer eine Klügelei, die nachträglich dem Schaden eine Spruchweisheit abgewinnt.

Die Möbel mussten solange auf der großen Terrasse warten, von einer blauen Plache zugedeckt, die im Toben der Herbststürme flatterte und schlug. Davon abgesehen gab es nun Wasser, hie und da ein bisschen Strom, ein Dach, dicht vorderhand, Mauern und eine provisorische Heizung. Der Heizkessel, der mit Flüssiggas funktionieren sollte, hatte, leider, wegen der spezifischen Art des Gases nicht zeitig genug vor dem Wintereinbruch geliefert werden können. *Purtroppo*, leider; das war im April nicht vorauszusehen gewesen. Immerhin gab es für alles, was nicht oder noch nicht funktionierte oder schon nicht mehr, weitschweifige Erklärungen.

Fast unbeachtet begann die Jagdsaison. Eines Tages überquerten Jeeps mit bis an die Zähne bewaffneten Männern in Kampfanzügen aus Vietnam-Restbeständen den Hügel. Jäger, die Flinte übergehängt, kamen mit Hunden vorbei. Die Hunde rannten im Karacho kreuz und quer über das Gelände, die Nase immer dicht am Boden, erstaunlich, wie sie mit ständiger Bodenberührung so schnell rennen konnten. Aus dem Gebüsch krachte es. Der Neuzuzüger sah das Mündungsfeuer, sah also rot, stürzte sich ins Gebüsch und brüllte, gegen die eigene Angst, *vigliacco! fatti vedere, stronzo!*

Im Gebüsch klackt ein Schloss, metallisch sauber. Entweder hat der nachgeladen oder, im besseren Fall, das Gewehr gesichert. Der Jäger steckt vor einem im Gebüsch, ist aber nicht zu sehen. Ein Schuss kommt aus einer anderen Richtung. Während man sich umdreht, hört man, wie Blei aufs Blattwerk regnet. Feiner Graupel, Schrotprickeln. Als die Oliven reif waren, Mitte Oktober, und man an den Bäumen die Netze ausgelegt hatte, kam ein Kerl vorbei und grüßte frech unter der Schildmütze, ein Funkgerät in der Hand, die Flinte geschultert. Funkgeräte auf der Jagd sind unwaidmännisch, ein Wort, das im Italienischen keine Entsprechung hat, es gibt hier keine Waidmänner, und Mobilfunk ist auf der Jagd überdies verboten. Aber praktisch. Rauschen, Knacksen, aufgeregtes Quaken aus dem Funkgerät. Kurz darauf das Gebrüll der Treiber, wenig später rundherum krachendes Gewehrfeuer.

Jemand, der sich mitten in einer Wildschweinhatz über ein paar Oliven bückt, kommt sich fehl am Platz vor.

Wenn gerade keine Wildschweinjagd war, hörte man das Hacken der Äxte und Macheten, mit denen die Vogeljäger Bäume freischlugen und Laubhütten bauten, aus denen sie gemütlich auf die Gefiederten, die sich niederlassen wollten, ballern konnten. Wir waren umzingelt. Mit ihren Schüssen machten die Herren den Herrschaften klar, wer hier Herr im Hain war. Das Gelände war offenbar nur pro forma verkauft worden, in Wirklichkeit gehörte es weiterhin den Jägern. Am ersten September, mit Jagdbeginn, forderten sie es zurück.

Als es Winter wurde, kamen die Kühe. Eine große Kuh, eine kleinere und zwei Kälber. Es war eine kleine Kuhherde. Sie hatte sich bereits angekündigt, indem eines Tages die frisch angesäte Wiese rund ums Haus mit tiefen Stapfen versehen war. Ich stieß auf die Tiere, als ich eines nebelverhangenen Tages den Weg zum hinteren Ende des Grundstücks einschlug. Im Nebel stand ein riesiges Tier, weißlich im weißen Nebel, mit zwei gewaltigen Hörnern. Ich erschrak und dachte noch im Erschrecken an Fellinis *Amarcord* und den kleinen Schuljungen, der im Nebel auf eine riesige weiße Kuh stößt. Bei Fellini trollt sich das Tier, der Junge macht einen Bogen um den Ort, wo die Kuh stand, und rennt davon. Ich hatte mich vom ersten Schreck erholt und ging vorsichtig ein Stück weit zurück. Ich nahm einen Prügel, erhob ihn, schritt auf die Kuh zu, die in den Nebel zurückwich. Das war schon ein Erfolg. Da brüllte ich wieder, und wenn schon, dann gleich aus Leibeskräften. Die Angst fuhr mit dem Gebrüll aus meinem Körper. Den Prügel schwingend rannte ich der Kuh hinterher. Ich hörte Getrappel. Es waren mehrere Tiere. Sie schlugen sich seitlich ins Dickicht. Später, als der Nebel sich lichtete, war nichts mehr von ihnen zu sehen.

In der folgenden Nacht hinterließen sie neue Spuren. Die Wiese, die noch keine hatte werden können, war ruiniert. Und wenn eines der Tiere in das Loch fiel, die Grube, die einmal ein Schwimmbad werden sollte? Dann müsste ein Helikopter kommen und sie befreien. Mein Gott.

Natürlich versuchten wir herauszukriegen, wem sie gehörten. Der Besitzer musste sie sofort, aber sofort abholen! Der Mann war aber nicht zu finden. Die Auskünfte lauteten so oder so, vage, vielleicht ist es der, vielleicht jener; das war ein anderer Nebel.

Schließlich sagte einer: der andere, der auf dem Hof dort drüben. Er zeigte sehr ungefähr in eine Richtung. Aber es ist nicht ratsam, dort hinzugehen.

Weshalb nicht ratsam?

Nun, das ist ein *cattivo*, ein Böser und Gefährlicher, man weiß bei dem nie, wie er reagiert. Das alles unter Nachbarn, die ihr ganzes Leben lang nichts anderes getan hatten, als hier, auf diesen paar Hügeln, zusammenzuhocken.

Ich brachte Giorgio dazu, mich hinzufahren. Die Kühe hatten unsere Umgebung inzwischen in einen Morast verwandelt. Nachts. Tagsüber blieben sie unauffindbar. Wir fuhren hin, der Mann hatte keinen Namen, jedenfalls konnte ich Giorgio nicht dazu bringen, einen auszusprechen. Wir kamen auf einem verlotterten Hof an. Ein

Hund kläffte uns an. Die Kette reichte bis knapp an Giorgios hohen Toyota. Es zeigt sich niemand, kein Mensch. Giorgio schien erleichtert. Ich war es auch, zugegeben.

Die Wochen vergingen. Wir fragten unsern Nachbarn Luciano, ob es nicht Sache der Carabinieri sei, die Kühe einzufangen und ihrem Besitzer zurückzubringen. Die Antwort war: Die Carabinieri sind nicht zuständig. Die Carabinieri sind informiert, sie wissen von den Kühen, aber sie sind nicht zuständig.

Gut. Dann die *Polizia Comunale*, die *Forestale*, oder gar die *Guardia di Finanza*.

Nein.

Gut. Dann, Luciano, seid ihr doch eigentlich Jäger. Und statt uns dauernd auf den Wecker zu gehen mit eurem Geballere, könntet ihr doch diese verdammten Kühe abknallen.

Das geht nicht, sagt Luciano, sie gehören nicht uns. Und überhaupt, Kühe schießen wir nicht.

Die Carabinieri waren nicht zuständig, die Jäger waren nicht zuständig. Herrgottsack, aber wer war denn zuständig? Der Besitzer war zuständig. Der Besitzer war namenlos, hatte kein Gesicht, wohnte im Irgendwo, aber er war zuständig. Und warum holt er seine Kühe nicht heim? Sollten wir nicht ein Anrecht haben auf einen kleinen Verdacht? Den Verdacht, dass unsere Kuhplage denen nur recht war?

Giorgio trat wieder einmal von einem Fuß auf den anderen. Na ja.

Warum kümmert sich der nicht um seine Tiere?

Guarda, sagte Giorgio, die sind wohl illegal eingeführt worden, von irgendwoher, wo die gegenwärtigen EU-Normen in Sachen Maul- und Klauenseuche nicht gelten.

Aha. Die sind also *Extracomunitari*, wie wir?

Mach keine Witze, *Svizzero*.

Gerüchte, Gespinste. Nebel. Hie und da sahen wir eine der beiden Kühe, ein einzelnes Kalb. Die Tiere, nicht dumm, standen nicht zusammen und rannten bei unserem Auftauchen sofort ins Dickicht zurück, in die dichte Macchia, in die wir nicht eindringen konnten. Wir nannten sie nun wild, unsere wilden Kühe, die Kuhfladen lagen im weiten Umkreis, und wenn wir jemandem erzählten, wir hätten seit Monaten wilde Kühe auf dem Grundstück, schaute man uns zweifelnd an. Soso. Wilde Kühe, wie merkwürdig.

Man gewöhnt sich nicht an wilde Kühe. Sie sind eine Bedrohung. Also fragten wir Luciano, warum die Carabinieri, die alles wussten, nicht den Jägern, die für das Schießen zuständig waren, den Auftrag gaben, die Kühe, für die sich der Besitzer, wer immer er sein mochte, offenbar nicht mehr interessierte, einfach abzuschießen und das Fleisch mit nach Hause zu nehmen. Oder, besser, mit einem Narkosegewehr zu betäuben, zu binden, in einen Stall zu bringen oder in den Schlachthof?

Ein Narkosegewehr, sagte Luciano, das geht nicht bei einer Kuh.

Und warum geht das nicht bei einer Kuh?

Eine Kuh ist zu groß, sagte Luciano. Wenn ich mit einem Narkosegewehr auf eine Kuh schieße, dauert es zu lange, bis das Mittel wirkt. Das Tier wird rabiat, es geht auf mich los.

Und warum funktioniert es bei Tigern, bei Löwen, die viel schneller sind als eine Kuh, he?

Die Frage blieb unbeantwortet. Schulterzucken. Wir seien hier nicht in Afrika –

Bist du da so sicher, Luciano?

Die Kühe überwinterten. Sie tauchten da und dort auf, wurden verfolgt, wurden unsichtbar, für Tage, fielen nicht in die Grube, sondern trampelten darum herum, waren und blieben unauffindbar in der Macchia. Irgendjemand brachte irgendwann zwei Gatter an der Brücke unten im Tälchen an, zwei Tore, die man hätte schließen können vor und hinter einer Kuh, die auf der Brücke gestanden und gewartet hätte, bis man die Tore hinter und vor ihr geschlossen hätte.

Niemand wollte uns sagen, wie die Kuh auf die Brücke kommen sollte. Es war unsere Frage. Die Kühe waren unser Problem.

Der Winter ging, der Frühling kam. Die Kuhfladen, die überall herumlagen, trockneten an, wurden rissig, dann strohbraun. Die Tramontana strich über den Hang, der Schönwetternordwind; die stürmischen Westwinde waren eingeschlafen, verebbt. Und die Kühe verschwunden. Wir gingen herum und suchten sie.

Im Dickicht holten wir uns Schrammen, rissen uns Dreiangel in die Jacken. Eine Spur, auf der die Kuhfladen häufiger wurden, führte in den drei Meter hohen Ginster. Die Zweige bildeten eine Tunneldecke über uns. Wir gingen gebückt, schwer atmend. Der Pfad wurde schmal. Dann öffnete er sich in eine Ginsterhöhle. Die Kühe hatten hier gelebt, in einer natürlichen, durch ihre Leiber erweiterten Kapelle aus Ästen, Zweigen, Kuhfladen, auf einem Stück zertrampeltem Lehmboden.

Und hier, der Kopf, die Hörner waren noch dran, ein Stück Fell. Ein Kalb vielleicht? Dann fanden wir einen Unterschenkel, mit Haut und Huf. Knochenteile. Sonst nichts. Von den Tieren waren nur wenige Reste geblieben. Und doch waren sie hier aufgestöbert und niedergemacht worden.

Es gab hier nicht nur wilde Kühe. Es gab wilde Männer, die in der Dämmerung mit Äxten herumgingen und Kühe erschlugen, sie zerteilten und wegschleppten.

Das reichte nun. Die Kühe, die Jäger, die Wilderer – wir beschlossen den Zaun zu bauen, den einige uns empfohlen hatten. Einige andere rieten allerdings davon ab.

«Macht einen Zaun, dann bleiben die Jäger draußen.»

«Macht keinen Zaun, wenn ihr ihn macht, werden ihn die Jäger wieder aufschneiden.»

«Macht einen Zaun, es ist euer gutes Recht.»

«Macht keinen Zaun, die Jäger werden wütend werden.»

Wir machten dann die entsprechende Eingabe; das Land musste neu vermessen werden. Bei dieser Gelegenheit verloren wir ein Hektar an einen Nachbarn, der uns mit einem vorgeblichen Vorkaufsrecht erpresste und von uns einen Streifen lockeren Buschwald, Eichen und Erdbeerbäume und ein paar Dutzend der größten Olivenbäume für einen Pappenstiel ergaunerte. Der Streifen enthielt, wie wir erst später begriffen, die wertvollsten Bäume.

Der Zaun wurde nach dem von der Gemeinde abgesegneten Plan errichtet. Er kostete ein Vermögen. Der Preis für den Meter Zaun war uns angemessen erschienen: wer hat schon eine Ahnung, wie viel ein Meter Zaun, durch Macchia und Gebüsch verlegt, kosten kann. Die Männer erwartete ein schwieriges Terrain. Sie taten uns leid. Das würde ein Stück Arbeit werden. Inzwischen war die Hitze ohne Vorwarnung durch wärmere Tage über uns hereingebrochen. Die Männer arbeiteten verbissen. Der Zaun wurde lang, zerschnitt Wald und offenes Land, und gab Anlass zu neuen Turbulenzen.

Die, die uns zu dem Zaun geraten hatten, staunten und fragten: Warum habt ihr nicht einfach euer Haus eingezäunt? Wir meinten: Weil wir uns nicht selbst in einem Gefängnis einschließen wollten. Und dachten dazu: Wie ihr, mit euren Hochsicherheitskäfigen rund ums Haus.

Die, die von dem Zaun abgeraten hatten, teilten sich in zwei Lager. Als unser Nachbar Raniero den fertigen Zaun sah, sagte er: *Svizzele, hai fatto bene.*

Andere machten düstere Andeutungen. Ein Schweizer, der in einer burgähnlich gesicherten Kleinstadt lebt, kam vorbei und schüttelte den Kopf. Warum lasst ihr den Jägern nicht ihr kleines Vergnügen, fragte er.

Wir erinnerten ihn an einen Film, an *Pat Garrett and Billy the Kid*. In diesem Western gibt es Ärger mit einem Zaun. Der Zaun bedeutet das Ende des Wilden Westens, einer bestimmten Art von Freiheit, und den Anfang einer neuen Zeit, der der Siedler und Viehzüchter. Wir beriefen uns auf die Jäger, die Kühe, die Bedrohung, der ein abgelegenes Haus ausgesetzt ist. Auf unser Recht.

Unser Landsmann hörte sich das an, schüttelte den Kopf und ging hinunter ins Tal, in sein Haus inmitten der anderen Häuser, in denen unsere Jäger, dort nur noch Biedermänner, einen ruhigen und biedermännischen Schlaf schlafen.

Ende Juni war der Zaun fertig, da brannte es. Zwei Hektar knacktrockene Macchia, unter anderem die Stelle, an der die Kühe umgekommen waren, loderten in haushohen rasend vorwärtskrachenden Flammen. Alle Tiere, die Dachse, die Hasen, Stachelschweine, Schlangen, Kröten, Eidechsen, Laufvögel starben sofort. Die Olivenbäume, die vom Ginster überwuchert gewesen waren, brannten zu rauchenden Strünken nieder. Schwarz war der ganze Hang. Das Feuer war fachmännisch an einigen Stellen am unteren Verlauf des Zauns gelegt worden, dort, von wo die Tramontana das Feuer mit Kraft den Hügel hinauftreiben konnte.

Und auch trieb.

Feuertaufe. ❚ Ich war von auswärts nach Hause gekommen, an einem frühen Sommerabend. Es war ein heißer Tag gewesen, nach vielen anderen heißen Tagen. In jenem Jahr hatte es im April zum letzten Mal geregnet. Übergangslos griff nach einem kurzen Frühling die Hitze nach dem Land, und mit ihr kam die Trockenheit. Schon im Mai verschwand die Feuchtigkeit, man sehnte sich nach Regen, der nicht kam, man blickte hinauf, bleierne graue Wolken lagen über dem Land, ohne dass sich aus ihnen je ein Tropfen löste. Sturmwinde. Anfang Juni platzte der Boden auf, bildete ein Geäder von Rissen, das Gras verdorrte. Atmen konnte man morgens bis zehn, und abends; abends kam starker Wind auf.

Als ein zufällig anwesender Handwerker den Rauch bemerkte und der Sache mit meiner Frau, die im Haus gewesen war, nachgehen wollte, loderte ihnen das Feuer schon entgegen, kam den Hang heraufgerast, an dem alte Bäume und Ginster eine undurchdringliche Macchia gebildet hatten. Überraschend schnell war die Feuerwehr zur Stelle, so schnell, als hätte sie etwas geahnt. Das Schwimmbecken, immer noch unfertig, aber halb gefüllt, war zum ersten Mal nützlich, als Wasserentnahmestelle. Das Wasser, das die Pompieri mitgebracht hatten, hätte nicht weit gereicht. Es reichte auch so nur zum Schutz des Hauses.

Die Feuerwehr war am Zusammenpacken, als ich an jenem Abend aus Rom nach Umbrien kam. An der Brandstelle, am rauchenden qualmenden Saum standen zwei Forestali, zwei Forstpolizisten, in sauberen Uniformen. Sie schauten. Ein hübscher Jeep stand dabei, das waren freundliche Leute. Der eine, der Chef, trug eine goldgeränderte Fliegerbrille; das ließ ihn fachkundig aussehen. Er redete, der andere hatte nichts zu sagen. Es gibt sie hier immer im Duo, nicht nur die Forestali; der eine weiß Bescheid, der andere schweigt wissend.

Beide schauten interessiert. Man werde das untersuchen. Das Wort «doloso» war ihnen zu entringen: vorsätzlich. Es sei wohl vorsätzliche Bandstiftung gewesen? Das wollte ich hören. Aber das mochten sie so auch wieder nicht bestätigen. Alles werde untersucht, man durfte nichts ausschließen.

Eine andere als eine vorsätzliche Brandstiftung gibt es ja nicht, sonst hat das Wort keinen Sinn. Auch Experten glauben, dass ein Brand, der sich selbst entzündet, extrem selten ist. Es brauche schon ungewöhnliches Pech, bis ein zufällig daliegender Flaschenboden durch Bündelung der Sonnenstrahlen einen Brand entfache. Nicht einmal weggeworfene Zigarettenstummel könnten das so leicht bewirken.

Sie untersuchten jetzt noch nicht, sie suchten keineswegs nach Spuren, sie standen und sie schauten. Die Uniformen waren sauber und knitterfrei. Die kamen frisch aus der chemischen Reinigung. Trotzdem, es war schön, dass sie gekommen waren.

Ein paar Meter weiter standen Neugierige und Nachbarn; wir schauten sie misstrauisch an. Im Rauch, den ein Brand erzeugt, quellen Vermutungen auf. Im Qualm glaubt man mögliche Täter zu erkennen. Man muss mit dem Feuer den Verdacht niederschlagen, unverzüglich –

Es wäre immerhin möglich gewesen, dass die Arbeiter, die den Zaun gebaut und tatsächlich da und dort Feuer gemacht hatten, um Äste zu verbrennen, den Brand ausgelöst hatten. Die einsetzende Tramontana hätte die Glut verstärkt und als Feuer den Hang hinaufgetrieben.

Brände kann man legen, verursachen, löschen, begutachten, melden, protokollieren, archivieren, vergessen. Die Gemeinde, in der sich ein Brand ereignet, kann größere Brände am Albo Comunale, an ihrem Schwarzen Brett, bekanntmachen und verfügen, dass das Gelände zehn Jahre gesperrt bleibt, sowohl für Bauten wie für Jäger.

Die Gemeinde kann das auch bleibenlassen. Das tat sie, das heißt, sie tat nichts, gar nichts. Es erschien niemals ein Vertreter der Gemeinde, der uns nach unserem Ergehen gefragt hätte. Eine solche Gemeinde schickt eingeschriebene Briefe, niemals Leute. Jedenfalls nicht zu Ausländern.

Es war an uns, den Brand zu verarbeiten, nicht an den anderen, ihn aufzuklären. Es war an uns, die Bilder zu ordnen, die Gewalt zu verdauen, mit der sich ein Feuer hangaufwärts frisst, prasselnd, in Abständen hoch auflodernd, wenn der Brand einen trockenen Olivenbaum frisst und der wie eine Fackel auflodert. Die Angst zu verstehen und die wirkliche Gefahr, wenn das Feuer ans Haus heranrückt, die sengende Hitze, vor der man zurückweicht, der Rauch, das Auffliegen der Vögel. Diese kleinen flackernden Feuerzungen am Boden, die sich vorfressen und durch nichts zu bremsen sind, der Rauch, der Albtraum, das alles blieb unser Rest.

Später verblasst die Erinnerung. Was bleibt aber, ist die Angst, wenn man dem Haus den Rücken kehrt. Man wird unfähig, wegzugehen, ohne sich angstvoll umzublicken. Vom Tal aus schaut man sich nach dem Hügel um. Brennt es bereits?

Es geht nicht mehr weg, dass man jeden verdächtigt, jeden, den man in der Umgebung antrifft und daraufhin mustert, außer vielleicht einem alten Kräuterweibchen – oder gerade dieses, das Kräuterweibchen, das von ihrem Jägersmann vorgeschickt worden sein könnte. Es geht nicht mehr weg, dass man in jedes Auto späht, als ob darin der Hinweis auf den Täter zu entdecken wäre oder der Beleg dafür, dass er wieder am Werk ist, jetzt, hier.

Es geht nicht mehr weg, dass man, wo immer man sich aufhält, ob bei Freunden, in der Osteria, auf dem Markt, an der Tankstelle, wie auf Nadeln ist. Und dass man ihn schon zu sehen glaubt, schon sieht, den Lichtschein, den Widerschein am Himmel. Man hat sie wieder, die steinzeitalte Angst vor dem Feuer, und rast nach Hause, den Berg hinauf, und es ist, o Gott, dann nur die Beleuchtung des Sportplatzes hinter dem Hügel gewesen, die man so noch nie bemerkt hat.

Man kann einen Brand legen, melden, löschen, begutachten, archivieren, vergessen. Nur aufklären kann man ihn nicht. Man kann alles aufschreiben, mühsam, mit zwei Fingern auf der Tastatur eines elfenbeinfarben vergilbten Computers, kann nachfragen, drucken, korrigieren, kopieren, unterschreiben lassen. Nur die Brandstifter finden, das kann man nicht. Der Carabiniere, freundlich, sagt es gleich: Es wird schwierig sein, den oder die zu finden. Es steht Gefängnis auf diese Art von Brandstiftung. Aber man kann ihn nicht herausfischen aus der Meute derer, die am ehesten in Frage kommen, und das sind die Jäger, also ein Nachbar.

Das bestätigt, freundlich, der Carabiniere. Aber das ist ein Verdacht, unterstreicht er, so wie, auch wenn man die Täterschaft einkreisen könnte, alles nur Verdacht bliebe. Bis man so einen auf frischer Tat ertappt.

Der Geschädigte erlaubte sich, Signor Maresciallo, anzumerken, dass es zwischen der Unschuldsvermutung, die ein Rechtsgut ist, und dem Stellen eines Täters in flagranti noch einen kriminaltechnischen Mittelweg gebe: die Ermittlung.

Darüber gehen wir gleich hinweg. Die mühsam erstellten Papiere kommen zu den Akten. Hier braucht es die frische Tat. Es braucht einen weiteren Brand.

Wenige Wochen später stand ein Dorfpolizist oben am Grundstück. Polizia Municipale, sie steht nach ihrer Verantwortung unterhalb der Carabinieri, ist eine Verlängerung der kommunalen Verwaltung. Der Dorfpolizist griff mit zwei spitzen Fingern in den Maschendraht, er schien nicht zu glauben, was er fühlte, jedenfalls schaute er bedenklich. Der Zaun schien ihm nicht zu gefallen. Der von seiner Behörde genehmigte Zaun. Aber inzwischen hatte es gebrannt, und der Zaun schien auch für ihn dabei eine Rolle zu spielen. Er befingerte weiter den Zaun, schaute weiter bedenklich und sagte, während er auf den Maschendraht blickte: Mit den Jägern müsse man sich gut stellen. Pause. Der Poliziotto hatte einen Namen lind wie der Märzwind, und so tönte auch seine Stimme, also nennen wir ihn Signor Sussurano, den Säusler. Die Jäger haben großen Einfluss, säuselte der Säusler, sie sind eine Macht, die man respektieren muss.

Man kann nicht gegen sie sein, sagte Sussurano, der Polizist, der manchmal vielleicht auch das Recht gegen das Unrecht vertritt, sonst aber die kommunalen Bullen- und Unkenrufe austrägt.

Gegen die Jäger kann man sich nicht stellen, sonst stellen sie sich gegen dich. Die haben ihre Rechte.

So?

Sie zahlen ihre Jagdgebühren, ihre Mitgliedschaft beim Jagdverein, und nicht zu knapp.

Was hat das mit uns zu tun?

Nun, so Signor Sussurano, dafür wollen sie dann halt freie Bahn.

Und das Feuer?

Das Feuer ist freilich eine üble Sache. Sussurano tat ein bisschen entrüstet. Obwohl.

Wie: obwohl?

Na ja, obwohl, die Wut, man muss das auch verstehen ...

Sussurano säuselte Fortsetzungspünktchen in die Luft.

Jedenfalls, die Jäger haben Macht, sie stehen über den Parteien.

War er Jäger? Sprach er als Polizist oder als Jäger?

Es geht darum, sagte Sussurano, dass man einen Weg findet, wie man miteinander auskommt. Sonst. Es folgte eine Milchstraße von Pünktchen.

Ich fühlte mich bedroht.

Das hatte Sussurano auch so gewollt.

Dort oben, ja, dort hinten, da habe ein Mailänder so ein Haus gehabt, sagte er.

Ich verstand den Ausdruck «so ein Haus» auf Anhieb.

Der habe sich auch mit den Jägern gestritten.

Ich vernahm sehr wohl das Wort «auch».

Nun, säuselte der Vertreter der öffentlichen Ordnung, der Mailänder habe gehen müssen.

Wie bitte?

Verkaufen. Der sei wieder in Mailand.

Und so ward uns gesagt, worum es hier ging.

Er drohte uns. Er sagte uns: Schert euch zum Teufel.

Drei Tage später brannte es zum zweiten Mal.

Der Feuersturm raste nachts den verbliebenen Teil jenes Geländes herauf, das ideal zur Tramontana lag. Der zweite Brand war noch größer, heftiger, schneller als der erste. Ein hilfreicher junger Nachbar kam mit dem Raupentraktor und stürzte sich in die Flammen, um einen Graben aufzuwerfen und damit das Feuer am Überspringen auf die Pineta zu hindern.

Später bekamen wir vom Anwalt eines entfernten Nachbarn einen Brief, wir sollten die Aufwerfungen auf unserem Land gefälligst in Ordnung bringen. Offenbar interessierte sich hier jeder dafür, was im Innern unseres Grundstücks vor sich ging. Es gelang übrigens ohne weiteres, diesen Brief mit dem Brief eines eigenen Anwalts abzuschmettern.

Die Feuerwehr kam wieder mit einem Löschfahrzeug, die Forestali schauten. Der junge Nachbar rettete einen Baum, der auf der rauchenden Brandfläche stehen blieb, und unsere Pineta. Gäste unserer Nachbarn wurden evakuiert, als das Feuer ihr Haus erreichte.

Es war nun ein sehr großer Schaden entstanden, und Menschen waren an Leib und Leben bedroht worden.

Man kann nach einem Brand alles Mögliche machen. Nur eines kann und mag man in dieser Gemeinde nicht: ihn aufklären. Wieder gab es ein Protokoll, auf Elfenbeintasten, und doppelte Unterschriften. Wir erstatteten damit Anzeige gegen Unbekannt. Unausgesprochen lag eine Art Abkommen in der Luft, eine schmutzige Vereinbarung: Wir würden nicht weiter fragen. Die anderen würden nicht weiter brennen.

Nun gehört ihr zu uns!, sagte unsere Nachbarin Rita, als wir in ihrem Agriturismo ein Glas tranken und von unserem Brand erzählten.

Zu uns? Ich hatte sie an jenem Abend gesehen. Sie war mit Piero und vielen anderen zum Feuer gekommen, die Gesichter von den Flammen gerötet.

Wir verstanden. Auch bei ihnen hatte es ja gebrannt, als bekannt geworden war, dass sie einen Teil des Besitzes gelegentlich verkaufen wollten. Sie hatten die gleiche Warnung bekommen. Im Dunkeln gibt es einen starken Arm; der winkt mit dem Feuer.

Ein Jahr später kam ein freundlicher Forestale vorbei, stellte seinen Jeep ordentlich an den Abstellplatz und besichtigte, mit ein paar Unterlagen versehen, unsere Gegend. Die Spuren waren nicht zu übersehen: schwarzfingrig aufragender verbrannter Ginster, verkohlte Oliven. Er war nicht wegen uns unterwegs. Es gab andere Schauplätze, die zu protokollieren waren. Man zünde hier gern ein bisschen die Macchia an, sagte er, keineswegs ironisch. Wie denn? Er stellte eine Tatsache fest. È così. Bei uns schaue er nur vorbei, weil er von unseren Bränden bei Gelegenheit anderer Brände gehört habe. Er nehme unsere nun noch einmal ins Protokoll auf. Dieses werde er an die Gemeinde weiterleiten. Dann sei es an der, Maßnahmen zu ergreifen. Ich sagte ihm, dass unsere Gemeinde in der Regel keine Maßnahmen ergreife, jedenfalls nicht solche gegen Brandstifter und Jäger.

Er lächelte. Er lächelte, machte eine Notiz und dann die landesübliche Bewegung: er zuckte mit den Schultern.

Wir waren mit Feuer getauft. Wir waren gebrandmarkt. Wir waren gewarnt. Rita meinte versöhnlich, das sei nun wohl der letzte Brand gewesen.

Wir hoben unser Glas.

Und zu unserer Beruhigung schenkte sie uns ein Wort. Ein «dispetto» sei das gewesen, nichts als ein «dispetto».

Dispetto?

Wir fingen an zu verstehen, dass ein «dispetto» kein Verbrechen sein konnte. Hier, wo wir nun dazugehörten.

dispetto, m. ▮

Liebe Frau Luisa Giacoma,

ich möchte vorausschicken, dass ich sonst mit Ihrer Arbeit mehr als zufrieden bin. Als Chefbetreuerin des italienisch-deutschen Teiles des neuen Zanichelli Dizionario (ich benutze die erste Auflage von 2001) haben Sie hervorragende Arbeit geleistet, für die ich Ihnen und allen Ihren Mitarbeitern – Sie erlauben das deutsche Maskulinum – an dieser Stelle einmal ausdrücklich danken möchte. Der neue Zanichelli ist nach meiner Erfahrung das professionellste Wörterbuch für den Verkehr zwischen dem Deutschen und dem Italienischen, von beiden Seiten aus gesehen und für alle Bereiche des täglichen Lebens. Die folgenden Bemerkungen verstehen Sie bitte nicht als Kritik, sondern als kleinen Beitrag, als Fußnote, die bei einer künftigen Revision Ihres Werkes eventuell in Betracht gezogen werden könnte.

Ich war kürzlich in der Lage, eine angemessene deutsche Entsprechung für das Wort «dispetto» suchen zu müssen, ein Wort, das mir als Erklärung oder Rechtfertigung zweier Großbrände auf unserem Gelände in Mittelitalien aus unserem sprachlich dem umbrischen Italienisch zuzuschlagenden Umfeld vorgeschlagen wurde. Ich darf hinzufügen, dass es sich bei diesen Bränden nach dem Urteil der zuständigen Forestali um Bandstiftungen handelte, mit denen die Urheber uns eine bestimmte – oder sollte ich lieber sagen: unbestimmte? – Botschaft zu übermitteln gedachten.

«Ti hanno fatto un dispetto» war der vollständige Satz, mit dem man uns den Grund, die Motivation der gegen uns gerichteten Aggression zu erklären versuchte.

Nun finde ich bei Ihnen, liebe Frau Giacoma, folgende Angebote. Sie geben als italienische Umschreibung für «dispetto» zuerst «atto spiacevole» an, was ich wohl am besten als «unerfreuliche Tat» übersetzen würde. Nun Ihre deutschen Entsprechungen für «dispetto»: «(böser) Streich, Bosheit, Schabernack». Ich glaube, den Vorschlag «Schabernack» können wir für eine Brandstiftung, die hektarweise Wald und Tiere vernichtet und Menschen bedroht, in diesem Fall außer Acht lassen. Aber «(böser) Streich» und «Bosheit», würde das in diesem Fall reichen?

Ich würde, das ist der Grund dieses Schreibens, die Bedeutung resp. Ihre Entsprechung im Deutschen um einen Härtegrad erhöhen und ein weiteres Wort vorschlagen: «Denkzettel». Ich nehme an, man wollte uns einen Denkzettel verpassen, denn, bei allem Respekt, was Sie vorschlagen, ist insgesamt zu harmlos.

Fünfundzwanzig Jahre vor Ihrem Zanichelli hat übrigens dessen Vorgänger Sansoni, der sich ebenfalls als professionelles Wörterbuch verstand, für «Denkzettel» die Wendung «ricordino» vorgeschlagen: eine kleine Ermahnung. Als Fügung dann «lasciare un ricordino», was ich des süffigen Sarkasmus wegen eine angenehm ironische Lösung finde.

Sie selbst respektive Ihre deutsche Kollegin Susanne Kolb schlagen unter «Denkzettel» eine, verzeihen Sie, etwas fadere, trockenere Übersetzung vor: «lezione» oder, schon ein bisschen spitzer, «dare una bella lezione». Natürlich ziehe ich persönlich den «ricordino» der «lezione» vor, da ich mich damit näher bei meinem «Denkzettel» befinde.

Und näher bei jener handfesten Erinnerungshilfe, jenem Ricordino, von dem mir mein Vater erzählte. Sein Lehrer, sagte mein Vater, habe, wenn ein Schüler an einer Antwort herumwürgte und nicht weiterwusste, diesen mit der spitzen Stahlfeder in die Schläfe gepikt, mit den Worten: «Ich impfe dich mit blauer Tinte gegen Dummheit!»

Nun, hier sprach man ja von «dispetto». Und mit diesem dispetto sollten wir geimpft werden – hier wäre das inflationär gebrauchte Wort «nachhaltig» für einmal angebracht –, nachhaltig geimpft werden. Wenn auch nicht gegen Mangel an Intelligenz im Allgemeinen, sondern gegen die Dummheit, ausgerechnet an diesem Platz auf der weiten Welt wohnen zu wollen.

Die Wendung «heilsame Lektion» wäre nicht falsch, man wollte uns auf die Beine helfen oder, mit einem verwandten Ausdruck: Beine machen. Wir sollten kuriert werden von einem Irrtum, dem nämlich, hier Platz genommen zu haben, durchaus im Sinn des Hippokrates, der da sagte: «Quae medicamenta non sanant, ferrum sanat, quae ferrum non sanat, ignis sanat» oder: Was die Medikamente nicht heilen, heilt das Schwert (nämlich durch Amputation), und wem dann noch nicht geholfen ist, dem hilft das Feuer.

Liebe Frau Giacoma, also wäre «Denkzettel» für «dispetto» in diesem Fall eigentlich ein milder Vorschlag, und man dürfte, in diesem Fall, durchaus auch von einer Schandtat sprechen, besser noch von einem Anschlag, eigentlich von einem Verbrechen. Oder würden Sie das anders empfinden? Ist das um tausend Kilometer zu nördlich gedacht? Natürlich, wir verlassen hier den Zuständigkeitsbereich eines Wörterbuchs, das ja nun einmal nicht für jeden Begriff die ganze Palette seiner akzidentiellen Verwendungen aufzählen kann. Wo kämen wir dabei hin.

Etwa dahin, dass man einen «Sussurano» mit einem «verlogenen Heuchler» und einen «Cacciatore» kurz und ungut mit einem «Verbrecher» gleichsetzen müsste? Da sei Gott vor oder der heilige Hubertus, welcher übrigens, ganz im Gegensatz zu unseren umbrischen Schlächtern, in dem Augenblick, als ihm, dem leidenschaftlichen Jäger, ein Hirsch mit einem leuchtenden Kreuz zwischen dem Geweih erschien, dem Waidwerk für immer entsagte. Während bei unseren Jägern alle Kreuze, an denen es im Umkreis von Assisi nicht mangelt, nichts fruchten.

Item. Wir könnten uns gewiss, verehrte Dottoressa, darauf einigen, dass «dispetto» das Antonym von «rispetto», von Respekt oder Achtung, ist. Mit andern Worten muss er, der «dispetto», das Gegenteil von Respekt sein, also auf Deutsch wohl schlicht und einfach ein Zeichen von Verachtung. Diesem zu begegnen, Gentile Signora, hilft nun allerdings weniger ein Wörterbuch als etwas ebenfalls Verächtliches, das der Deutsche die Kalte Schulter nennt. Oder wie Friedrich Dürrenmatt einmal sagte: Auf Exkremente tritt man nicht ein. Bevor ich nun noch nachschlage, wie «Kalte Schulter» auf Italienisch heißt und ob «Exkrement» für «Jäger» eine mögliche lexikalische Entsprechung sein könnte, grüße ich Sie herzlich und danke Ihnen für Ihre Aufmerksamkeit.

Herz der Finsternis. ▮ Es hatte, liebe Rita, ihnen dann nicht gereicht. Es war eine Vertreibung gemeint gewesen, aber die Svizzeri waren geblieben.

Nach einem Winter mit fünf wilden Kühen, einem Sommer mit zwei Bränden und einem Einbruch, der, wie man sagte, nichts Außergewöhnliches ist, waren die Bewohner des Hügels sich ein wenig einsam vorgekommen. Von ihrem Freund, dem Sizilianer Salvatore, hatten sie zwei junge Hunde geschenkt bekommen, eine Hündin und einen Rüden, drei Monate alte, herkunftsmäßig nicht näher bestimmbare Abkömmlinge von Salvatores ebenfalls keineswegs rassenreiner Rosa, Geschwister, die nun auf die Namen Zora und Canto zu hören begannen.

Canto war schwarz wie die Nacht und erinnerte entfernt an einen Retriever, Zora war dunkel mit hellerer Unterseite, einem schmaleren Kopf, was in ihrem nicht vorhandenen Stammbaum auf die Beteiligung eines Schäferhundes hingedeutet haben könnte. Die beiden kamen aus dem gleichen Wurf und waren von Salvatore vorwiegend in dessen zerwühltem Bett, der Pritsche in einer Alphütte nicht unähnlich, aufgezogen worden, mit zärtlicher Liebe und riesigen Stücken gekochten Schweinefleisches, was ihnen sowohl ein anschmiegsames Wesen wie ein überbordendes Temperament eingebracht hatte.

Die Hunde waren glücklich auf dem neuen Hügel, der ihnen einen fast unbeschränkten Auslauf bot – so weit der Zaun sich eben dehnte. Und die Bewohner waren glücklich über die Hunde, die über das Land rasten, hintereinanderher durch das Dick und Dünn, das ihre neue Heimat geworden war. Die Bewohner hatten ihnen, in Erwartung eines ordentlich gezimmerten Hundehauses für zwei, aus allerhand Bohlen und Brettern eine Wohnhöhle gebaut, in die sie sich vor dem kalten Wind ducken konnten. Denn es war erst Februar, und nicht selten fegte ein flach fliegender Schneeschauer durch die Bäume vor dem Haus, die sich im Sturmwind bogen.

Die Hunde hatten ein dichtes Fell, und so legten sie sich aneinander, fühlten sich offensichtlich wohl in der Kälte, zwei Jugendliche, gerade im richtigen Alter für jene Frechheiten, mit denen ein junger Hund die Beschaffenheit der Welt erprobt. Manchmal blieb der Schnee liegen, dann ging es, wenn die Sonne wieder zum Vorschein kam, auf einen Winterspaziergang, bei dem der Mensch mehr außer Atem kam als die Tiere, die um ihn herum tobten und ihn mitrissen, zwei junge Hunde, ihr Fell war fest, warm, es roch nach Gewürz, nach den Currysträuchern, durch die sie sich wühlten.

Dann fährt die Frau für ein paar Tage in den Norden. Der zurückbleibende Mann ist nicht unvergnügt. Spielt ein bisschen Saxophon auf einem Instrument, das er sich ausgeliehen hat. Ist er vielleicht von der Hundefröhlichkeit angesteckt? Jedenfalls geht er mit dem Ding blasend im Haus herum. Kein menschliches Ohr soll die Töne hören. Aber vor der Küche sitzt Canto, der schwarze Kerl, er hört zu und legt den Kopf schräg, schaut schief, als ob er Bedenken habe. Der Bewohner, noch ungewiss über den Zusammenhang, bläst stärker, der Hund legt seinen Kopf noch schräger.

Es ist schön draußen, wenn auch immer noch kühl, der Boden trocknet ab, es ist ein ideales Wetter für das, was nun kommen wird.

Gegen Mittag geben die Hunde Laut, bellen vereint. Der Bewohner schaut nach, sieht nichts Besonderes. Sieht zwei Hunde, die unter einem Baum sitzen, still jetzt und aufmerksam in das Gebüsch schauend, den Ginster, durch den hindurch es hinunter zum Zaun geht. Es ist nichts Außergewöhnliches zu bemerken. Später wühlt Canto am Boden, Zora kommt dazu. Der Bewohner, der nachschaut, sieht nichts außer einem alten Knochen, Knochen aber liegen herum, seit die Hunde da sind.

Der Nachmittag neigt sich. Die Sonne verschwindet gegen vier, in dieser Jahreszeit. Es ist immer noch Winter, man vergisst das nur, weil man auf den Frühling hofft. Auf dem Platz unter den großen Pinien spielen die Hunde mit dem einsamen Bewohner. Genügt er ihnen? Sie springen an ihm hoch, dann rasen sie los, die Schnauzen wie Bügeleisen knapp über dem Boden, immer hintereinanderher, hakenschlagend um die Bäume, kleine Kreise, größere. Der Bewohner schaut zu. Das Wort Irrwisch denkt er. Irrwitzig. Und: Glück.

Dabei läuft eine Uhr, Sand rinnt unaufhaltsam durch die Verengung im Stundenglas.

Es dunkelt. Jetzt will er noch ein Bier kaufen gehen. Die Hunde, erst drei Wochen da, wollen ihm nach, dem Auto nach. Er steigt aus, schickt sie nach Hause: Dort ist euer Haus. Er zeigt auf den Verschlag. Schwerfällig, widerstrebend, brav trotten sie zurück. Hocken nebeneinander, schauen ihm nach. Als er zum zweiten Mal losfährt, kommen sie angerannt. Er schimpft. Dann heißt er sie einsteigen in seinen Lieferwagen. Wenn euch das stinkende Auto besser gefällt, dann müsst ihr eben mitkommen. Sofort hocken sie im Laderaum, das kennen sie schon. Er redet mit ihnen, oder mit sich selbst. Es ist nicht weit. Zurück fährt er mit Tempo durch die Kurven, sollen sie ruhig ein wenig geschüttelt werden: Ihr hättet auch zu Hause bleiben können, so redet er mit sich, mit ihnen.

Als er die Ladetür öffnet, springt ihm Zora entgegen. Canto liegt nur da, dann kommt er angekrochen. Ist der Mann zu schnell gefahren, Canto? Er hilft ihm heraus, der Hund kann allein nicht mehr stehen, fällt hin. Der Mann erschrickt zutiefst, doch ahnungslos. Ist er zu schnell gefahren? Hat der Hund einen Schock? Ist er am Ende Epileptiker? Denn nun hat er Schaum vor dem Maul. Das schwarze Tier liegt neben dem Auto, es hechelt flach. Die Schwester leckt ihm die Lefzen, leckt den Schaum weg. Dann lässt der Hund gelben Kot unter sich laufen. Zwei, drei Minuten sind nur vergangen, mehr nicht. Der Mann hebt den Hund ins Auto. Nimmt den andern nach vorn, vor den Beifahrersitz, fährt los. Sieht während der Fahrt durchs Kabinenfenster zurück, da liegt der Hund, schlaff, die Beine in der Luft angewinkelt, er scheint zu hecheln.

Tu mir das nicht an, fleht der Mann, tritt aufs Gas. Canto, sagt er verzweifelt, bleib am Leben, es ist nicht weit, das können wir ihr nicht antun, der Frau, dass du stirbst, denk an die Frau. Tu es uns nicht an, Hund, halt aus bis zum Tierarzt, Canto.

Aber er weiß, der Hund ist am Sterben, und er weiß, dass nun alles schlimm geworden ist.

In den Kurven hält er Zoras warmen Kopf in der Hand.

Bremst beim Tierarzt, Clinica Veterinaria, rennt, holt den Doktor heraus, im weißen Mantel, die Gummihandschuhe noch an von einem Eingriff. Der sieht im Laderaum auf den Hund, nur einen Augenblick lang, und sagt ohne Zögern: È morto.

Das kann nicht sein. Das darf nicht sein.

Er öffnet mit Daumen und Zeigefinger ein Auge.

Purtroppo, è morto. Mi dispiace.

Es tut ihm leid, sagt er. Das Auge, das er noch einmal aufgemacht hat, hat er, Dottore Mazzanti, vor zehn Tagen operiert. Der Hund hatte ein verwachsenes Lid, er lief dann eine Woche mit einem Trichter am Kopf herum und schlug überall dagegen, wo ein Hindernis war. Vor ein paar Tagen hat der Doktor die Fäden entfernt, den Hund befreit.

Wie unnötig, dass der Hund das durchgemacht hat, wie sinnlos, jetzt. Auch dieser Gedanke ist sinnlos –

Der tote Hund bleibt im Auto. Im Sprechzimmer nimmt die Arzthelferin die Daten auf. Es gibt überhaupt keinen Zweifel, Canto ist vergiftet worden.

Wollen Sie Anzeige erstatten? Es waren in den letzten Wochen über zehn solcher Fälle in die Praxis gekommen. Ein bereitliegendes Formular muss ausgefüllt werden.

Zora ist still und schmiegt ihren Kopf an ihn, während er vor dem Praxistisch sitzt. Andere Menschen kommen mit einem kleinen Hund im Arm. Zora beginnt zu zittern. Es ist nur wegen dem andern Hund, sagt die Praxisgehilfin.

Zora geht unsicher ein paar Schritte, sie lahmt auf den Hinterläufen, knickt ein. Panik. Zora kommt auf den Metalltisch im Behandlungszimmer, sie legt sich gleich hin. Der Arzt hängt einen Tropf an, die Helferin rasiert eine Pfote, dann spritzt der Arzt ihr ein Antidot. Sie muss sich übergeben, das Zeug muss raus. Der Hund kotzt, dann quillt auch bei ihm der gelbe Kot heraus. Abwarten. Der Arzt gibt eine Probe des Mageninhalts in einen Plastikbeutel. Durch den Tropf fließt Salzlösung. Nach ein paar Minuten hebt Zora den Kopf, wenig später setzt sie sich auf die Hinterläufe. Sie schmiegt sich an, sie schaut. Gleich werde ich sie mitnehmen, denkt er, der Hund wird die Frau begrüßen am Bahnhof, wenigstens ein übrig gebliebener Hund. Es ist besser, sagt der Arzt, wir behalten sie noch da für die Nacht. Sie braucht noch Beobachtung. Der Hund wedelt mit dem Schwanz. Sie bringen ihn zusammen in den Raum mit den Käfigen.

Am nächsten Morgen Fahrt nach Perugia ins Istituto Zoologico, wie empfohlen, mit einem toten Canto in einem Abfallsack und einem Beutel mit Erbrochenem. Er trägt den schwer gewordenen Hund im Sack ins Labor, braucht beide Arme dafür. Holt den Beutel. Mit ihm weint über dem toten Hund der Student, der den Einlieferungsschein ausgefüllt hat.

Nun Zora. Eine halbe Stunde fährt man zum Tierarzt, während man sich von einem toten schwarzen Hund entfernt, den man nicht loslassen möchte.

Die Praxishilfe hat Ringe unter den Augen. Die Hündin hatte einen zweiten Schub, spät in der Nacht, sagt sie. Der Arzt war da, ein zweites Antidot half nicht mehr. Ihr Hund ist tot. Es müsse ein ganzer Cocktail von Giften gewesen sein, Unkrautvertilger, Schneckenkörner, das Übliche, leider, in geballter Ladung.

Ob er den Hund mitnehmen wolle?

Wozu.

Er schüttelt den Kopf.

Zu Hause legt er zwei Halsbänder zuhinterst auf die Hutablage in der Garderobe. Da sieht man sie nicht mehr. Dann beginnt er, zwei Näpfe zu putzen, er verstaut Hundefutter, bricht den provisorischen Unterstand ab. Dann ruft er den Schreiner an und sagt ihm, das Hundehaus habe keine Eile mehr. Dann bestellt er den Hundezwinger ab, der am folgenden Tag geliefert worden wäre. Ein Zwinger am Haus, weitab von einem Zaun, über den einer von denen leicht den Fleischball wirft, wenn die Sonne hervorkommt und der Boden auftrocknet, den Fleischball mit den Giften, tiefgefroren, versteht sich, im häuslichen Kühlfach, damit der Ball weiter fliegt, wenn er über den Zaun kommt.

Dann wartet er, bis er die Frau am Bahnhof abholen kann. Ihre erste Frage kennt er schon. Er wird es sagen müssen. Später bringt er das Saxophon zurück.

Da noi è così. ▮ Seen machen träge, behauptete ich einmal, Flüsse intelligent. An den Seen ruht man sich aus. Die Flüsse ziehen in die Ferne und nehmen den mit, der in ihr Fließen blickt. Das macht beweglich. Wer in Basel in den Rhein schaut, träumt von Rotterdam.

Und das Meer, macht es vielleicht weise? Wer am Meer steht, kann, wenn er aus Träumen erwacht, auf Gedanken kommen. Und auf dem Meer hebt sich das auf, Sindbad!, was unsere ewige Erdenschwere ist.

Macht Festland unbeweglich? *Entroterra*, das Landesinnere.

«Da noi è così», sagen die Festlandbewohner. Es ist, wie es war, und so wird es sein. Alles, was sich ändern soll, ist den Festlandbewohnern suspekt. Den Harrern und Hockern. Den Aussichtslosen.

Texas. Niederbayern. Urschweiz. Umbria.

Vielleicht ist das in Peru anders oder in Tibet, wo man dem Himmel näher ist. O Lama, o Dalai!

Aber hier? Die Urenkel Noahs glauben an die Verlässlichkeit der Dinge. Auf ihrem Ararat. Sitzen fest, preisen die Vorzüge ihres Festlandes, *lu centru del mundu*. Und sind, wie Ibsen von den Trollen, den reaktionären Erdgeistern, sagt, «sich selbst genug».

Gift. ▮ Der Bericht des Labors in Perugia, Istituto Zoologico, ist eindeutig: Spuren von Giften in Kot und Erbrochenem.

Untersuchungsbericht: «Campione rappresentato da materiale riconducibile o crochette, parzialmente digerite, grossi pezzi di carne e grasso completamente indigeriti, fili d'erba e 2 sassolini; si notano delle scaglie e dei frammenti di colore bianco consistenti che si frammentano facilmente sotto forma di granuli. Si sospetta un avvelenamento da pesticidi organofosforici ...»

(«Probe zusammengesetzt aus auf Kroketten zurückzuführendem Material, teilweise verdaut, aus groben Stücken Fleisch und Fett, vollständig unverdaut, Grashalmen und 2 Steinchen; festzustellen sind feste Bröckchen und Stückchen weißer Farbe, die leicht zu Körnern zerfallen. Verdacht auf Vergiftung durch organophosphorische Pflanzenschutzmittel.»)

Warum bleibt man?

Wo ist deine Schuld?

Deine Gegenwart. Dein Landkauf. Dein Zaun. Deine Hunde in «ihrem» Revier –

Rundum werden ständig Hunde vergiftet, jetzt hört man es. Auf dieser Hügelseite allein schon acht in diesem Frühling. Im nächsten Frühling sechzehn in einem Gebiet, das für die Jagd neu geöffnet worden ist: die Wilderer, die das Gebiet bisher als ihre Domäne betrachteten, haben den Jägern die Hunde vergiftet. Die Jäger vergiften zurück. Im Dorf hat man einer Engländerin drei Hunde im Vorgarten umgebracht; der Vorgarten liegt gute acht Meter über dem Niveau der Straße, auf einer Terrasse. Die Giftbälle warf ein Könner, mit einer Genauigkeit, die nur die Niedertracht kennt.

Die Jäger sagen: wir vergiften die Füchse. Die Füchse sind klug genug, sie fressen die vergifteten Fleischbälle nicht. Wir vergiften keine Hunde.

Die Nichtjäger sagen: die Jäger vergiften sich gegenseitig die Hunde, aus Neid und Niedertracht.

Einige Jäger sagen: der, der die Hunde vergiftet, ist Derundder. Wir kennen ihn. Er tut es, um die Wut auf die Jäger zu schüren.

Einige andere Jäger sagen: der, der die Hunde vergiftet, ist Derundder. Er betrachtet das ganze Gebiet als das seine, er will hier keine anderen Jäger haben. Bringt er ihnen den Hund um, meiden sie das Gebiet. Schau doch, seine Hunde bleiben merkwürdigerweise immer am Leben.

Die Frau des Jägers sagt: È così.

Es gibt eine «Associazione contro l'avvelenamento dei cani».

Es ist zu fragen: Was ist das für ein Land, in welchem es eine Vereinigung gegen das Hundevergiften geben muss?

Warum bleibt man?

Du kommst aus einem fremdenfeindlichen Land. Wirst du bestraft? Es gibt keinen Zufall, es war kein Fuchs gemeint. Der Fremde war gemeint, du selbst, du über deinen Hund. Die Hunde sind für dich verreckt –

Warum bleibst du?

Geh heim in dein Land!

Die Botschaft ist klar.

Warum bleibst du hier, in diesem Herz der Finsternis?

Am falschen Ort?

Du lebst nicht mehr dein Leben.

Du lebst das Leben eines Anderen.

«Nur wenige Menschen sind sich bewusst, dass ihr Leben, ihr Charakter bis ins Innerste, ihre Fähigkeiten und ihre Kühnheit nur der Ausdruck ihres Glaubens an die Sicherheit ihrer Umgebung sind.»

Das schreibt Joseph Conrad in seiner grandiosen Erzählung «Ein Vorposten des Fortschritts», der Geschichte zweier Weißer, die an einem afrikanischen Fluss auf einer Handelsstation ausgesetzt sind.

«Der Mut, die innere Ruhe, das Vertrauen; die Gefühle und die Prinzipien; jeder große und jeder unbedeutende Gedanke gehört nicht dem Einzelnen, sondern der Menge: der Menge, die blind an die unwiderstehliche Kraft ihrer Institutionen und ihrer Moral glaubt, an die Macht ihrer Polizei und die ihrer Meinungen. Aber die Begegnung mit purer, ungemilderter Wildheit, mit ursprünglicher Natur und dem primitiven Menschen, senkt jähe und tiefe Bedrängnis ins Herz. Zu dem Gefühl, allein als Vertreter seiner Art zu sein, zu der klaren Erkenntnis der Einsamkeit mit seinen Gedanken, den eigenen Gefühlen – zum Verlust des Gewohnten, das sicher ist, kommt ein Einverständnis mit dem Ungewohnten, das gefährlich ist; eine Ahnung der unklaren, unkontrollierbaren, abstoßenden Dinge, deren zersetzendes Eindringen die Phantasie aufregt und die zivilisierten Nerven der Verrückten wie der Weisen gleichermaßen angespannt.»

Das Fremde, das in diesem Fall das Böse ist, hat die beiden Weißen bis ins Innerste durchdrungen und ist dabei, ihre Substanz aufzufressen.

Diese beiden *hören* den Ring, der sich um sie schließt.

«Während der ganzen Nacht wurden sie durch viel Getrommel aus den Dörfern gestört. Einem tiefen, schnellen Trommelwirbel nahebei folgte ein anderer aus weiter Ferne – dann verstummte alles wieder. Bald darauf rasselte hier und da ein kurzer Trommelappell, dann tönten alle zusammen, schwollen an, wurden ungestüm und anhaltend, breiteten sich über die Wälder aus, rollten durch die Nacht, ungebrochen und endlos, nah und fern, als sei das ganze Land eine einzige gewaltige Trommel ...»

Hier Ruhe. Weit entfernt ein Hund, ein anderer antwortet. Der schwarze Himmel, die Stille ein Hohlraum. Nachts um drei hält die Zeit an. Es breitet sich namenloser Schrecken aus. Erst um halb sechs nimmt die Zeit ihren Lauf wieder auf.

Kurzer flacher Schlaf.

Animus caecus. ▌ Man kann ungestraft Hunde vergiften, das kümmert niemanden – außer dieser ephemeren «Gesellschaft gegen das Hundevergiften». Nette Leute, sie haben sogar einen Anwalt, der die jeweiligen Fälle an die Polizei übermittelt. Die Polizei übermittelt die Fälle dann an ihr Archiv.

Man muss doch sagen: Nur ein Land, in dem das Hundevergiften ein Massenphänomen ist, und also «normal», braucht eine solche Vereinigung.

Das Gleiche gilt, in etwas größerem Maßstab, für das organisierte Verbrechen, auch Mafia, auch 'Ndrangheta, Camorra genannt. Ein hoher Politiker sagte kürzlich, in seinen Worten lag Empörung wie Triumph: Italien sei in Europa «ein ganz normales Land». Außer, sagte er, «außer, dass wir hier die Mafia haben». Das «außer» ist der springende Punkt. Der im übrigen Europa erwartete Satz des Politikers müsste ja lauten: Wir sind kein normales Land, weil wir die Mafia haben. Das «außer» bedeutet, dass die Mafia nur eine Art Ausnahme der Normalität insgesamt darstellt, sagen wir: eine Besonderheit, etwas Landestypisches, wie etwa die Form der Halbinsel – also etwas, gegen das man nichts machen kann (und muss).

Da noi è così.

Ist das ungerecht? Auf einer Packung Teigwaren steht unter der Marke LIBERA TERRA folgende Herkunftsbezeichnung: «Dalle terre liberate dalla mafia.» Aus mafiafreiem Anbau. «Mafiafrei», das wäre in jedem anderen Land normal, mehr noch: unbedingte Voraussetzung auch bei Teigwaren; hier ist es eine Auszeichnung, eine Besonderheit. Das heißt umgekehrt, dass in der Regel die Produktion von Nudelwerk unter mafiosen Umständen vor sich geht.

Das könnte man den «Animus caecus» nennen, die Seelenblindheit. Eine von jenen, die nicht von ihr betroffen sind, so bezeichnete partielle Insuffizienz des moralischen Wahrnehmungsapparates. Leider ist die Mehrheit von ihr betroffen und also mit dem massenhaften Vergiften von Hunden oder dem Funktionieren des Staates in Kohabitation mit mafiosen Organisationen einverstanden – wie auch immer einverstanden, zähneknirschend oder nicht, jedenfalls grundsätzlich einverstanden.

Da noi è così.

Es gibt keinen Gorlebener Spargel, auf dem stehen würde «Garantiert strahlungsfrei», und auch keine aus Biblis, und keine Goldmünzen aus der Schweiz mit der Bezeichnung «judengoldfrei». Weil der Konsument mit Recht davon ausgeht, dass das selbstverständlich ist. Es gibt in Österreich vielleicht eine Gesellschaft, die etwas gegen das Taubenvergiften hat, aber gewiss keine niederländische Schwestergesellschaft der «Associazione contro l'avvelenamento dei cani», ganz einfach deswegen, weil in Holland das Hundevergiften nicht zum Alltag gehört. Es ist einfach nicht üblich.

Animus caecus, eng verwandt mit dem Animus schizophrenicus.

Im *Espresso* (12. Juli 2007), der aufgeklärtesten der großen Wochenzeitschriften Italiens, beschreibt Francesca Schianchi so etwas wie einen Traum; sie träumt sich hinaus aus diesem Italien. Erträumt sich ein anderes Land.

«Irgendwo gibt es ein Zauberland», schreibt sie, «wo sich die Frauen im Parlament nur so drängen, wo sie Firmen leiten und dann nach Hause fahren, um die Kinder zu stillen. Ein Land, in dem die Züge schon seit 15 Jahren mit dreihundert Sachen vorbeiflitzen und auf die Minute pünktlich ankommen. Eines, in dem die Zwanzigjährigen nicht als kleine Kinder betrachtet werden, sondern als Manager, die im Begriff sind, Karriere zu machen. Und ein anderes, in dem die Sonne nicht nur dazu da ist, sich bräunen zu lassen, sondern auch um das Wasser für die Dusche zu heizen. Das alles nicht auf einem anderen Planeten, sondern ein paar Kilometer weiter nördlich oder westlich, zu Hause bei den Reisegefährten in der Europäischen Union.»

Das steht auf Seite 152 des *Espresso*. Auf Seite 172 dann, auch diese Seite ist wie die eben zitierte mit «Gesellschaft» überschrieben, wird ein neuer Lancia Ypsilon Turbodiesel vorgestellt, den man entweder mit Rußpartikelfilter oder mit 15 PS mehr, aber dann halt ohne Filter haben kann. «105 PS», schreibt der Autokritiker des *Espresso*, dem man nicht ständig mit der Umwelt kommen muss: «ein gutes Stück mehr Turbopower unter dem Fuß für den Glücklichen, der auf einem

Hügel wohnt oder an der Küste. Wo sich der Wind darum kümmert, den Feinstaub zu verteilen.»

Wo sich der Wind darum kümmert.

Und nicht einmal ein Windrad, liebe Frau Schianchi, stört hier den Feinstaub. Hier ist noch Platz für ihn, und für den Müll, und für die Abwässer.

Der Umwelt geht es gut, wenn wir nur wegschauen. Das ist wie mit der Rinderseuche, damals: wo man sie nicht suchte, gab es sie nicht. Wo man den Ozonwert nicht misst, kann er nicht überschritten werden.

Italienische Nacht. ∎ Das riesige Tal lag still und verlassen, von leichten Nebeln durchzogen, die Berge standen blass in den Himmel wie in den Zeiten der Schöpfung. Langsam, ungestört zog der Morgen herauf, röteten sich die Wolkenstreifen über den Gipfeln. Die Städte in der Tiefe blieben dunkel. In Rom scharten sich Menschen auf den Terrassen, schauten in ihre Stadt und staunten in die erhabene Kulisse aus Kuppeln und Türmen, aus zartfarbigem Stein vor dem dämmernden Himmel.

Das Licht war ausgegangen in Italien.

In den Anden hatte ein Schmetterling einmal mit den Flügeln gewippt, daraufhin fiel in Seewen, Schwyz, Schweiz, ein Tannenast auf eine Hochspannungsleitung. Ein Zucken im grenzüberschreitenden Strom nach Süden, daraufhin dominoartig zusammenkrachende Relais vom italienischen Norden bis zur Stiefelspitze.

Und siehe, Italien blieb dunkel. Für ein paar Stunden gab es keinen Strom im Norden, bis zum Abend keinen in Mittelitalien, und für runde vierundzwanzig Stunden keinen in Teilen Siziliens.

Blackout. Man hatte jetzt etwas erreicht, das bisher Metropolen wie New York oder London vorbehalten gewesen war. Das war in der Nacht auf Sonntag.

Am Montag erschien die *Repubblica* mit fünfundzwanzig Sonderseiten. Es war etwas Großes geschehen.

«Italia paralizzata», hieß es, und «In Italien gehen die Lichter aus». «Ein Baum geht k. o. – dann das Desaster». Die Headline der *Unità:* «Siamo un paese al buio» – «Wir sind ein Land im Dunkel». Das sollte man nun doppeldeutig verstehen.

Großes Wehgeschrei, eine Tragödie: «Im Dunkel liegt, was uns erwartet: die Zukunft einer Nation ohne Führung, sich selbst überlassen.»

Jeder aufmerksame Italienreisende muss zum Schluss kommen, dass das spinnwebartig über das Land verteilte Gekabel gar nicht in der Lage sein kann, eine einigermaßen zuverlässige Stromversorgung zu garantieren. Jetzt war bestätigt: das Verteilernetz ist marode.

Wir hatten es, zum vollständigen Unverständnis unseres Elektrikers, immer schon «Italienischen Strom» genannt: das Phänomen, dass das Licht ausgeht, wenn man das Bügeleisen einsteckt. Wir hatten gelernt, den Kühlschrank abzustellen, um den Staubsauger laufen zu lassen, bei flackerndem Licht zu lesen, wenn der Backofen an war. Und wir hatten uns damit abgefunden, dass der Lebenslauf einer italienischen Glühbirne nach drei Wochen sein Ende hat.

Die Produktion von Solar- und Windkraft geht in einem Land windiger Meeresküsten und eines Gebirgszuges mit ordentlichen Höhen, der sich vom Norden über 1000 Kilometer bis in den Süden zieht, in einem Land, das deswegen Touristen anzieht, weil es so viel Sonne gibt, gegen null: 200 Megawatt von 48 950. Der Anteil von Kohle und Gas an der Stromproduktion beträgt etwa 80 Prozent.

Auf politischer Ebene begannen sofort die üblichen Scharmützel. Der verantwortliche Minister, Marzano, griff die Gemeinden und die Opposition an: Verhinderer. Die hätten mit ihrer Sparpolitik die Erneuerung der Anlagen blockiert. Die *Unità*, ebenso prompt, gab zurück: «Blackout im Gehirn von Marzano».

In dem Gewühl vernahm man die dünne Stimme der Poesie, die des Schriftstellers Vincenzo Cerami, der eine Elegie über die Schönheiten der Finsternis schrieb: «In diesem Dunkel haben die Bürger die sublime Rauheit der Natur wiederentdeckt.»

Aber musste man sich nicht fragen, ob der Einbruch der Dunkelheit nicht einfach ein Zeichen war? Das brachte Giorgio Bocca dann knurrend auf den Punkt. Er verglich sein Land mit einer La-Fontaine'schen Grille, die in den Tag hineinsingt und sich keinen Deut um ihre Versäumnisse kümmert, ihre Abfälle, ihre vergiftete Umwelt.

«Die Grillen, die nicht vorausschauen können, sterben, wenn die Kälte kommt», schrieb Bocca. «Aber das Grillenland macht unbeschwert weiter – überzeugt davon, dass die Dinge sich von allein arrangieren, so oder so.»

Fremder Gast. ▋ Ich stand abends in der Allee, die vom östlichen Stadttor, der Porta Romana, zum Bahnhof Foligno führt. Ich hatte Zeit, ich erwartete jemanden, der mit der Bahn kommen sollte. Ich hatte einen Hund an der Leine, unseren neuen Hund, einen Findling, der auf der Erde und an den Stämmen schnüffelte. Auf dem breiten Trottoir stand ein weißer Imbisswagen mit aufklappbarer Front. Es gab Büchsengetränke, Hot Dogs, Crackers, Wermut, Grappa. Der Mann hinter dem Tresen stand sehr weit oben und hantierte. Auf der kurzen Markise, die quer über den Wagen gespannt war, stand SNACK BAR BIBITE PANINI oder etwas Ähnliches. Ein warmes gelbes Licht floss aus dem Wagen auf die eingedunkelte Straße.

Ich bestellte ein Bier und bekam es in einem spröden milchweißen Plastikbecher.

Der Mann hatte sofort verstanden, dass ich fremd war, und fragte mich, woher ich käme.

Aus der Schweiz.

Aus der Schweiz? Er war verwundert. Er kannte die Schweiz und nannte einen Ort; er war einmal in Genf gewesen, oder in Zürich. Manche sagen auch Männedorf, wenn man sagt, dass man Schweizer ist, oder Pratteln. In Pratteln war einmal eine Reifenfabrik von Firestone, in Männedorf konnte man an der Kasse in der Migros arbeiten. In Wädenswil konnte man geboren worden sein, wenn die Eltern damals in der Schweiz arbeiteten.

Die Schweiz ist das Paradies, sagte er und erklärte damit seine Verwunderung.

Wie konnte man sich aus einem Paradies wegbegeben?

Die Bäume waren Platanen, mit großen, in der Nacht ledrig schimmernden dunklen Blättern.

Sind Sie in den Ferien hier, fragte er, unsicher. Foligno ist nicht gerade eine Stadt, in der man Ferien verbringt.

Ich lebe hier, sagte ich.

Sie leben hier?

In der Nähe.

Er war ein höflicher Mann. Er fragte nicht, was ihm auf der Zunge lag: Warum denn, zum Teufel?

Ich mochte ihn. Das Bier war kalt, der Mann war freundlich, auf seiner Kappe stand irgendein Firmenname. Ich stand vor ihm, unten, auf der Straße, der Hund wartete an der Leine unter dem Blechtresen mit meinem Bier, ich fühlte mich geborgen.

Ich fühlte mich, so vor dem Wagen und auf der nächtlichen Straße, in einer Stadt, in der man keine Ferien machen kann, wohler als an vielen anderen Orten in diesem Land. Der Mann war wirklich freundlich.

Wir sprachen nicht. Er lächelte.

Dann fragte er nach dem Hund.

Ein Mischling?

Wahrscheinlich. Er ist uns zugelaufen.

Ein Trovatello? Ein schöner Hund.

Er hatte auch einen Hund.

Ich trank mein Bier und war sehr zufrieden, dass ich so früh an den Bahnhof gefahren war.

Sind Sie gern in Italien, fragte er.

Ich sagte, ich sei gern in Italien.

Was hätte ich sagen sollen? Jede andere Antwort wäre zu kompliziert gewesen. Was sollte ich ihn mit einer komplizierten Auskunft beschweren?

Er putzte mit einem feuchten Lappen seine Auslage. Wahrscheinlich würde er bald schließen.

Nein, sagte er, ich habe immer offen, bis Mitternacht.

Es war angenehm, er kannte mich nicht.

So klein diese Stadt war, es war schon eine Stadt. Man konnte vor einem Imbisswagen stehen und ein Bier trinken und ein Gespräch führen und ein Fremder bleiben.

Mit einem befremdenden Verhalten, nämlich dem, hier zu sein.

Auf dem Dorf, dachte ich, haben sie dich klassiert, ganz klassisch: Reicher Schweizer. Fremder Gast.

Man ist manchmal gern ein Fremder.

Aber ich war kein Gast. Manchmal, nein, eigentlich oft ist man nicht gern ein Gast.

Ein Gast muss höflich bleiben, er muss nicken, loben. Ein Gast muss einverstanden sein. Ein Fremder kann fragen. Ein Fremder kann nein sagen.

Ich bezahlte mein Bier.

Wäre ich wirklich ein Gast, dachte ich, müssten sie dort auf dem Dorf Respekt haben.

Sie hatten aber ein Misstrauen. Also war ich kein Gast, blieb ein Fremder.

Fremden misstraut man.

Als ich ging, winkte der Mann. Ich glaubte zu hören, wie er noch einmal sagte: La Svizzera!

Das Paradies liegt immer in einem andern Land, dachte ich. Der Hund zog an der Leine, wollte zu einem weiter entfernten Baum.

Es war Zeit, zum Bahnhof zu gehen.

Von fern sah der Imbisswagen aus wie eine Insel, wie eine helle Wohnhöhle in einem dunklen Tunnel.

Salvatores Höhle. ▍ «Kommt vorbei, um vier, wenn ihr wollt. Ich bin in meinem Gemüsegarten, ich werde da sein.»

Er war nicht da, aber er kam um halb fünf, und in seinem Lieferwagen lag im Durcheinander von Gemüse und Gerümpel eine Box mit Eis, einer Flasche Weißwein und ein paar Gläsern. Salvatore ist Gastgeber, immer, auch wenn man ihn in seinem Garten besucht.

Er stellte die Pumpe an, mit der er das Wasser für seine Beete fördert, dann zeigte er uns seine Tomaten, die Stöcke in langen Reihen, die Sorten angeschrieben. So ordentlich ist er sonst nicht. Am Rand des Grundstücks, gegen die Naturstraße hin, die an seinem Garten mitten in den Tabakfeldern der Ebene vorbeiführt, hatte er vor Jahren Maulbeerbäume gepflanzt. Zwischen den Bäumen stand jetzt hoch der Mais, eine schützende Hecke vor dem wilden Chaos seines Gartens, in dem sich Schläuche, liegengebliebene Gemüsekisten, Schutt, ein paar dünne Stöcke mit Peperoncini und dort ein schütterer Apfelbaum verteilen. Den Tomaten in ihren Reihen gilt Salvatores besondere Liebe.

Und seinen Schweinen. Im hinteren Teil des Grundstücks hat er ein paar Gehege zusammengebastelt. Dort liegen, die eine im tiefen Schlamm, die andere in einer Ecke auf Stroh und Dung, zwei riesige schwarze Säue. Im Augenblick sieht man keine Ferkel. Ein Foto zeigt ihn mit einem schwarzen Schweinchen im Arm. Salvatore strahlt. Ein Odysseus, der seine Schweine zu Gefährten gemacht hat.

Salvatores Ehrgeiz ist und bleibt es, eine Rasse zu züchten, in der die hervorragenden Eigenschaften des schwarzen Schweins aus Sizilien sich mit dem hiesigen zu einer Art Superschwein vermischen. Auf abenteuerliche Weise, am Rand der Gesetze, die dem innerstaatlichen Tiertransport enge Grenzen stecken, hat er ein paar Zuchtschweine aus Sizilien hierhergeschafft. Aber nun steht seine Schweinezucht unter Oberaufsicht des Zoologischen Instituts in Perugia, sagt Salvatore.

Er züchtet die Schweine für sich und seine Gäste, auch die Tomaten, die Bohnen, die Gurken und seine Felder mit Basilikum sind für die Osteria. Salvatore ist nicht Gärtner und nicht Schweinezüchter, sondern Wirt. An seinem Lieferwagen steht der Name des Lokals, «Il Bacco Felice», Der glückliche Bacchus. Und dazu «Oste in Foligno», Gastwirt in Foligno. So sieht er sich. Sein rundes lachendes Gesicht mit schwarzem Bart ist seine Reklame, und das Wort «oste» sollte man mit Bedacht verstehen. Es geht hier nicht um ein «Ristorante», nicht um einen «Spitzenkoch», auch wenn Salvatore kürzlich begeistert berichtete, er habe acht Sonderseiten im amerikanischen *Food & Wine*. Er ist ein Wirt, der Wirt sein will, ein Gastgeber, und das heißt, dass man bei ihm gegen Bezahlung zu Hause sein kann.

Salvatore weiß, was die Wörter bedeuten. Er hat uns schon bei der ersten Begegnung verblüfft. Als er hörte, dass wir deutsch sprachen, zitierte er Hölderlin, auf Deutsch, und als er begriff, dass wir aus der Schweiz kamen, nannte er den Namen Robert Walser. Mit leuchtenden Augen. Unsre leuchteten auch. Über der Wirtsstube, seiner Höhle, dem «Bacco Felice», hütet er in seinem Zimmerchen eine kleine, erlesene Bibliothek. Es ist leicht, mit Salvatore ins Gespräch zu kommen, und das Gespräch spinnt sich zwischen den Begegnungen fort. Inzwischen habe ich ihm eine Box mit CDs von Django Reinhardt gebracht, und er hat mir kürzlich einen großen Band über die Kunstdenkmäler Umbriens geschenkt. Es ist leicht, mit ihm ins Gespräch zu kommen, und leicht, sein Freund zu sein. Das heißt nicht, dass Salvatore nicht ein Geheimnis bleibt.

Er ist seit 25 Jahren Wirt in Foligno, aber Salvatore ist kein Umbrer. Sizilien ist von hier aus so weit wie die Innerschweiz, und Salvatore kommt aus Piazza Armerina, von der Insel des Ätna, aus vulkanischer Gegend. Seine Unruhe ist die des unberechenbar fließenden Magmas. Seine Heiterkeit balanciert über einem Abgrund. Wir spüren ihn, den ungeheuren Boden unter ihm; wir kennen sein Geheimnis nicht. Warum ist er aus Sizilien weggegangen? Warum ist nicht die Rede davon, je zurückzukehren? Salvatore, glaube ich, erfindet sich jeden Tag neu. Ein in Foligno gestrandeter Odysseus. Ein Equilibrist. Und jedenfalls ein Zauberer. Piero della Francesca hat ihn gemalt, auf die Mauer des Palazzo Civico in Sansepolcro. Das Fresko wird dort irrtümlich als Porträt eines Engels bezeichnet. Fahren Sie hin, Sie sehen Salvatore!

Man könnte lange von seinem Laden reden. Seinem kleinen Lokal an einer engen, verkehrsgeplagten Straße in der Innenstadt von Foligno. Am Fenster zur Straße hängt ein Aufruf zur Protestkundgebung gegen die Hundevergifter, Treffpunkt am nächsten Sonntag, in Trevi. Die dicke schwarze Labradorhündin Rosa ist seine treuste Begleiterin.

Eine klirrende Glastür, und man steht mitten in der Osteria. An der Wand drei winzige Tische, ein paar Stühle, der Boden verstellt mit Schachteln, auf den Tischen Post und halbvolle Flaschen. Flaschen sonst überall, entlang der Wände, bis unter die Decke, ein Flaschenkühlschrank, sehr versteckt eine Kasse, große Käselaibe, Schinken, Würste, allerhand Papierkram, darunter Rechnungen, bündelweise, mit dem Absenderlogo des Gaswerks, des Stromlieferanten.

«Alle unbezahlt», grinst Salvatore. Nennt sich Salvatore Senza-Denaro; eigentlich heißt er ja Denaro, Geld. Oder er sagt: «molto salvatore, poco denaro», viel Retter, wenig Geld. Wir alle leben von seiner Heiterkeit, die in Wirklichkeit ein Seiltanz über dem Abgrund ist.

Eine Dame, in Salvatore verliebt, nannte ihn Den-Mann-mit-einem-Herzen-wie-eine-Melone.

Ich nenne ihn einen pausierenden Melancholiker. Es kommt drauf an bei Salvatore, ob man das Feuer sieht oder den Glutkern.

Im Schankraum eingetroffen, öffnet er sofort eine Flasche. Der helle Saft strätzt in die Gläser, schäumend.

Salute!

Salute, caro!

Wer würde leugnen, dass es einem sofort bessergeht nach einem Glas Ca'del Bosco Brut, auch wenn es einem vorher nicht schlechtgegangen ist?

Salvatore in seinen Latschen, den dicken Manchesterhosen mit den breiten grünen Heineken-Hosenträgern über dem karierten gelben Hemd, tiefschwarz und stämmig, strahlend: Ecce homo!

«Dentro a me l'ardore», heißt es bei Dante über Odysseus, dem der Dichter auf seiner Höllenfahrt begegnet, im 26. Gesang, «l'ardore ci ebbi a divenir del mondo esperto e degli vizi umani e del valore» – «In mir brennt das Feuer, das es braucht, um die Welt zu erfahren und die Taten und Untaten der Menschen.»

Salvatore umarmt uns in dem engen Eingangsraum. Danach stößt man gleich auf die Küche, eine Barriere, hinter der das ewige Feuer seines Grillofens brennt. Die «brace», deren ständiges Glosen zusammen mit den Gasfeuern unter den Töpfen seiner Höhle etwas Urtümliches gibt.

Mit weiteren zwei Schritten ist man im etwas größeren Raum, in der Mitte getrennt durch eine deckenhohe Glaswand, die nach oben mit einem Bücherbord abgeschlossen wird. Das Glas von oben bis unten bekritzelt, beidseitig; auf dem Brett darüber stapeln und biegen sich die Schwarten – Weinführer, Gastronomisches, Literatur, Lokalgeschichte.

An den Wänden Fotos, Plakate, Zeitungsausschnitte und immer wieder Salvatore, hier mit einem großen Fisch in der Hand; im Übrigen sind auch die Wände von der Decke bis zum Boden bekritzelt mit den Lustigkeiten der Gäste, die nicht immer sehr lustig sind. Aber jeder darf sich hier einschreiben, bevor er, vielleicht mit dem leichten Schwindel, der einen in einer Katakombe befällt, den Ort verlässt.

Und da liegen sie auf einer improvisierten Anrichte, Käse und Schwein, das Halsstück, das gepökelte Capocollo, so zart, dass es exakt bei 37,5 Grad auf der Zunge des Gastes zerläuft.

Sofort steht Salvatore da, gießt Weißen ein, stellt, es darf keine Not aufkommen, schon mal einen Roten hin, für sich selber ein Glas, denn Salvatore trinkt den Abend lang mit den Gästen, mit allen. Vier Engländer schauen verwundert, als ihnen der eben servierte Wein gleich wieder abhandenkommt. Jetzt hat Salvatore eine Kochmütze auf, er trägt sie wie ein Zitat.

Capocollo, Käse aus den Abruzzen; Panzanella, der köstliche Sommersalat aus altem Brot, Olivenöl, Oliven, Tomaten, Stangensellerie, Peperoncino, Basilikum. Mozzarella, die wahre, die milchigfeuchte aus Campanien; Knochenschinken, warme Böhnchen vom Trasimenischen See mit Olivenöl. Ein Stückchen Frittata noch. Und schon stellt sich die Frage, ob man nach solchem Antipasto die Steinpilzsuppe, die Ravioli an doppelt eingedicktem Sugo, die Mezzemaniche mit Gemüse überhaupt noch mag.

Es wird nicht gefackelt bei Salvatore.

Ich bring euch halbe Portionen! Dai!

Und gießt, nein schüttet den Roten ins große Glas. Steckt seine Nase hinein, rollt mit den Kulleraugen.

Man kann kein anständiger Gastgeber sein, wenn man nicht auch sich selbst verwöhnen will.

Jetzt die Keule vom Hirsch, alla brace, die Fiorentina vom Chianina-Rind oder ein sanft gegrilltes Hähnchen, kross gebraten, innen fein gewürzt und außen herzhaft gesalzen, so aßen wir einmal, und nur einmal das beste Geflügel der Welt. Wie? Auf ein paar Blättern kräftigen Salats aus seinem Garten.

Seine «dolci», die Nachspeisen, sind nicht der Rede wert, wenn nicht gerade eine Lieferung Marzipantörtchen aus Sizilien eingetroffen ist. Die üblichen «Brutti ma buoni», ein Absturz, den er noch im Flug auffängt durch einen trockenen Passito oder, noch besser, einen italienischen Kognak, wunderbar mild. Fruchtschnäpse sind geläufig, Grappa nicht unbedingt. Averna kommt nie vor.

Irgendwann geht es zum Beichtstuhl beim Eingang. Salvatore steht da in seiner Schürze, den Finger vor dem Mund, er denkt einen Augenblick nach, er schaut den Gast an, dann einen Augenblick in sein unauslotbares Inneres, und dann vernimmt man die Zahl.

Ciao, caro, a presto.

Grazie per tutto, grazie per la tua ospitalità.

Ein guter Gastwirt ist eine Schnittstelle zur neuen Welt. Den gewohnten Umgang hat man nicht mehr, Freunde sind zurückgeblieben, manche auf Nimmerwiedersehen. Vielleicht ist man gar nicht erpicht darauf, gleich neue zu erwerben, was hätte der Abschied sonst für einen Sinn gehabt? Aber es geht nicht ohne die Andern. In eines solchen Odysseus' Höhle, bei Salvatore, ist abends für einen Augenblick Heimat, etwas wie Glück, das bekanntlich auch nicht von Dauer ist.

Autoritratto in forma di dolce. ❚ Bei Salvatore gibt es die «Brutti ma buoni», ein allgemein beliebtes Gebäck aus Mandeln, Zucker und Eiweiß. Es ist einfach herzustellen. Das Eiweiß wird steif geschlagen, mit Zucker und Mandelsplittern vermischt und im Ofen mehr getrocknet als gebacken. Man kann die spröden Dinger mit einem Glas Sagrantino dolce, einem Passito oder Süßwein begießen, aber genauso gut mit dem Roten, der noch auf dem Tisch steht. An einem besonderen Tag wäre ein Gläschen Moscato di Pantelleria nicht übel. Salvatore weiß Rat.

«Brutti ma buoni» – der Name bedeutet ungefähr: «Rau, aber gut». Ich zögere, wörtlich zu übersetzen: «Hässlich, aber gut». Könnte doch sein, dass das Gebäck nichts anderes als ein zuckerbäckerisches Selbstporträt der Gegend ist. Wir leisten Widerstand, sagt es. Krachend schlagen sich deine Zähne in unsere krustige Härte. Wie wir knacken, so sind wir! Trocken, aber herzhaft. Nehmt uns, wie wir sind! Oder lasst's bleiben, via!

Das große Halali. ▮ Herbstbeginn. Nach der langen Trockenheit werden die Bäume früh gelb, Schäfchenwolken ziehen auf und verraten nicht, wie das Wetter wird. Immer noch regnet es nicht. Wie jedes Jahr sprechen wir alle vom trockensten Sommer seit Jahren. Was wahr ist: die Oliven, die gar nicht schlecht angesetzt hatten, überlegen es sich noch einmal und machen rechtsumkehrt. Viele der kleinen Beeren beginnen im Babyalter zu schrumpeln, fallen ab; andere färben sich jetzt schon bläulich, werden schwarz, zwei Monate zu früh und klein wie Kirschkerne.

Das sind die Hundstage: Ende August führen die Jäger ihre Hunde aus, die den ganzen Sommer über eingesperrt waren, auch das steht ausdrücklich im Jagdkalender. Gekläff im Wald und auf den Lichtungen am Hang gegenüber. Hie und da verläuft sich so ein Langohr, ein Glöckchen am Hals, vors Haus.

Am ersten Septembersonntag gehen die Jäger in Stellung.

Vom 5. September bis zum 31. Dezember auf diese Arten: Turteltaube, Wachtel, Rebhuhn, Rothuhn, Fasan, Wildkaninchen, Florida-Wildkaninchen.

Vom 5. September bis zum 31. Januar auf: Ringeltaube, Stockente, Knäkente, Krickente, Graue Krähe, Eichelhäher, Elster.

Vom 5. September bis zum 12. Dezember kommt der Hase dran. Vom 19. September bis zum 31. Dezember sind an der Reihe: Amsel, Lerche. Vom 19. September bis zum 31. Januar: Waldschnepfe, Bekassine, Schnatterente, Wacholderdrossel, Spießente, Pfeifente, Blässhuhn, Zwergschnepfe, Wasserhuhn, Löffelente, Reiherente, Tafelente, Kiebitz, Wasserralle, Sing- und Rotdrossel, Fuchs.

Vom 3. Oktober bis zum 31. Dezember das Wildschwein.

(Vom 1. August an mit «besonderer Bewilligung und Auflagen»: Damhirsch, Reh, Hirsch, Mufflon. Vom Bären ist nicht die Rede.)

Das ist ein Auszug aus dem umbrischen Jagdkalender, mit viel Mühe, dem neuen Zanichelli-Wörterbuch und der Hilfe von Stefan, dem liebenswürdigen Jäger aus Bozen/Bolzano, aus dem Italienischen übertragen, herübergerettet ins Deutsche. Hier mögen wenigstens die Namen überleben, als Denkmäler für die aussterbenden Beccaccia und Beccaccino, Canapiglia, Cesena, Codone, Fischione, Folaga, Frullino, Gallinella d'Acqua, Mestolone, Moretta, Moriglione, Porciglione, Tordo Bottaccio, Tordo Sassello und die winzige Pavoncella, den Kiebitz.

Der Jäger aus Bozen/Bolzano war übrigens im vergangenen Winter hier zu Gast, um sich in einem lokalen Jagdreservat ein wenig umzutun. Es hat ihm bald gereicht. Ein Angestellter hatte ihn mit einem Geländewagen, in einem Käfig drei Fasane, an den Waldrand gefahren. Ließ die Tiere dort frei, ergriff einen der Vögel, schwang ihn an den Beinen ein paarmal rund um sich herum, ließ ihn laufen und bedeutete dem Mann aus Bozen, einem Jäger, der an die Regeln der Hochwildjagd gewöhnt ist, er solle endlich auf den Taumelnden abdrücken.

Das ist das, was sie hier Sport nennen, ein kleiner Ausschnitt davon.

Pro Jagdtag und Jäger sind von den Wachteln und den Ringeltauben je zehn Stück zum Abschuss freigegeben, von den drei Drosselarten und den Amseln zusammen zwanzig, von den anderen Vögeln zusammen zehn, das macht vierzig Vögel pro Jäger und Tag. Dazu je zwei Fasane, Rebhühner, Hasen. Vom Wildschwein schießt man, so viele man zusammentreiben kann. Auch mal einen Anhänger voll, zehn, zwölf Stück an einem diesigen Novembersamstagnachmittag. Treibjagd, mit großem Lärm und Geschrei. Heldenzeit. Zu Hause, in der stickigen Familienstube, hängen die Fotos: Karren voller Wildschweine, Kopf an Kopf, einen Zweig im Maul, ein Zitat fernen Jäger-brauchs. In Kodacolor das Blut, das aus den Mäulern trieft.

Das Ganze hat gewisse Regeln. Von sieben Wochentagen sind fünf Jagdtage, Ausnahmen bilden der Dienstag und der Freitag. An den fünf verbleibenden Tagen darf jeder an drei Tagen auf die Pirsch. Da-für zahlt er eine Lizenz und wird, theoretisch, von Jagdaufsehern kontrolliert. Die beliebtesten Tage für die Jagd sind der Samstag und der Sonntag. An Weihnachten und anderen Feiertagen macht die Jagd ebenfalls Spaß, wenn sie nicht auf einen Dienstag oder Freitag fallen. Bei der umbrischen Jägerdichte – ca. ein Jäger auf zwei Mann männliche Bevölkerung – ist ein Gebiet schnell leer geschossen. Nun müssen der Spatz, der Porzellanisolator, die Nachtigall, der Wiede-hopf, der Bussard und das Straßenschild dran glauben. Das Schild mit dem Jagdverbot, «Divieto di Caccia», das einer hoffnungsvoll an-gebracht hat, ist lange schon wie ein Sieb zerlöchert.

Von geschützten Arten ist im Dekret nicht die Rede. Daraus darf man schließen, dass die nicht genannten Arten geschützt sind: Pferde, Esel, Strauße, Hunde, Katzen und Kinder.

Auch in Südfrankreich, berichtet mir ein Freund, hat die Hatz begonnen. Er würde sich keinen Meter mehr vom Weg herunter-getrauen, auch in einer kanariengelben Jacke nicht. Es gehe auch dort aufs Wildschwein; etwas anderes gebe es nicht mehr. Der er-legte Sanglier wird auf den Jeep geladen, auf die Kühlerhaube, sagt mein Freund, dann fahren die Burschen in ihrer Dschungeluniform durchs Dorf, einer der Helden steht auf dem Trittbrett und fuchtelt mit der Flinte.

Ihre letzte Zuflucht haben viele Tiere nur noch in Texten wie diesem. Auch wenn zweifelhaft ist, ob es die Krick-, Knäk-, Stock-, Schnatter-, Pfeif-, Tafel- und Löffelenten überhaupt noch gibt – de-nen, die bis in diese Tage überlebt haben, stehen harte Zeiten bevor. Aber Jagd ist Kultur, heißt es. Wer etwas gegen Jäger sagt, ist ein Igno-rant und hat nichts von der archaischen Kraft der Jagd begriffen.

Die Kultur, von der sie reden, war in der Tat einmal ganz nah. Friedrich II. und seine *Ars venendi cum avibus*, das erste Lehrbuch der *Kunst mit Vögeln zu jagen*, sind mit Umbrien eng verbunden. Der Blick hinüber zum anderen Hügel geht nach Montefalco, die Silhouette des Hügelstädtchens mit dem von allen Seiten erkennbaren Wasserturm – Montefalco leitet seinen Namen – stolz – vom Staufferkaiser her, der hier der Jagd mit dem Falken nachgegangen sein soll. Herrenbrauch, abgesunken auf eine Bevölkerung, die lange Knecht sein musste: Jahrhunderte Kirchenstaat, dann Mezzadria. Das hat sich mit den fünfziger Jahren geändert. Die Knechte sind Herren geworden, sie ergreifen ein Recht ohne eine Ahnung von seinem kulturellen Hintergrund. Der Bracconiere triumphiert, der Wilderer, der mit einem Jagdschein versehen ist, nicht anders als ein Autoraser, der einen Führerschein hat.

Das Anarchische, den Triumph einer Emanzipation, die neue Freiheit und die elementare Wildheit mag man bewundern, und man muss zur Kenntnis nehmen, dass die lokalen Jagdverbände in der Regel links sind.

Den Gegnern der Jäger geht es nicht nur um Tierschutz. Die ganze Jagd ist ein Anachronismus. Die Zeit des Fasans ist vorbei. Es gibt keine Hasen mehr, außer denen, die im Frühjahr ausgesetzt worden sind. Die großen Vogelschwärme auf ihrer Wanderung bleiben aus. Mit der Verstädterung und der Verbauung, mit dem Klima haben sich die Verhältnisse auf dem umgebenden Land verändert. Nur in diesen harten Schädeln gibt es das noch, das Wild, die Jagd, das männliche Ritual.

Kurzer Auszug aus einem langen Tagebuch. ▍ 24. Dezember.

Der Morgen grau, verhangen. Stürmisch. Zwischen 7.15 und 7.20 Uhr die ersten zehn bis zwölf Schüsse, entfernt, kleines Kaliber.

25. Dezember. Morgens zwischen 7.15 Uhr und 9.00 Uhr prasseln-

des Gewehrfeuer, später Ruhe. Die tapferen Kämpfer sind bei Mamma zu Hause, zum Weihnachtsessen. Strahlender Sonnenschein. Rammen elf Stangen in den Boden, für Obstgarten.

26. Dezember. 3 Pinien neu aufgebunden. Am ursprünglich stillen Nachmittag das Röhren der Motocrossräder am gegenüberliegenden Hang. Machen die hier einen Unfug nicht, machen sie einen anderen. Am Abend Schüsse (am jagdfreien Tag). Stellen sich als verfrühte Silvesterknallerei der Dorfjugend heraus. Jetzt also auch noch Verfolgungswahn.

27. Dezember. Am Morgen, noch bei Dunkelheit, Beginn der Knallerei. Ploppen auf allen Hügeln ringsum, wir sind eingekesselt. Man erwacht schon eine Weile vor dem ersten Schuss und wartet. Löst sich dieser, löst sich das erste Wort des Tages: Arschloch. – Gestern Abend, auf der Heimfahrt aus der Osteria, ein Hase im Scheinwerferlicht. Es gibt, nach drei Monaten Jagd, noch Überlebende. Bin voller Bewunderung für die Natur.

28. Dezember. Erste Schüsse schon um 7.10 Uhr. Entfernt die Dämmerung. Grauer, bleierner Himmel. Dann schon wieder die Abenddämmerung. Es knallt ringsherum. Anruf von Angelo G., auf der Abreise nach Sizilien, Glückwünsche. Fröhlich durchs Telefon: «Ihr müsst euch mit den Jägern gut stellen!»

In der Osteria einen Assessore aus unserem Dorf getroffen. Unser Zaun sei Gesprächsthema, bis hin nach Perugia. Verteidigung des Zauns. Die Brände, die man gelegt hat, sind im Übrigen kein Thema. Allenfalls wolle er einen der «malfattori» herbringen, zum Gespräch. Wie würde ich meine tiefe Verachtung hintanstellen können?

Staatlich abgesegneter Terror. Auch die Democrazia di Sinistra kriecht vor den Wahlen vor den Jägern.

«Die Jagdindustrie ist eine mächtige Industrie», sagte unser Bekannter, ein Kommunist aus Grosseto, der sich auskennt auf diesem Schlachtfeld, «natürlich wählen nicht alle Jäger dieselbe Partei – aber alle Parteien glauben, auf die Jäger angewiesen zu sein.»

Werfen wir unsere Überzeugungen – Gewaltverzicht, Tierliebe, Umweltschutz; Friede, Ruhe, Sammlung; Respekt und Erbarmen – wegen ein paar halb analphabetischen Troglodyten über Bord?

3. Januar. Das oft gehörte Wort «tordo», es heißt Drossel. Das Alphabet der Vögel anlässlich ihrer Ausrottung lernen! Merlo, Tordo, Fringuello und Storno – Amsel, Drossel, Fink und Star.

Ein neues Wort für Jäger gefunden: Es heißt «marmaglia». Ein schönes Wort, schon nur wie es mit seinen drei As daherkollert. Es bedeutet Pack, Dreckspack, Saupack, Gesindel, Lumpenpack, Abschaum. Lasse alle möglichen Übersetzungen auf der Zunge zergehen.

4. Januar, Sonntag. Aufgewacht von der Knallerei ringsum. Regen. Bemerkenswert, wie alle gleichzeitig beginnen. Sonst sind sie immer unpünktlich, diese Kerle, nur hier nicht. Und wenn es sonst regnet, können sie nicht arbeiten. Bei den ersten Tropfen flüchten sie sich in ihr Auto, regnet es richtig, gehen sie nach Hause; sie sind vielleicht nicht wasserdicht. Anders jetzt: schießen können sie, auch wenn es gießt. Sie haben panische Angst vor jeder Blindschleiche. Aber sie stürzen sich, wenn sie auf der Jagd sind, ins dichteste Gebüsch.

Böiger Nordostwind. Um die zwei Grad plus. Polen, Sibirien scheinen nah. Knallerei zwischen 16 und 17.15. Dann senkt sich Ruhe auf das Schlachtfeld herab. Prediger, Kap. 12, 1: «Und denke an deinen Schöpfer in den Tagen deiner Jugendzeit, bevor die Tage des Übels kommen und die Jahre herannahen, von denen du sagen wirst: Sie gefallen mir nicht.» Noch gut drei Wochen bis zum Ende der Jagd. Dann sieben Monate, die schnell vergehen ...

5. Januar. Am Mittag einen Überlebenden gesehen: ein Rotkehlchen.

6. Januar, Epifania. Göttliche Ruhe. Die drei Könige verehren das Christuskind, und die Botschaft des Christentums erreicht auch die Heiden. Nicht die Umbrer. Hier schweigen heute die Waffen nur deshalb, weil Dienstag ist: verordneter Schontag.

7. Januar. Es knallt. Fahre hoch und sehe auf die Uhr: halb zwei. Es war das Holz der alten Kommode.

Schüsse im Morgengrauen. In nächster Nähe, auf dem abgebrannten Gebiet, wo die Jagd für zehn Jahre eingestellt ist: Schüsse.

Am Nachmittag Rückkehr von einem Ausflug, es böllert. Nachtrag zum 4. Januar: Die gleichen Typen, die nicht mehr als 32 Stunden pro Woche arbeiten wollen und mit 45 pensioniert werden müssen: hier sind sie unermüdlich.

8. Januar. Titel von Büchern, die mir etwas bedeuteten: *Tempo di uccidere* (Ennio Flaiano), *Il mestiere di vivere* (Cesare Pavese). Aus und vorbei, diese Art von Literatur, die ruhige, unaufgeregte Art, zu denken und zu erzählen, erzählend zu denken. Nicht nur in Italien. Camus. Benjamin. Max Frisch in den Tagebüchern. Noch jemand wie Sebald. Alles weg. Nur noch diese Rutschbahn ins Unbedeutende.

9. Januar. «Auf meinen Exkursionen ins Innere der Insel schien es mir immer wieder, als sei die gesamte männliche Bevölkerung beteiligt an einem längst ziellos gewordenen Zerstörungsritual. Die älteren Männer, meist im blauen Zivil eines Arbeitsanzuges, stehen am Rand der Straßen bis hoch in die Berge hinauf auf dem Posten, die jüngeren, in einer Art paramilitärischen Ausrüstung, fahren mit Jeeps und Geländewagen kreuz und quer in der Gegend herum, als hielten sie das Land besetzt oder erwarteten eine feindliche Invasion. Unrasiert, mit schweren Gewehren und bedrohlichem Gehabe, sehen sie aus wie die serbischen und kroatischen Milizen, die ihre Heimat zugrunde gerichtet haben mit ihrem aberwitzigen Aktionismus, und wie die Marlboro-Helden im jugoslawischen Bürgerkrieg verstehen auch die korsischen Jäger, wenn man sich in ihr Territorium verirrt, keinen Spaß» (W. G. Sebald, «Die Alpen im Meer»).

10. Januar. Zur Genesis der Depression: die ständige und doch immer wieder überraschende Störung, das Aufschrecken. Provokation durch die Machtlosigkeit gegenüber dem sinnlosen Tod so vieler Vögel und anderer Lebewesen, die einmal zur Schönheit des Territori-

ums gehört haben. «Über den Felsstürzen kreisten Adler und Geier, Zeisige und Finken sprangen zu Hunderten auf dem Walddach herum, Wachteln und Rebhühner nisteten unter den niedrigen Stauden ...» (Sebald).

Schüsse, den ganzen Tag über Schüsse.

Die Empörung über dieses bis zur totalen Austilgung der Tierwelt zielende Massaker von Pseudojägern wird übertroffen werden durch die Empörung über die totale Gleichgültigkeit der restlichen Bevölkerung.

Sonntag, 11. Januar. Hageldichtes Feuer seit 7.10 Uhr. Die Jäger müssen sich gegen den Überfall der Singvögel zur Wehr setzen. Diese haben überhandnehmen wollen. Die tapferen Partisanen haben sich in den Feind verbissen, obwohl er ihnen zahlenmäßig weit überlegen ist. Der gefiederte Feind ist feige und entzieht sich dem Zugriff der Truppen immer wieder durch Wegfliegen. In der Ferne das Grummeln größerer Kaliber. Unerschrocken verfolgen die Jäger den Feind, bis ins Gebüsch. Alle sind Partisanen. Als sich nichts mehr bewegt, die Schlacht hat vier Stunden gedauert, ziehen sich die Schützen in die nächste Bar zurück. Dort überprüfen sie ihre Verluste: ihre Mannschaft ist vollständig.

12. Januar. Schwache Kämpfe. Schüsse abends, bei einfallender Dämmerung. Gebell, Belfern, Geifern.

13. Januar, jagdfreier Tag. Stelle mir vor, wie die Lavater'schen Physiognomien rückwärts verlaufen. Am Anfang G., der Maurer. Langsame Verwandlung zum Jäger, dann zum Tier. Am Ende sieht man ein Wildschwein.

17. Januar. Zehn bis fünfzehn Autos parken auf dem Weg von hier bis zu den Nachbarn. Es knallt wie noch nie zuvor. Nun kommen alle Kerle aus ihren Löchern. Die Jagd nähert sich ihrem Ende. Und damit ihrem Höhepunkt. Ejakulation des Restbleis.

18. Januar. Wir Schöngeister. Falkenjagdkapitel bei Adolf Muschg, *Der rote Ritter:* «Weil der Mensch ein Meister geworden war, be-

herrscht auch in sich selbst … Nur so werde er dann auch zur Zuflucht (des Falken) und Freude der Kreatur … So entfalte sich die Jagd als Spiel, damit sie für den Ernst gerüstet sei, ohne des Spielerischen dabei zu vergessen … Hier durfte nur die Rücksicht auf die Natur herrschen, und die Besinnung auf die Kunst.»

Italienische Jäger braucht man über das Spielerische und die Kunst nicht zu belehren. Schon nur der Erfindungsgeist, mit dem sie ihre Lockpfeifchen und -tröten entwickelt haben. Nun hörte ich von zwei jungen Jägern, die man kürzlich entwaffnet hat: Die Jagdaufsicht hat ihnen den Recorder weggenommen, auf dem sie die Vogelstimmen hatten.

19. Januar, nachmittags fünfzehn Uhr. Ein Vogel taumelt aufs Auto zu, schlägt gegen die Tür, bleibt liegen. Tot. Wir schauen im Brehm nach: ein Distelfink. Dort steht über den Zugvogel: «Einige Exemplare überwintern immer.» Das hätte dieser, nun bleigefüllt, nicht tun sollen.

20. Januar. Regen, Nebel, sechs Grad, jagdfreier Dienstag. In unserem Treppenhaus hängt die italienische Version der bekannten Darstellung «Die Lebensalter des Menschen».

Bei Alter dreißig steht: «Età virile.» Stolzes Mannesalter! Man sieht einen jungen Herrn, einen Gockel, mit einer schönen Frau, ein Kleinkind im Arm. Ein größeres Kind steht mit einem Papierdrachen und einer Trommel dabei. Die linke Hand des Jungen zeigt auf die Jagdtasche, die der Vater umgehängt hat. Dazu das Gewehr, das Wams, der Jägerhut.

Età virile, das Mannesalter ist ganz selbstverständlich das Jägeralter. Gleich dreht er sich um und geht in den Wald –

«Dass alle Umbrer irre sind, merkte ich sofort an jenem Morgen, als wir in den ersten Junitagen in Perugia ausstiegen. Die aus Terni sprachen mit verzerrtem Mund, sie waren die tollsten in ihrer Wut. Sie waren eines Sinnes mit denen aus Todi: unbewegliche, finstere, verschlossene Menschen.» Dies und mehr bei Curzio Malaparte.

26. Januar. Dämmerung und Horror. Feuer aus allen Rohren, Kartätschen und Ballern. Die Luft voll Blei. Es wird dunkel, der Vogel setzt sich auf einen Ast – und peng. Was geht in solchen Menschen, in ihren Granitköpfen vor? Der Wunsch, sie ihrerseits umzulegen, darf nicht lautwerden.

16.00 Uhr. Man nehme ein Blatt Papier, horche und mache einen Strich für jeden Schuss, den man klar vernehmen kann. Meistens müssen wir, bei den hiesigen Schießgewohnheiten, gleich zwei oder drei Striche machen, denn meistens feuern die Jäger wiederholt auf das gleiche Ziel; eine Schrotgarbe wird dann wohl etwas treffen. Als Schuss gilt, was man eindeutig als solchen hören kann.

Es ergibt sich an diesem Samstag, nach einer Viertelstunde, eine Summe von rund 200 Schüssen. Das macht 800 Schüsse pro Stunde. Das macht, bei sieben Stunden aktiver Jagd pro Jagdtag, 5600 Schuss pro Tag. Bei fünfundzwanzig Jagdtagen pro Monat also 140 000 Schuss monatlich. Bei fünf Monaten Jagd ergibt das 700 000 Schuss pro Saison. Kadenz: ein Schuss alle sechs Sekunden, plus/minus. Die Trefferquote bleibt unbekannt. Einige Vögel entkommen. Viele bleiben liegen.

Die einzelnen Schrote (Schrotkörner) einer Schrotpatrone bestehen in der Regel aus Hartblei (auch vernickelt, seltener eisenlegiert). Die Schrotstärke (Durchmesser) beträgt bei Patrone Nr. 7 (Hühnerschrot) 2,5 mm, bei Nr. 5 (Entenschrot, auch geeignet für Tauben und Hasen) 3 mm, bei Nr. 3 (sog. Hasenschrot) 3,5 mm. Patrone Nr. 5, um einen Mittelwert zu nehmen, enthält ca. 200 Schrote (Nr. 7 enthält 340, Nr. 3 enthält 125). Wie viele Schrotkörner werden demnach pro Jahr verschossen?

Rechne!

Bei 700 000 Schuss mal einen Mittelwert von 200 Körnern heißt die Lösung: 140 Millionen Schrotkörner pro Saison. Das ergibt, bei rund dreißig Gramm Blei pro Patrone, einen im hörbaren Umkreis auf Fauna und Flora niederprasselnden Regen von rund 21 000 Kilogramm, also 21 Tonnen. Das Blei, versichert der Jäger, sei aber völlig unschädlich – wir nehmen an, er meint: für den Boden.

Wir wollen uns noch eine andere Rechnung vornehmen. Wenn wir von einer durchschnittlichen Vogelkörperlänge von zehn Zentimetern ausgehen (also zwecks einfacherer Rechnung einen Amselspatz, eine Rotschwanzlerche, eine Kiebitzdrossel voraussetzen) und diese Länge mit der menschlichen Körpergröße ins Verhältnis bringen (mittlere umbrisch-jägerisch-männliche Körperlänge 170 Zentimeter), erhalten wir ein Verhältnis der Körpergröße von Vogel zu Mensch von 1:17. Mit anderen Worten: ein einzelnes Schrotkorn (das kommt zwar selten vor) mit einem Durchmesser von drei Millimetern entspräche einem auf den Menschen zufliegenden Geschoss von 51 Millimetern. Fünf Zentimeter Bleikugel, zum Teil vernickelt, seltener eisenlegiert, auf den Vogel, wenn er ein Mensch wäre.

Mensch muss er nicht sein, um das Schrotkorn, das ihn umsaust oder trifft, als solche Mordskugel zu empfinden.

Schockwirkung!

Wir verstehen nun die präzisierende Bemerkung unseres Experten Fritz Nüsslein, wonach beim Schrotschuss «die tödliche Schusswirkung weniger durch die Energie des einzelnen Schrotkorns, sondern durch das Zusammenwirken möglichst vieler gleichzeitiger Treffer (Schockwirkung)» entsteht.

Wir sind, mit einem Geschosshagel Durchmesser fünfzig Millimeter, relativ zur mittleren Vogelkörpergröße im Bereich der Artillerie und dürfen den Bleiwurf einer Schrotpatrone aus Vogelperspektive getrost mit dem Feuer einer Stalinorgel vergleichen: Stalinorgel, klassische Variante, ein Schuss gleich sechzehn Raketen von Kaliber 132 mm. Gleich 2112 Raketenmillimeter im Verhältnis zu Kaliber 51 Millimeter, mal 200 Geschosse gleich 10 200 Schrotkalibermillimeter pro Schuss, in Vogelperspektive gemessen.

Schockwirkung: Die Rechnung zeigt, dass für den Vogel ein Schrotschuss dem fünffachen Feuerstoß einer Stalinorgel entspricht.

Es ist für den Beobachter übrigens keine Frage, dass der hiesige Jäger auch Artillerie einsetzen würde, wenn er dürfte und könnte. Nur ein restriktives Gesetz und die Kosten hindern ihn vorderhand daran, ebenso wie am Gebrauch von Mörsergranaten, mit denen Schwarzwild im Bogenschuss in seinem Versteck bequem erreicht werden könnte.

Nichts soll uns daran hindern, noch eine weitere Rechnung anzustellen. Dabei gehen wir davon aus, dass der einhörbare Bereich etwa zweihundert Hektar beträgt. Auf dieser Fläche gehen, aus Vogelperspektive betrachtet, pro Jahr, genau gesagt in fünf Monaten, 700 000 Stalinorgeleinzelschüsse à 200 Geschosse von 51 Millimetern Kaliber nieder. 140 Millionen Schuss mittelschwerer Artillerie in einem Umkreis von wenigen Kilometern. Das ist er, der Dritte Weltkrieg.

31. Januar. Die Jagd geht, nach vollen fünf Monaten, zu Ende.

«La madre degli imbecilli è sempre incinta.» Das hat uns Vittorio, der Gärtner, mit einer dieser wunderbaren Spruchweisheiten gesagt.

Ja, Vittorio, du hast recht. «Die Mutter der Schwachköpfe ist immerfort schwanger.»

Fin de saison. ▌ Es ist Ruhe eingekehrt. Am Morgen das Knacken des Gehölzes, sonst nichts. Tau tropft. Stille, ein Schweigen. Die Welt scheint leer. Nach ein paar Tagen beginnen die Ersten, noch zaghaft. Sie versuchen einen Ruf, einen Pfiff. Flattern dann sofort weg, tauchen ab ins Gebüsch. Dann werden es mehr. Es hebt ein Zwitschern an, das wird ein Konzert. Es dient der Verhöhnung der Jäger. Die Vögel sind wieder da. Es ist unfassbar, sie hatten sich versteckt, geduckt, gewartet. Zuerst kommen die Kleinsten, die Rotkehlchen, Rotschwänzchen. Dann sofort die Spatzen mit ihrem Gezeter. Langsam die ersten Amseln, noch weit entfernt. Man horcht. Man ist nervös, gespannt. Im März schwirrt überraschend das Wiedehopfpärchen, das man seit vielen Monaten nicht mehr gesehen hat.

Das Ende der Jagdsaison war erreicht. Aber in den letzten Tagen musste noch einmal kräftig in die Vögel hineingeschossen werden. Es hatte sich immer noch etwas bewegt. Dann kamen die Zahlen. In der zu Ende gegangenen Saison wurden zwanzig Millionen Vögel abgeschossen. Als könnten ihre Jäger, die Plumpen, die Irdenen, nicht ertragen, dass Vögel fliegen können –

Die Zahl erscheint unglaublich. Jedoch stehen in Italien jedem registrierten Jäger – es sind 750 000 – jeden Tag dreißig, nach EU-Recht geschützte Vögel zu: Finken, Stare, Drosseln, Lerchen, Sperlinge und jene Amseln, die dann die Köpfe baumeln lassen.

Die Tage werden länger. Noch einmal Schnee. Dann Sonne. Nun beginnen die Motocrossfahrer mit dem Training im Wald. Bald werden die Quads wieder durch die Olivenhaine dröhnen.

Umbrischer Frühling. ▌ Die Hundemeuten sind, wie man hört, dezimiert worden. Einige der Besten mussten ihr Leben am Wildschwein lassen. Andere streifen im Frühling herrenlos über die Felder und durch den Wald, schlaff und abgemagert, den Kopf am Boden, bald näher, bald ferner. Sie tragen den Fußtritt ihres Besitzers im Hintern und manchmal noch ein Stück Leine am Hals. Sie mussten wegen Unfähigkeit entlassen werden. Die Glücklicheren unter ihnen reißen junge Fasane, wofür dann die Haushunde verantwortlich gemacht werden. Ein heißer Sommer steht bevor. Die Dorffeste werden kochen im Tal. In den Zwingern dursten die Köter und heulen, am Morgen, am Abend, die ganze Nacht. Immer ist Vollmond. Die Eingekerkerten warten auf den Herbst. Ende August wird sich ihr Besitzer an sie erinnern. Er nimmt dann von denen, die übrig sind, den einen und den andern heraus und übt das Jagen mit ihnen, indem er mit einem Pfeifchen nach ihnen siffelt und sie nicht kommen. Das Pfeifen füllt die Hügel mit Vorahnung. So ist eigentlich das ganze Jahr über Jagd.

Marmaglia. ❚ «Lo stregone dovette bruciare con tutta la sua marmaglia.» Der Hexenmeister aber musste verbrennen samt seinem ganzen Pack.

Marmaglia. Mir war ein Wort zugewachsen, eines, das ich brauchen konnte. Es war das letzte Wort eines Märchens, das auf Italienisch «L'uccello strano» heißt. Im deutschen Original bei den Brüdern Grimm lautet der letzte Satz so: «Sie schlossen alle Türen des Hauses zu, dass niemand entfliehen konnte, und steckten es an, also dass der Hexenmeister mitsamt seinem Gesindel verbrennen musste.»

Ohne noch Näheres zu wissen – schon hat man eine Ahnung von der Genugtuung, die der Tod dieser Gesellschaft vermittelt.

Es ist aber ein Vogel, der das Haus des Hexenmeisters anzündet, und der Hingerichtete war der Peiniger des Vogels. Die Geschichte geht so:

Es war einmal ein Hexenmeister. Der wohnte auf dem freien Lande, in einem schönen, großen Haus. Von Zeit zu Zeit verwandelte sich der Hexenmeister in einen armen Mann, zog in die Dörfer und bettelte an den Türen um Almosen. Kam da eine schöne Tochter heraus, packte er sie und verstaute sie in einem Korb; er trug sie auf dem Rücken nach Hause, stellte ihr eine Aufgabe, die sie nicht lösen konnte, und schleppte sie dann in seine Blutkammer, um sie zu enthaupten und zu zerstückeln. So waren schon viele umgekommen, darunter auch zwei Schwestern. Doch die dritte von diesen, gewiss war es die Jüngste, war schlauer als die beiden und widerstand dem Zauber des Hexenmeisters. Es gelang ihr, den Bann zu brechen. Sie setzte ihre zwei Schwestern wieder heil zusammen, und als der Hexenmeister nach Hause kam, überlistete sie auch ihn. Sie hatte sich in einem Fass Honig gewälzt. Dann «schnitt sie das Federbett auf und wälzte sich darin, dass sie aussah wie ein wunderlicher Vogel», heißt es bei Grimm. Als Gefiederte trat sie dem Hexenmeister entgegen, der sie nicht erkannte, verspottete ihn, und als er sich mit seinen Kumpanen in sein Haus begab, rief das schlaue Mädchen alle ihre Brüder und Gefährten. Zusammen zündeten sie das Haus des Hexenmeisters an, der samt dem Pack, das bei ihm war, jämmerlich verbrannte.

Marmaglia. Was für ein schönes Wort! Schon von seinem Klang geht eine merkwürdige Befriedigung aus, wenn man es murmelt, die Genugtuung, mit der das Vogelmädchen und seine Schwestern zugesehen haben, wie das Pack verbrannte, verschmorte, verkohlte – wir sind in einem Märchen und müssen keine Rücksicht nehmen darauf, dass man sich an dergleichen nicht freuen darf. In dem Wort «marmaglia» murmelt der Zorn, schäumt der Todeswunsch, und sprudelt die Befriedigung über den Tod des Verbrechers.

Marmaglia, der Sauhaufen – das Wort erinnert auch an «Wild Bunch», also an eine Bande. Erinnert vielleicht an die Bande von Schillers Räubern, Halunken, gewiss, für die man jedoch Verständnis hat; sind es nicht verwilderte Revolutionäre, die aufstehen gegen das Unrecht? Kein Saupack, wie diese hier, und welche wohl noch? Es hat eine Ambivalenz, das Wort «marmaglia», es ist die Ambivalenz zwischen schaudernder Bewunderung und fasziniertem Abscheu, zwischen «verwegen» und «verworfen».

Vielleicht hat sie ja einmal verwegen angefangen, die Marmaglia des Hexenmeisters, eine tolle Bande, wie auch der Zauberer ein toller Hecht gewesen sein mag, als er noch jung war. Die erste Tochter, die erste Überwältigung und das erste Nachhauseschleppen mochten vielleicht noch etwas Abenteuerliches gehabt haben. Eine geraubte Braut, wer weiß, eine, die sich nicht ungern von einem jungen Magier verschleppen ließ. Vielleicht hat damals der Hexenmeister, der erst ein Zauberlehrling gewesen sein mag, sich als armen Mann verkleidet, um eine arme Tochter aus einem armen Haus in sein prächtiges zu entführen, wer weiß das so genau? Vielleicht hat er sie geliebt, aber sie kam hinter sein Zaubergeheimnis und ...

Aber eines Tages begann er damit, die Mädchen um des Zerstückelns willen zu entführen. Es war eine grausame, eine perverse, mörderische Manie geworden, und offenbar hat er damit auch andere angesteckt, Folgetäter, sonst könnte nicht von Kumpanen die Rede sein, mit denen er endlich von seinen Opfern im Haus eingeschlossen und verbrannt wurde, con tutta la sua marmaglia.

Das Wörterbuch gibt beide Bedeutungen an, den scherzhaften Gebrauch für «einen Haufen Jugendlicher» und die Bedeutung «Saubande», «Gesindel» (ital. Synonym: gentaglia). Diese hier sind gewiss kein übermütiger «Wild Bunch», hatten kein Anrecht auf Milde. Und warum sollte das nicht für einen anderen Sauhaufen gelten, der gegen alles Gefiederte in den Krieg zieht, in Kampfanzug, Militärmütze, Söldnerstiefeln, mit Selbstladegewehren, Patronengurten und Messern, hinter sich die Spur ihrer mörderischen Lust, eine Blutspur nicht geringer als die jenes Hexenmeisters, der die zerstückelten Mädchen in ein Becken in seinem Blutzimmer warf – nur dass, anders als im Märchen, das getötete Tier niemals wieder ein ganzes wird.

Weg mit dem Pack! Morte alla marmaglia!

Die Genugtuung über ihr Verschwinden müsste so unbändig sein wie die über den Tod des Hexenmeisters dort im Märchen, in dem das Gesetz heißt: Blut gegen Blut.

Wer ist hier Barbar? ▮ Es braucht ein Gefälle. Von oben nach unten. Ich rundum erzogener Mensch – ich spucke nicht, kratze mich nicht am Hosenlatz, bohre nicht öffentlich mit Zahnstochern in den Zähnen, stehe auf, wenn eine Dame an den Tisch tritt, trenne den Müll, trete keine Hunde, schäme mich für mein Auto –, ich sehe (unerzogen genug) auf jene hinab, die nicht «erzogen» sind.

Also sind, dem Sprachgebrauch nach, sie die Barbaren. «Der nicht Griechisch kann», hieß das bekanntlich einmal: Barbar. Griechisch als Synonym für Bildung, Erziehung. Barbar von Sanskrit barbarah = Stammler, Laller.

«Jedoch wandelte sich bereits ab dem 8. Jahrhundert v. Chr. der Begriff», verrät Wikipedia, die Allwissende. «So wurden später ganz allgemein kulturell Unterlegene, ob Griechen oder nicht, als ‹Barbaren› bezeichnet – die demokratischen Athener nannten beispielsweise die kriegerischen Lakedemonier Spartas ‹Barbaren›.»

Statt *Barbaren* war den Nazis und ihrem Arier-Wahn ein moderneres Wort gebräuchlich: Untermenschen. Ist es so, dass einer, der einen andern als Barbaren bezeichnet oder als Untermenschen, vielleicht selbst einer ist?

Sehe ich Italien mit den Augen eines Spätrömers, eines sehr späten, also eines Italieners, bin ich der Barbar: lalle, stammle, kann nicht einmal das Wort *extracomunitario* richtig aussprechen, mit dem sie ihre neuen Barbaren bezeichnen, und, die Hauptsache, ich komme aus jenem Norden, woher stets die Barbaren kamen.

Odoaker.

Es stellt sich die Frage: War Hannibal, der von Süden kam, auch ein Barbar? Er schlug barbarische Schlachten –

Ich halte mich nicht an ihre Sitten (ich jage nicht). Bin kein Römer wie sie alle, schon gar nicht ein Etrusker, was sie alle sein möchten, und werde, im Unterschied zu den Römern, die sich griechisieren konnten, nie ein Nicht-Barbar werden. Mein Name tönt wie eine Halskrankheit.

Ich mache einen Zaun um mein Land, wo vorher freier Zugang war. Ich verstehe ihren Dialekt nicht, oder nur ungenügend, schlimmer noch, ich will ihn gar nicht lernen. Lieber ist mir immer noch mein Lallen. Gehe im Sommer nicht tanzen auf dem Dorfball. Spucke, bohre, kratze nicht, trete nicht. Verhalte mich anders, bin ein Barbar. Ich verstehe ihre Sitten nicht, und will sie nicht verstehen. Ich bin und bleibe ein Barbar.

Mein Freund Marc-Antoine, der im Burgund lebt, von Geburt ein halber Genfer, hat das Gefälle zwischen sich und den Franzosen (oder umgekehrt) nicht, und deshalb auch kein Problem. Zwischen Genf und Cluny ist kulturell kein Unterschied; an beiden Orten kratzt, spuckt, bohrt man nicht. Vielleicht ist in Cluny das Fernsehen schlechter als in Genf, dafür sind in Mâcon die Züge besser. Mein Freund lebt von seinem Herkommen aus gesehen im Ausland, aber auf Augenhöhe mit seinen neuen Nachbarn.

Ich befinde mich nicht auf Augenhöhe. Der Elektriker hat nicht verstanden, warum in der Küche kein Anschluss fürs Fernsehen sein soll. Was ist eine Küche ohne Fernseher? Für ihn ist eine Küche ohne Fernseher, wie für jeden hier, eine primitive Küche. Für mich ist eine Küche mit einem Fernseher unmöglich. Er hält mich für einen Barbaren (wenn er das Wort verwendet. Und nicht einfach und barbarisch «cazzo» zu mir sagt).

«In europäischen Geschichtstheorien des 18. und 19. Jahrhunderts wurde der Begriff Barbar zur Charakterisierung im linear verstandenen Entwicklungsprozess der Menschheit verwendet. Hierbei wurden die *Wilden* (Jäger- und Sammlerkulturen), die *Barbaren* (agrarische oder nomadische Viehzüchterkulturen) und die *Zivilisierten* (agrarisch-städtische, schriftverwendende Hochkulturen) unterschieden.» Nach dem 8. Jahrhundert v. Chr. wurden schon in Griechenland «ganz allgemein kulturell Unterlegene» als Barbaren bezeichnet.

Nach dieser Definition ist der hiesige Jäger, da er außer Jäger auch Viehzüchter und mehr oder weniger schriftverwendend ist, entweder ein wild zivilisierter Barbar; oder ein barbarisch zivilisierter Wilder; am ehesten aber ein barbarisch wilder Zivilist.

Wie auch immer, Friedrich II. hätte die umbrische Jagd, obwohl diese Menschen im 12. Jahrhundert noch sehr verspätete Römer waren, als barbarisch bezeichnet. Aber zu seiner Zeit war die Schrotflinte noch nicht erfunden, und wer weiß, ob Friedrich heute nicht auch mit einer Pumpgun unterwegs wäre. Und im Übrigen war Friedrich, als Stauffer, ein Barbar. Lallte allerdings nicht, kratzte nicht, spuckte selten, bohrte nicht: in Italien aufgewachsen, höfisch erzogen.

Glück gehabt.

Aber Jäger gewesen.

Vor neunhundert Jahren. Und das ist der Unterschied: dass Friedrich und ich heute, neunhundert Jahre später, diese umbrische Jägerei sehr wohl als barbarisch ansehen dürfen. Der Knecht ist Herr geworden; nun hält er sich schon für einen solchen. Jetzt darf er auf die Jagd. Eine barbarische Jagd, wenn man an Friedrich II. denkt.

Wir sind keine Barbaren. Wir haben das Wort Artensterben gelernt. Wir wissen etwas von Angemessenheit. Und dort, wo andere Menschen leben, kennt man sogar den Tierschutz. Es gibt so etwas wie eine Übereinstimmung, dass es dem Menschen nicht gestattet ist, aus welchen Motiven auch immer, die Tierwelt oder einzelne Arten in ihr bis zur Ausrottung zu dezimieren.

Für die Fische des Meeres wird sie gerade diskutiert, wenn auch kontrovers, aber die grundsätzliche Übereinstimmung ist da. Man muss zur Kenntnis nehmen, dass in vierzig Jahren die Meere tot, leer gefischt sein werden, und das ist eine so schlechte Nachricht, dass sie alle angehen sollte.

(Wir werden sie so wenig ernst nehmen wie die Nachrichten über die Erwärmung der Atmosphäre, das Schwinden der Gletscher und des ewigen Eises, den Hunger in der Welt, Aids in Afrika und das Sterben der Arten. Es muss ein physiologisches Problem sein, diese Unfähigkeit, kollektive Katastrophen wahrzunehmen.)

Und was hat das mit unseren Vögeln zu tun? Was sind Vögel anderes als Fische der Lüfte, hat Johann Gottfried von Herder vor über zweihundert Jahren gefragt: «Die Fische, die oben hinauffahren, sind nur Vögel; ihre Floßfedern nur Flügel: ihr Schwimmen, Fliegen oder Flattern. Wer wird nach ihnen alles bestimmen wollen, was in der See ist?»

Wie auch immer, wir sind alle auf dem gleichen Floß, allerdings unfähig, den Anderen mitzudenken in unserer Melancholie, eine Gesellschaft von Abwesenden, jeder in andere Gedanken versunken.

Mancher aber in gar keinen.

Zwei Strolche, wie aus dem Märchen hergekommen, so standen sie eines Tages vor mir. Der eine lang und dünn, der andre kurz und dick. Da standen sie in ihren Fleckenkleidern, der eine seine Flinte rechts, der andre links, und schauten unter Fleckenmützen stumm und frech, die Dummheit und die Gewalt.

An einen Vertreter der katholischen Kirche in Assisi. ▪

Hochwürden!

Mich beschäftigt die Jagd in Umbrien. Wir haben hier, auf unserem Hügel gegenüber von Assisi, die sogenannten einschlägigen Erfahrungen. Sind während der Jagdmonate ein beliebtes Ziel jener Schützen, welche vor allem während der Wochenenden in Massen angefahren kommen und das Territorium, das wir uns als unsere Lebens- und Ruhezone ausgesucht haben, in ein schallend knallendes Jagdrevier verwandeln. Wie Sie wahrscheinlich wissen, kennen die umbrischen Jäger keine Schonung, weder für die Tiere, die ihnen vor den Lauf kommen, noch für eventuelle Anwohner. Die halbe Gegend führt hierüber Klage.

Wie gesagt, ich beschäftige mich damit, und ich bin auch gezwungen dazu. Die Horden, die Knallerei und last not least die Frage nach der Beute (und damit dem Naturschutz) lassen mich nicht ruhen. Mit der Zeit erwirbt man ein gewisses Verständnis für so etwas wie die Wildschweinjagd; immerhin handelt es sich hierbei nicht nur um einen urtümlichen Brauch, sondern um eine Art Hegejagd. Es geht (auch) darum, dass die Tiere in einem Gebiet intensiven Landbaus nicht überhandnehmen und die Schäden, die sie allenfalls anrichten, im Rahmen bleiben.

Etwas ganz anderes scheint mir die Vogeljagd zu sein. Ich wage zu sagen, dass hier die klassische Jagdbeute – Fasan, Rebhuhn, Wachtel, also die Laufvögel – längst nicht mehr existiert, oder wenn doch, dann nur noch in ganz wenigen, unbedingt schützenswerten Exemplaren. Ähnlich steht es übrigens um den Hasen, und Rotwild gibt es in dieser Gegend schon lange nicht mehr. Also kommen die kleinen Vögel vor den Lauf: von den beliebten Lerchen und Drosseln über die Amsel bis hinunter zu Rotkehlchen, Spatz und Kiebitz.

Das kann ernsthaft mit dem Begriff Jagd nicht gemeint sein. Es handelt sich allenfalls – und in den Augen der Umbrer ist das so – um einen «Sport», einen Sport oder das Vergnügen, auf kleine fliegende Ziele zu ballern.

Hier kommt m. E. die Kirche ins Spiel. Nicht nur, dass die Bibel das Töten an sich verbietet; es heißt ja nicht «Du sollst keine Menschen töten, Tiere aber schon». Es gibt doch, durch die ganze Tradition des Christentums, das Erbarmen mit der Kreatur, den Respekt vor der Schöpfung. Und hier, in der Nähe von Assisi, müsste die Nähe zur belebten Natur doch doppelt stark sein, hier, wo Franz von Assisi gedacht und gepredigt hat, hier, wo er expressis verbis den Vögeln gepredigt hat.

Es würde mich interessieren, ob die Kirche sich mit dieser Frage beschäftigt. Ob sie eine Art offizieller Haltung zu der hier verbreiteten Jagd hat. Ob sie allenfalls Flinten segnet, so wie ich es hier zu meiner Verblüffung mit der Segnung der Autos und Motorräder erlebt habe. Oder ob sie nicht, umgekehrt, das Jägervolk zur Schonung der Natur ermahnen müsste.

Ein klitzekleines Zeichen, einen winzigen Hinweis dafür, dass die Kirche, wenigstens an bestimmten ihrer Festtage, und der Brauch, auf alles zu ballern, was sich regt und bewegt, nicht unbedingt kompatibel sind, fand ich im umbrischen Jagdreglement. Nach diesem war immerhin am 4. Oktober 2006 – dem offiziellen Todestag des heiligen Franz und zugleich dem ersten Welttierschutztag – auf dem Gebiet der Gemeinde Assisi (und nur auf diesem) die Jagd verboten.

Wenn Assisi als einer der ehrwürdigsten Orte der Christenheit auch nur an einem einzigen Tag die Jagd verbietet (während am Sonntag, den 24. und am Montag, den 25. Dezember drauflosgeballert werden darf; Sperrfeuer zur Geburt Christi?) – wäre dieser eine Ausnahmetag von Assisi nicht der Spalt, in dem die Kirche den Keil ansetzen müsste, um eines Tages diesen ganzen mörderischen Missbrauch einer einst notwendigen Tätigkeit (um von der Jagd als Kunst und also den «ars venendi cum avibus» zu schweigen) auszuhebeln? Wenigstens von ihrer Seite, mit ihrer Autorität, wo der Staat Italien sich nicht an die Lobby der Jäger herantraut?

Ich bedanke mich für Ihre Aufmerksamkeit und für jede Art von Antwort.

(Abgeschickt. Keine Antwort.)

So gehet denn hin in Frieden /
Und tötet die Tiere des Herrn.

Beim Stochern. ■ Ich mache mir jetzt mein eigenes Gesetz, denkt er. Wie die. Ich gründe einen Freistaat, denkt er, in diesem gelten die Gesetze, die für mich günstig sind.

Er steht bei einem Feuer, auch wenn es um diese Jahreszeit verboten ist. Auf der Straße, also quasi öffentlich. Es ist meine Straße, sagt er sich.

Er sieht, wie der Fiat Panda des Feuerwächters sich anschleicht, halb verdeckt stehen bleibt. Er stochert demonstrativ im Feuer, kehrt mit der Gabel die Glut zusammen. Er hat das im Griff, deutet er dem andern an.

Und wenn der nun herunterkommt?

Dann würde er sagen: Ich mache ein Feuer. Ihr aber legt Brände.

Er würde auf den abgebrannten Wald deuten, die verkohlten Ginsterstrünke, die schwarzen Baumstümpfe.

Ist noch etwas?, würde er fragen. Nein? Also, verschwinde!

Denkt er jedenfalls beim Stochern, dass er so reden würde.

Wenn der käme.

Das Auto dreht ab.

Enigma of Arrival. ▌ Einer kommt an im fremden Land. Als ob er «an Land gehen» würde. Von früheren Reisen weiß er, dass hier Menschen wohnen. Diese Menschen haben eine andere Sprache, auch das weiß er, und das gefällt ihm. Es muss nicht alles sein wie zu Hause. Diesmal will er länger bleiben, auf unbestimmt. Der Immigrant geht davon aus, dass die Menschen in der anderen Sprache die gleichen oder ähnlichen Inhalte haben wie er. Andere Werte vielleicht, aber ihm zugängliche, verständliche. Er muss die Sprache lernen, dann wird er die anderen verstehen. Er vermutet sich weiterhin in Europa.

Dann aber ist alles anders als erwartet. Andere Inhalte. Ihm unverständliche Werte. Nichts geht hier so, wie der Immigrant es erwartet. Es ist nicht gerade eine Insel, auf der er gestrandet ist, aber sehr deutlich eine Halbinsel. Die ihm öfter den Eindruck vermittelt, sie gehöre nicht zu Europa, so wie er Europa versteht, als Staatengemeinschaft mit einem die Bundesstaaten verbindenden Wertesystem.

Er versucht aber, das zu verstehen, er ist schließlich zu Gast.

Er scheitert. Immer wieder. Steht vor einer Wand. Oder Wänden. Die andere Sprache, die er zu sprechen versucht, hat andere Inhalte, die Wörter bedeuten in der anderen Sprache nicht das Gleiche. Die denken anders! Der Immigrant akzeptiert die Verschiedenheit. Die Unterschiede sind viel größer, als von der geographischen Distanz her zu erwarten wäre. Geopolitisch Nachbarn, sind sie als Zivilisationen einander fremd. Um das Gefälle zwischen seinen freundlichen Erwartungen und seiner Befremdung zu überleben, nennt der Fremde die Einheimischen weiße Schwarze.

Es geht nun langsam besser. Er erwartet weniger. Er nimmt mehr an, als Weißer unter Weißen, die in Wirklichkeit Schwarze sind. Er wird sie auch in Zukunft nur bedingt verstehen. Das gehört nun dazu, damit kann er leben.

Erst mit der Zeit fällt ihm auf, dass nicht nur er sich fremd fühlt. Auch die da sehen ihn als fremd an. Er prüft den Blick, der auf ihm ruht. Er stellt fest, dass er ihnen noch fremder ist, als sie ihm fremd erschienen waren. Ja, auch er ist in ihren Augen ein Schwarzer. Kein weißer Schwarzer. Ein schwarzer Schwarzer. Und auch sie, sie werden ihn nie anders sehen können als durch den Filter ihrer Vorurteile. Und Erfahrungen.

Jemand sagt ihm: Es ist das Fremde in dir, das, was in deinem Schatten verborgen ist, das, was unter dem dir bekannten Teil deines Wesens ruht, das dir dieses nahe Fremde so schwermacht. Es ist vielleicht etwas von dir selbst, das dir in den anderen so fremd erscheint. Entdecke in deinem Schatten den Teil, der dir bisher verborgen war, und du wirst dich wundern, wie sehr gerade dieser Teil zu deiner neuen Umgebung passt.

Muss man sich fremd werden, um in der Fremde zu bestehen?

Gegen den Wind. ❙ Floh heute Abend das Gespräch (Geschwätz) und setzte mich auf die Piazza unseres Dorfes, vor das kleine Café. Ein Platz, den ich sonst niemals aufsuche, er ist mir zu öd. «Bar Centrale». Steht großspurig auf die Markise geschrieben. Neben mir ein paar Männer am Tisch draußen, die nichts konsumieren. Rundum ist fast alles schon dunkel. Die Markise hängt herunter, eine gestreifte Markise wie bei Sempé. Nur, so spießig-gemütlich wie in seinem Paris ist es hier nicht. Eher primitiv. Oder archaisch. Staubig und trocken. Aber es fällt einem Sempé ein, vielleicht auch nur, weil man hier, im Öden, auf diese Art von Gedankenspiel angewiesen ist.

Eigentlich doch ein schöner Platz, denke ich. Eine möblierte Wohnung: rundum Backstein, mittendrin das Gefallenendenkmal, Erster Weltkrieg, ledriges Gebüsch, ein paar Autos. Die Stimmen der Frauen von nebenan, die nicht in die Bar kommen. Sie sitzen auf einer Treppenstufe vor dem großen Haus und schwatzen. Ein Kind spielt und rennt auf den Platz. Eine Alte holt es zurück.

Die Männer beim Spiel. Hie und da werden sie laut. Dann gehen alle nach Hause, alle auf einmal. Die Uhr an meinem Handgelenk steht auf Punkt sieben. Das Plätzchen wird sofort ganz still. Vereinzelt ein Passant. Einer mit einem Lieferwagen, der spät etwas bringt; der Lärm, den sein Auto macht, füllt die Piazza bis zu den obersten Stockwerken, ich sehe hinauf, zu den Balkonen, Loggien, Arkaden. Die Metzgerei hat noch Licht. Auf dem Dach des Lieferwagens plärrt ein Lautsprecher. Jetzt geht auch in der Metzgerei das Licht aus.

Dunkelheit, grelle Straßenlichter leuchten auf. Stille. Wolken ziehen schnell. Ich sitze unter der Markise. Der Wind weht Abfall zu Kreiseln, ein Papierchen fliegt an der Kirchenfassade hoch. Ein Seufzen des Windes im engen Zwischenraum von Häusern (Backstein), der Kirche (Backstein), dem Palazzo mit der Loggia (Backstein) und der Piazza.

Als das Licht in der Bar Centrale angegangen ist und auf den dunklen Platz hinausfällt, findet die Erinnerung ein anderes Bild: van Goghs Caféterrasse auf dem Forum in Arles. Dort sieht man ein paar Passanten, und einen Kellner, der zwischen den Tischchen des Cafés serviert. Das tiefgelbe Licht füllt den Raum unter der Markise und benetzt, weiterfließend, das Pflaster. Gegenüber ein Eckladen mit Licht, und weiter an der Straße, die in die Tiefe führt, sind ein paar Fenster beleuchtet. Am dunklen Himmel stehen Sterne, weißgelb leuchtend, so groß, als hätte der Maler die Farbe mit dem Daumen auf die Leinwand gedrückt – Vorboten jener rotierenden Riesensterne, die er ein Jahr später, 1889, auf dem Bild «Sternennacht» malen wird. Das Licht auf der Caféterrasse von Arles kontrastiert warm zum kühlen Himmelslicht. Das da ist das menschliche Licht, meint er wohl, und dort das ewige. Man schaut auch von dieser Caféterrasse unwillkürlich zum Himmel.

Bei van Gogh ist es windstill. Ein Baum gegenüber dem Café streckt seine Äste unbewegt ins Bild hinein, die Hälfte eines Schirms, eine Art Markise –

Man sollte öfter dem Wind nachhängen, denke ich. So ganz unangestrengt wie jetzt. Vergänglichkeit, im Kreisen der Papierchen auf dem Pflaster. Wie heißt der Film, wo einer anscheinend endlos dem Auf und Ab einer Plastiktüte zusieht, die vor einem Hoftor vom Wind zum Schweben gebracht wird? Ein philosophischer Moment, Übergang vom Zielgerichteten zum Ziellosen. Die Papierchen werden noch lange drehen und kreisen, auch dann, wenn ich ihnen nicht zusehe.

Es braucht mich nicht. Ich kann mich leicht wegdenken von diesem Bild, ganz leicht: der Platz vor der Bar Centrale ist leer. Es fehlt nichts. Das Licht bleibt an, dieses Licht eines ganz gewöhnlichen Abends, das noch einen Schimmer auf dem Platz, dem Gefallenendenkmal, der Kirche zurücklässt. Während die Bar schon erleuchtet ist, wie eine köstliche Insel, herausgehoben, leer.

Acker im Ohr. ▮ Einer bohrt im Ohr und riecht an seinem Finger. Bitte sehr, so etwas tut man ganz unwillkürlich. Dieser da stutzt, weil er eine Art Balsam riecht. Balsam? Ein Geruch nach Heu, Stroh, gehäckseltem Ginster, Currykraut, Macchia, nach Erde und Wachstum. Nach Hitze. Das bleibt wochenlang. Das kommt vom Traktorfahren mit angehängtem Mulcher. Vom Staub, den er aufgewirbelt und der sich in seinem Ohr abgesetzt hat. Man sollte nicht unterschätzen, was so ein Ohr alles kann. Der Geruch begleitet ihn nach Berlin und an die polnische Grenze, wo er ihn in Fürst Pücklers Park mit dessen gemähten Wiesen vergleichen kann. Mein Land, denkt er, mein Stück Land und wie es duftet; es ist, wie es auf der Pyramide in Branitz heißt, mein «Aussichtspunkt einer fernen, neuen Welt». Ein Teil von mir geworden. Terra. Sommer. Acker im Ohr. Das möchte er nicht mehr missen. Das wird er nicht vergessen.

Septembersong. ❙ Ich saß vor dem Haus und blickte über die abendlichen Wiesen, durch die Bäume, ins Tal. Ich saß mit einer Flasche Rotwein und einem Glas; der Wein schimmerte im schrägen Licht, Zeit verging, und ich dachte, dass ich in diesem Augenblick glücklich sein könnte.

Wie geht es euch?

Es geht, es geht besser. (Schrieb ich.)

Seid ihr zufrieden?

Manchmal fühlt es sich schon fast so an.

Also ihr bleibt?

Was für eine Frage.

Bleibt ihr?

Wir bleiben.

Wie lange?

Vorderhand.

Wie lange ist das?

Was fragst du, in unserem Alter …

Ihr habt kämpfen müssen.

Wir haben gekämpft.

Hat es sich gelohnt?

Wenn wir abends so vor dem Haus sitzen und in die Hügel schauen, sind wir nicht unglücklich.

Es hat sich gelohnt, am Ende?

Wir haben Erfahrungen.

Ihr möchtet diese Erfahrungen nicht missen?

Nein. Sie haben uns erfahrener gemacht.

Würdet ihr diese Erfahrungen noch einmal machen wollen?

Nein.

Warum nicht?

Wir hätten statt dieser Erfahrungen gern andere Erfahrungen gemacht.

Wohnt ihr noch, oder lebt ihr schon?

Um mit einem anderen Kalauer zu antworten: Nur die Zufriedenen sind zufrieden. Im Ernst: Wir haben ein Dach über dem Kopf. Unter diesem fühlen wir uns zu Hause. Wir wohnen und wir leben. Wir leben, wenn wir über das Land gehen und sehen, was wir verändert haben. Wir leben mit Gästen, und leben oft auch bei unseren italienischen Freunden im Tal.

Würdet ihr das Heimat nennen?

Um diese ewige Heimat-Fragerei ein für alle Mal zu beenden: Heimat ist dort, wo man aufgewachsen ist. Zwischen fünf und dreizehn, so ungefähr, nach den entscheidenden Prägungen des Kleinkindes, die über den Charakter entscheiden, und vor den Frustrationen der späteren Schulzeit, der Pubertät und dem Eintritt in die Erwachsenenwelt, bildet sich Heimat. Meine Meinung. Es ist die Heimat, die auch der innerste Kern von Erinnerung ist. Ganz abgesehen davon, dass andere Menschen, und hoffentlich ein Leben lang, eine Geborgenheit ähnlich von Heimat vermitteln können ...

So weit hatte ich notiert, als ich durch Motorenlärm aufgeschreckt wurde. Es war ein Samstag im September, am späten Nachmittag. Da war wohl wieder ein Motocrossfahrer im Olivenhain.

Ich ging den Hang hinunter an den Zaun, um nachzusehen. Der Zaun dort war von oben nach unten durchschnitten, die Spanndrähte gekappt.

Die Stelle, wo der Zaun aufgeschnitten worden war, liegt etwa vier Meter neben einem Gatter, das immer offen steht.

Essenz der Bittermandel. ∎ «Gott sei Dank geht alles schnell vorüber», sagt der Dichter Bert Brecht, «Auch die Liebe, und der Kummer sogar. / Wo sind die Tränen von gestern Abend? / Wo ist der Schnee vom vergangenen Jahr?»

Das Gedicht heißt nicht «Die Wohltaten der Vergänglichkeit». Aber hier kommt es einem in den Sinn. Hier, an der Hangschulter des Monte Torre Maggiore bei Terni, von dem das Wasser zu kommen scheint, dem dieser Ort sein Leben verdankte: Quellwasser von der Oberfläche und Thermalwasser aus der Tiefe. Wir wissen heute wieder, was Wasser wert ist.

So blieb die Stadt, die Schöne, nicht nur nützlich als Stützpunkt an einer Hauptstraße des Reichs. Sie wurde windumspielte Sommerresidenz und Ausflugsort für reiche Römer, ein Badeort in den Bergen. Sie verfügte über ein Theater, eine Arena, Basilika, einen Tempel, Plätze und einen im dunklen Eichenschatten gelegenen Friedhof. Eine Stadt, die heute den Vorzug hat, nur noch in der Einbildungskraft des Besuchers zu existieren.

Carsulae. Es wurde noch in republikanischer Zeit, im 3. Jahrhundert v. Chr., gegründet und wurde bedeutend mit dem Ausbau des westlichen Astes der Via Flaminia, 220–219. Mit Augustus wurde Carsulae *municipium*, also Stadt mit römischen Bürgerrechten. Der Kaiser ließ das Forum, das Amphitheater, den marmorverkleideten dreitorigen Bogen, Zisternen, die Thermen und die Nekropolis bauen, den Decumanus maximus und die Wohnhäuser einer blühenden Stadt – Carsulae hatte sein Goldenes Zeitalter.

Es dauerte nicht lange. Heute weht der leise Wind durch das hoch stehende Gras, wellt es, lässt es rollen. Ein paar niedrige Ruinen, grauer Stein, Trümmer, herumliegende Quader.

Dies, Wanderer, ist der Ort, wo du dein Leben bedenkst. Du hörst den Ruf des Fasans, allerhand Vögel, unter ihnen eine schimpfende Amsel, und von weit die modernen Geräusche aus dem entfernten Tal. Città Ideale im Wortsinn. Eine Stadt, die nur noch aus ihrer Idee besteht, abstrakter als Pompeji, noch verträumter als Ostia Antica. Das Gebaute im Zustand der Phantasie. Alles schwankt zwischen Anschauung und Illusion, wird fassbar, bleibt doch Vorstellung und löst sich auf in Wohlgefallen. Das heißt: in Luft. Wie jenes Mosaik, von dem die Kustodin erzählt: einmal müsse es hier gewesen sein, das Mosaik, das an diesem meerfernen Ort vom Meer erzählt haben soll:

Fische, Schiffe, Delphine. Nicht mehr da. Nicht aufzufinden. Gestohlen, entführt; verschwunden.

Carsulae wird zu deinem Lieblingsort. Du setzt dich auf einen Stein, du siehst Grundrisse, Tribüne, Treppen, Teile der Bögen, ein Grabmal viel schöner als das der Cecilia Metella in Rom. Du bist der Baumeister, der die Stadt wiederaufrichtet. Und jetzt hörst du auch die Kolonnen der Legionäre, ihren metallklirrenden Schritt.

Carsulae ist lange schon stumm, schon seit bald zweitausend Jahren. Es schweigt über seinen frühen und endgültigen Untergang – mag es ein Erdbeben gewesen sein, das die Kalkhöhlen dieser Karstlandschaft zum Einsturz brachte und die Stadt darüber versinken ließ, oder vielleicht einfach seine überhandnehmende Bedeutungslosigkeit, als der Ostast der Via Flaminia über Terni, Spoleto und Bevagna kürzer erschien.

Stille. Keine Chronik verzeichnet die Stadt. Einmal, etwa im 4. Jahrhundert, hat man die kleine römische Basilika dem San Damiano geweiht, dann wieder Jahrhunderte der Ruhe. Im 16. buddelte Herzog Federico Cesi aus dem nahen Acquasparta ein wenig, im 17. auch Papst Pius VI. Aber erst ab 1951 wurde systematischer gegraben, was nicht heißt: allzu heftig.

Du sitzt auf deinem Stein, zwei, drei einzelne Besucher außer dir sind da. Im kleinen Museum beim Eingang sahst du den löchrigen Bleisarg eines römischen Mädchens, wie verbeultes Dosenblech, eine schmale, kurze Schachtel. Du denkst an die tote Stadt, und an deine Toten. Und, mit jähem Schmerz, an die im Leben Abgeschiedenen. Stille. Ein Schäfer geht hinter seiner Herde durch das hohe Gras.

Du siehst in das Laub der Eiche über dir auf, trocken raschelnde Blätter, für die Laub nicht das richtige Wort ist. Man hat ihn für sich allein, diesen Ort, an dem man die Endlichkeit akzeptiert und den Tod aushält.

Essenz der Bittermandel. Am einen Ende das Marzipan. Am andern das Zyankali.

3

Italienvergiftung. ❚ Was macht es denn, dass man kommt und wiederkommt? Eines Tages bleiben will? Was ist das denn, dieser Hang und Drang in das geliebte, verfluchte Land, diese zwanghafte Rückkehr, diese Krankheit, die ich nicht anders als Italienvergiftung nennen kann?

Was ich weiß: es hat früh angefangen. Wie bei den meisten. Damals, in den Kindheitstagen, im allgemeinen Aufbruch der fünfziger Jahre, mit den ersten Autos, Gotthard, Tremola, Tessin. Und von den oberitalienischen Seen dann ans Meer.

Ans Meer!

Das war so etwas wie Tchechovs «Nach Moskau!». Sehnsucht vor der Erfahrung, wie eine Gemme in ein einziges Wort gefasst, ein Ruf, noch ohne Echo.

Eines Tages fuhr man, früh am Morgen. Die heimischen Nebel, der Nieselregen, die Kälte halfen beim eiligen Aufbruch. Es ging in das andere Land, in die Trockenheit. Alleebäume standen staubig am Weg. Hügel streckten sich, eine endlose Ebene. Aber wo war das Meer? Es wurde versprochen hinter dem nächsten Hügel, am Ende der Ebene. Hinter dem Hügel lag ein Dorf und ein weiterer Hügel, am Ende der Ebene fuhr man in eine Stadt, in der es rot, heiß und laut war.

Und das Meer?

Bis es dann plötzlich da war, eine Überraschung trotz aller Erwartung. Flach heranrauschend das Wasser, zum ersten Mal ohne ein anderes Ufer, nur dieses eine, flache, das sich im glasigen Dunst verlief. Es war die Adria, man konnte in kurzen Hosen weit hinausstelzen, ohne nass zu werden. Sand unter den Füßen, die Kiesel gewohnt waren. Die Wellen brachen sich aufschäumend und rollten glasdünn aus, wie Gelatine, Sand leckende Zungen. Nasse Holzstückchen lagen am Saum des Wassers, Tang und Muschelschalen.

Und dann das Schwimmen. Das Salz im Mund war, obwohl man es gesagt gekriegt hatte, eine merkwürdige Überraschung. Dann, als man ein bisschen sicherer war, das Liegen und Treiben auf dem Rücken. Ja, die Mutter hatte nicht übertrieben, das Wasser trug einen wie von selbst.

Das Meer ist keine Erfahrung unter anderen. Es ist eine Bewusstseinsvergiftung. Ich tauchte von da an in jedes Meer, das ich erreichte.

Bin ich dadurch schon dazu verurteilt gewesen, so spät im Leben einem Signal, einem Aufbruchsgedanken zu folgen? Noch einmal alles über Bord zu werfen, immer noch nicht klug geworden durch frühere Fehlentscheidungen und überstürzte Abbrüche?

Ich saß nun in einem römischen Salon. Draußen die lärmige Nacht, das An- und Abschwellen der Sirenen der Polizeiautos, die auf dem Weg zum nächsten Pizzabäcker waren, das Heulen der Krankenwagen.

Eine Flasche war es mindestens gewesen. Mit dem Wein wurde mir heller und wärmer. Die Unsicherheit schwand, Mut schwoll. Später am Abend eine hüpfende Daseinsverwegenheit. Ich beschrieb Zettel mit Wörtern. Hie und da trat ich, das Glas in der Hand, auf die nächtliche Terrasse hinaus.

«Ausgerechnet Italien.»

Zwei Wörter konnten jetzt einen ganzen Roman bedeuten. Einen luziden Essay. Den Titel eines langen Gedichts.

Drunten auf der Straße schieferte es lange, endlos – dann krachte es, scherbelte, war still. Die Kreuzung der Ludovisi mit der Aurora ist jederzeit für eine Karambolage gut.

«Ausgerechnet Italien!» Eine solche Notiz war am Abend, wenn sie mit großer Schrift auf dem Zettel stand, die Keimzelle einer ganzen Lebensgeschichte. Am Morgen drauf: zwei tote Wörter. «La sera leone, la mattina coglione», hatte einst ein piemontesischer Wirt gesagt, als wir uns nach nächtlichem Gelage am Morgen zum Kaffee schleppten, abends ein Löwe, morgens nur noch ein Schafseckel.

Ich versuchte, mich daran zu erinnern, was ich gedacht hatte, als ich das Wort «Bewusstseinsvergiftung» geschrieben hatte. Kontamination durch Erinnerung?

Ein Mädchen in Stöckelschuhen mit Lederriemchen und einer hochgetürmten Frisur im Gegenlicht in einer steil abfallenden Gasse zum Brunnen auf der Piazza del Tritone: das reicht schon. Die Infektion bricht wieder aus.

Das Rauschen eines Brunnens genügt manchmal.

Italienvergiftung. Sicher, am Anfang war das Meer, dann, halbwegs erwachsen geworden, kam etwas anderes hinzu: die Tür, die sich öffnete und den Blick in die Vergangenheit freigab. Ruinen, die dank kundiger Führung zu sprechen begannen, Bilder, die anfingen zu erzählen.

Villa Adriana. Nach der Besichtigung sitzen wir mitten im Winter an wärmender Sonne in der Trattoria, unter einer Pergola mit knistrig getrocknetem Laub. Der Kellner, Alltagskluft mit vorgebundener Schürze, bringt die Schüssel mit den Spaghetti, es ist Stolz dabei, wie er die Schüssel trägt. Dazu eine Saucière mit roter Tomatensauce, er gießt sie über die Teigwaren, reibt Käse darüber, mischt und richtet väterlich jedem einen Teller her.

Die Sonne scheint in der Karaffe noch einmal auf, ein kleiner, hellgelber Ball. Das Wort Frascati.

Die Vergiftung setzt sich fort. Ein Hasenschlegel im falschen, im ungeschützten Moment. Eines Nachts auf einer Terrasse am Epomeo. Um die Insel das Meer, am Tisch eine kleine Gesellschaft, B. und H., W., F. und noch einer, jeder irgendwie anders in den anderen verliebt, alle jung und hitzig, heiter und unglücklich. Weit unten das Glitzern. Sie sind zu Fuß heraufgekommen, albernd, tratschend, ganz unerschrocken vor dem, was alles noch kommen kann. Sind die einzigen Gäste.

Frühe sechziger Jahre, Ischia ist noch eine Insel, Forio noch ein Nest. Die alte Frau bringt Tagliatelle, dann Coniglio, und Brot. Hasenschlegel, lange geschmort, Rotwein, Rosmarin, Schalotten, Karotten, Knoblauch, Salz und Pfeffer, ein bisschen Peperoncino, das ist die tödliche Mischung, zusammen mit der Liebe, in der sich alles verliert, und dem Mond.

Ich sehe die Fahne der Republik im Scheinwerferlicht dort drüben auf dem Turm des Quirinale, die Lichter eines Helikopters, der sich dröhnend aus dem Park des Präsidenten erhebt.

«Ausgerechnet Italien.»

Vor einem Jahr im Herbst in Talamone. In der kleinen Bucht waren die Ruderboote und Pedalos auf den Strand gezogen worden. Zwei junge Männer spritzten sie mit einem Schlauch ab.

An der Strandbude saß ein Mädchen im roten Bikini an der Sonne und las. Ein Radio lief. Ich trat hinzu und verlangte einen Campari. Sie lächelte, stand auf, ging hinter den Tresen, stand auf den Zehenspitzen und reckte sich zwei Handbreit vor meinen Augen zu dem Regal über ihr, auf dem die Flasche stand. Mein Auge war auf der Höhe ihres Bauchnabels. Heller Flaum. Ich spürte meine Lippen auf ihrem flachen, sonnenwarmen Bauch.

Es braucht fast nichts, um deinem Leben, in dem du der Steuermann zu sein glaubst, einen anderen Kurs zu geben. Vielleicht hat schon ein einziger Biss in einen reifen Pfirsich im Sommer 1954 in einem so unsäglichen Ort wie Milano Marittima dazu gereicht, dich bis auf diese römische Terrasse hinzuprogrammieren.

Bar aux Folies. ▌ In einem umbrischen Landstädtchen, Bevagna. Es geht gegen Mittag. Ich lehne an einer Theke aus weißem geäderten Marmor. Assunta hat eben geöffnet, sie ist am Aufräumen, am Herrichten, am Vorbereiten.

Vor ihr war ein Bote da, der Wein gebracht hat. Er hat den knappen Platz neben den drei Tischen mit Weinkartons vollgestellt. Und ist dann abgehauen. Das hätte er nicht tun sollen. Maria Assunta hat ihn angerufen und ihm die Kappe gewaschen, ihn noch einmal herbestellt: er solle ihr den Wein gefälligst in den Keller bringen.

Mir hat sie einen weißen Südtiroler vorgesetzt, Elena Walch, einen Riesling aus dem berühmten Gut. Ich bin ein ungeduldiger Gast, oder ich versuche, so zu tun, versuche, mich wichtig zu machen. Ich verfolge jede Bewegung, die sie macht, es geht darum, meinen Stand vor dem Tresen mit einem Glas zu legitimieren, ich muss meine Anwesenheit sichern.

Assunta saust in ihrem knöchellangen Zigeunerinnenrock zwischen dem Schankraum und ihrem Hinterzimmer hin und her, stürzt sich hinaus auf die Gasse und rückt die Blechtische und Stühle zurecht. Spannt die Sonnenschirme auf. Die Autos schieben sich einen halben Meter vor ihren Tischen vorbei. Sie nimmt innen den Boden feucht auf. Ich trete zur Seite.

Es erinnert mich ein bisschen an Paris, dieses Schönmachen und Auftischen, diese Geschäftigkeit einer attraktiven Frau, die ihren Laden für die Gäste bereitmacht. Wenn sie einen Augenblick hersieht, sieht sie aus wie Nofretete: die schwarz geschminkten Mandelaugen im schmalen Gesicht.

«Ist das für dich normal», rufe ich in den hinteren Raum, wo sie, für mich unsichtbar, herumfuhrwerkt, nehme also einen Faden auf oder erfinde einen, ob sie das normal finde, schreie ich, dass man hier wegen jeder Versicherungsprämie, die fällig wird, auf der Agentur vorbeigehen muss. «Warum schicken die keinen Einzahlungsschein», rufe ich in das Halbdunkel hinter dem Durchgang, «warum können die ihre Prämien nicht wenigstens per Bankauftrag erheben?»

Ich hätte auch etwas anderes fragen können.

Assunta kommt nach vorn, wischt sich die Hände ab, zuckt mit den Schultern. Dann sagt sie, was alle immer sagen: «È così.»

Nichts habe ich hier so oft gehört wie dieses «è così». Der umbrische Rosenkranz, um nicht zu sagen: Leier.

Es ist so. Es war so. Es ist immer so gewesen. Es wird immer so sein.

È così.

Ich insistiere.

«Was ist das für ein Land», sage ich, «wo man nicht einmal eine Versicherungsprämie per Post bezahlen kann? Wo keine anständigen Rechnungen ausgestellt werden, wo es keine Einzahlungsscheine gibt, man keine Zahlungsfristen definiert? Wo jeder einfach die hohle Hand macht?»

Na ja, was soll sie schon sagen. Sie zuckt noch einmal mit den Schultern.

Mir fällt ein Argument ein, das ich für schlagend halte.

«Assunta, stell dir nur mal vor», sage ich auftrumpfend, «was allein das Prämien-bezahlen-Fahren zu all den Versicherungen für ein Verkehrsaufkommen erzeugt!»

Ich war von mir beeindruckt.

Sie nicht. Sie kennt das alles zur Genüge.

«Siamo un paese di burattini.»

Wir sind ein Volk aus Hampelmännern. Sind Kasperle.

Nichts ist hier ernst, heißt das wohl auch, und deswegen ist hier nichts, wie es sein sollte. Das stellt sie ohne besonderen Ärger oder Zerknirschung fest. Sie tönt nur ein wenig resigniert. Assunta schämt sich hie und da für Italien. Silvio Berlusconi hielt sie immer für eine Katastrophe. Sie hat einmal einige Monate in Paris gelebt, sie war in der Schweiz, kürzlich in Shanghai; sie hat im Gegensatz zu der überwiegenden Mehrzahl der Menschen um sie herum eine Ahnung davon, wie Italien von außen her aussieht.

«Lu centru del mundu» heißt eine Kneipe an der Landstraße nach Foligno. «Zum Nabel der Welt». Denn dieser Teil oder Ort Umbriens ist der geometrische Mittelpunkt der Halbinsel. Sagen sie. Italien, heißt das, würde im Gleichgewicht bleiben, wenn man seinen Umriss aussägt und an diesem Punkt an die Wand nagelt. Dass dieses Zentrum im lokalen Dialekt benannt wird – lu centru – und dass es gleich das Weltzentrum sein muss, als liege Italien auf den Globus bezogen wiederum in dessen geographischer Mitte, sagt alles über das Selbstbewusstsein der Hiesigen. Man ist ganz unerschütterlich bei sich selbst.

Maria Assunta schenkt von dem Riesling nach, seine Herkunft erinnert mich daran, dass Ränder oft anziehender sind als Zentren.

Maria Assuntas Bottega ist ein erstklassiger Treffpunkt und nicht zu vergleichen mit dem spartanischen «Centru del mundu». An den Wänden, in deckenhohen Regalen lagern die schönsten Weine der Gegend und aus ganz Italien. Einige Flaschen kommen aus Frankreich. Sie hat ein Sortiment von Whisky, eine Auswahl Rum, führt Cognac und Armagnac. Daneben ausgesuchtes Olivenöl, schwarze Trüffel in Gläsern, Linsen aus Castelluccio und die winzigen weißen Böhnchen vom Trasimenischen See.

Und außerdem stehen da Blumensträuße, Wildblumen und Zweige. Man kann Assunta in den Hügeln antreffen, wie sie nach dem Grünzeug sucht. Und alle freien Flächen der Wände voller Fotos, Postkarten, Plakate: Umbria Jazz Festival, darüber das tiefernste Gesicht von Pier Paolo Pasolini.

Assuntas Bottega liegt an der Hauptstraße, knapp vor der Piazza. Die kleine Weinbar, die mit ihrem Hinterraum in die Tiefe des Hauses geht und nach vorn eine simple Tür und ein daneben liegendes kleines Schaufenster hat, entspricht genau der antiken römischen

Taverne. Es gibt auch in der Architektur Dinge, die man niemals verbessern muss.

Wenn es warm genug ist, einige Monate im Jahr, kann man auf dem Corso Matteotti vor ihrer Tür an der Sonne sitzen. Bei Maria Assunta trinkt man Flaschenwein, auch glasweise. Ihr Landschinken kommt von einem guten Lieferanten in den Bergen, und manchmal auch aus Spanien. Der Käse von kleinen Produzenten aus der Lombardei. Das Holzofenbrot wird am Morgen in der Bar nebenan abgegeben. Die Weingläser sind von Riedel. Unter dem Geschirr liegen Sets. Wasser bringt sie in einer Keramikkaraffe.

Nebenan, in Annas Bar, sitzen die Männer, die nichts konsumieren und Maulaffen feilhalten. Annas Bar hat eine Gelatitruhe, die sie im Winter wegräumt; gegen Weihnachten kommen Glitzersterne und rote Weihnachtsmänner auf die Kühltruhe, und an Ostern die garantiert nach traditionellem Rezept hergestellten Panettonetauben aus der Fabrik, die famosen Colombe. Annas Bar mit ihrer möglicherweise echten römischen Säule davor ist die klassische italienische Bar. Auf der Kaffeemaschine (Cimbali) steht der Spruch «Il caffè ... quello vero ... si beve nel bar». Ja, den wahren, den guten Espresso trinkt man hier in der Bar. Es gibt einen Getränkeschrank, eine zweite Eistruhe, den stets laufenden Fernseher und das in einer Vitrine wartende Gebäck.

Auf dem Klo hat Anna einen Zettel angebracht: Nur für Gäste!

«Es macht mir nichts aus», sagt sie, «wenn Leute von der Straße kommen und schnell aufs Klo wollen. Aber dass sie hier durchkommen und mich nicht einmal grüßen, das geht mir zu weit.»

Annas Bar ist die richtige Bar für den schnellen Caffè, den Campari, den Cappuccino, den Analcoolico. Hier liegt der *Corriere del Umbria* aus. An der Wand die Fotos von Bevagna, wie es einmal war, einmal gewesen ist, als noch zwei Ochsen vor den Bauernkarren gespannt wurden.

Vor Annas Bar kann man auf der Piazza sitzen, und also ist Annas Bar ganz unabdingbar; man will hier an Sommerabenden nicht aufhören zu sitzen, wenn nachts die roten Scheinwerfer die Piazza und Kirchen und Palazzi erhellen, Erwachsene schwatzen und Kinder, die nie ins Bett müssen, auf dem Pflaster spielen.

Assuntas Bottega ist die Erinnerung an die Welt, aus der man kommt, wenn man aus Europa, aus dem Norden nach Italien kommt. Assuntas Bottega könnte genauso auch in Mailand sein, in Rom um die Ecke beim Pantheon oder in einer Gasse von Florenz. In Assuntas Enoteca ist die Welt zugange. Annas Bar Colonna ist ganz und gar Italien. Hier gibt es keine Spezialitäten. Der Wein ist, wie er ist, und man erlebt die berühmten Wonnen des Gewöhnlichen. Zu Assunta kommen die Verwöhnten und die, die es werden wollen. Zu Anna kommen alle.

Ich glaube, der Unterschied zwischen Anna und Assunta ist der zwischen Indikativ und Optativ.

Bei Anna ist es, wie es ist.

Bei Assunta ist es so, wie wenn man sich einen Wunsch erfüllen möchte. Eine Art Sehnsucht liegt in der Luft.

Ich möchte mich nicht zwischen Anna und Assunta entscheiden müssen.

Es sind ja nicht nur der Wein, die Fotos, die Blumen, die Musik, Jazz oder französische Chansons. Assunta hat ihre Welt mit Bücherstapeln befestigt oder vermauert, mit Wällen von Kunstbüchern, Zeitschriften, mit jenen Sondereditionen, den Reihen und Mappen: La Storia dell'Arte, den «Grande Pittori», den bedeutenden italienischen Fotografen. Auf dem Klinkerboden stapeln sie sich zu Türmen, die Meister des 20. Jahrhunderts, die Klassiker der Moderne.

Assunta hat eine Sehnsucht nach Bildern, eine Sehnsucht nach Schönheit. Nach jener entfernten Schönheit, wie sie nur die Maler liefern können, einen Hunger nach jenen anderen Farben eines Daseins, nach Farbe, wie sie erst seit der Moderne, seit dem Impressionismus, dem Expressionismus und den Meistern der Abstraktion in Erscheinung getreten ist, Bilder als Vorwand für Farbe. Farbe als Thema, so wie Cézanne das gesagt hat: «Ein Bild stellt nichts dar, soll zunächst nichts darstellen als Farben. Ich hasse all diese Geschichten, diese Psychologie, dieses Getue.»

Assunta liest keine Kunsttheorie und hat nur wenige dieser Bilder im Original gesehen. Sie will sie hier um sich haben. Alle, alles Mögliche. Die Bücher sind hier angekommen wie Boten, ein Hermes hat sie abgegeben, auf der einsamen Insel.

Assunta hat eine Sehnsucht, und die Sehnsucht hat die Farben von Picasso, von Manet; von Miró vielleicht oder von Renoir. Eines ihrer schönsten Bücher ist ein großformatiger Band mit dem Text von Hemingways *Fiesta*, begleitet von Gouachen von Picasso, seinen Pinselzeichnungen zur «Tauromachia». Das Buch, antiquarisch erworben, hat der erste Besitzer einbinden lassen, und nun sind die Seiten nicht mehr in der Reihenfolge. Der Titel kommt erst nach einigen Textseiten. Es ist ein Buch, das eine Geschichte hat, eine unaufklärbare.

Assunta, ein solches Buch in der Hand, teilt mir ihre Begeisterung mit. «Ma guarda, come è bello. Proprio bello!» Das letzte -e- ist eine ganze Kadenz.

Und Assunta fällt ein wenig in einen anderen Zustand. Nicht gerade in Trance, aber in eine Art Anwesenheitsabwesenheit. Sie verreist kurzfristig mit dem Bild. Bei Kennern, bei den Gewieften und Abgebrühten kann man so etwas nie sehen. Ich beneide sie. Manchmal denke ich, dass die Maler ihre Bilder für genau diese Art von Betrachtern gemacht haben. Dass alle Mühe ihrer Herstellung, die Verzweiflung, der Schmerz, das Opfer des Lebens und schließlich der Triumph des Gelingens durch sie belohnt wird.

Unweigerlich kommt mir hier eines von Manets letzten Bildern, sein «Bar aux Folies-Bergère» in den Sinn, eines seiner rätselhaftesten Bilder. Das blonde Mädchen – obwohl Assunta alles andere als

166

blond ist, und schon schiebt sich über mein Bild von Assunta hinter ihrem Marmortresen das Bild ihrer blonden Tochter Silvia – hinter der Anrichte mit den Getränken, den Champagner- und Bierflaschen, den Likören und der Schale mit Früchten, oder ist es Gebäck?, dem hohen Kaffeeglas, in dem zwei Pfingstrosen stehen. Im Spiegel hinter der Mademoiselle sieht man auf den Balkon des Folies-Bergère, Publikum, eine Dame mit einem Lorgnon, man sieht den Kristalllüster und einen Herrn, besser den Schemen eines Herrn, der mit dem Schankmädchen spricht.

Das Bild aber besteht im Wesentlichen aus dem Blick, mit dem das Mädchen dich, den Betrachter, anschaut. Die dunkle, auf Taille geschnittene Jacke, der mit Rüschen besetzte tiefe Ausschnitt, an dem ein Blumengebinde steckt, das schwarze Samtband um den Hals mit dem Medaillon, die blonde, über die Stirn bis zu den Augenbrauen gekämmte Frisur; das Dreieck, das die ganze Person bildet, indem sie sich mit ausgestreckten Armen auf den Händen am Rand des Marmors aufstützt – das alles ist Hinführung zum Gesicht, zu Mund, Nase, Augen. Und bei den Augen verharrst du, bei diesem Blick, der zugleich nach außen und nach innen geht, dem Blick, der dich sieht und allein lässt und ganz und gar in Frage stellt.

Tiefe Melancholie, auch so eine Art Anwesenheitsabwesenheit, Trauer – ein Schmerz vielleicht, der keinen geringeren Gegenstand hat als die Welt. Oder als dich. Und die Ahnung, vielleicht schon Erkenntnis, dass du, auch mit dem andern (oder gerade mit ihm), immer allein bleibst.

Vergiss es. Manchmal sitzen ein paar Frauen in der Bottega zusammen, am späten Nachmittag, vorzüglich im Winter, wenn es früh dunkel wird. Assu, wie sie in der Familie genannt wird, mit ihren zwei Schwestern. Die Mutter daneben, in sich gekehrt, eine Freundin, eine andere, die sich schön gemacht hat für den Weg in die Bottega. Manchmal trinken sie Tee, mit spitzen Fingern und aus großen

Tassen. Assuntas Kreis, so würde ich das nennen, und in diesem Augenblick braucht es keinen Mann, der am Marmortresen hängt.

Was da sitzt, ist kein Damenkränzchen, eher schon eine ernsthafte Verschwörung. Es geht darum, dass es ohne Männer auch ganz gut geht, eigentlich besser ohne diese ständigen Männer-Ansprüche, Anwürfe, Grobheiten, Probleme. Nun sind sie wirklich ein Centru del mundu, redend, konversierend, sie spielen so etwas wie einen Salon, einen Salon im Gehäuse im mauerumgürteten steinernen Dorf. Dann schweigen sie und blicken aus ihren Mascara-Augen. Denke ich.

Und ein wenig ist es wie bei Tchechov, denkt der heimliche Beobachter, der kurz durch die Glastür gelinst hat, Tchechov, ja, das ist das Parfum, das hier in der Luft liegt, jene drei Schwestern und ihre Sehnsucht. Und tatsächlich sitzt Assunta oft hier in ihrer Bude mit ihren zwei Schwestern Anna und Rita.

Nach Rom!, nach Rom!, könnten die hier sagen. Fort, auf und davon aus dem ewigen «È così», dem «Es ist so-Es war so-Es ist immer so gewesen-Es wird immer so bleiben». Nach Rom! Oder nach Paris ... oder nach London! Nach Petersburg ... oder nach Moskau –

Aber doch am liebsten nach Rom.

«Wie würdest du dich entscheiden», habe ich Assunta einmal gefragt, «wenn ein Gott dir folgende Wahl ließe und du hättest nur dreißig Sekunden, um für deine gesamte Zukunft zu entscheiden: Du musst auswandern, für immer, würde Gott sagen, und du hast zur Verfügung Rom, Paris, London. Also, Assunta, was würdest du sagen?»

Assunta brauchte keine dreißig Sekunden.

Sie sagte, ohne zu zögern: «Rom. Auf jeden Fall nach Rom.»

Es sind genau hundertfünfzig Kilometer von hier nach Rom. Im Übrigen ankern wir mit unserer Bottega direkt an der antiken Via Flaminia.

Führt diese nicht, und führen nicht bekanntlich alle Wege nach

Rom? Nur in der Sehnsucht ... Die Wege, die Straßen mögen führen, die Züge fahren, die Flugzeuge fliegen. Und sie führen, sie fahren, sie fliegen doch meistens ohne uns.

Aber an diesen Spätnachmittagen geht die Bottega Onofri am Corso Matteotti auf große Fahrt. Wenn es dunkel geworden ist draußen. Ein Kutter fährt aus, ein beflaggtes Dampferchen, eine bunt erleuchtete Barke. Alles Schwere fällt ab.

Hier in dieser Ebene war in Vorzeiten ein riesiger See, ein Binnenmeer, das Mare del Centru del Mundu. Auf seinem Wasser fahren wir nun durch die Nacht.

Im Innern des Kutters erkennt man uns, geschützt, eine Rotte, in unserer Kajüte, Kombüse, Trinkstube. Die Scheiben des Schaufensterchens sind beschlagen, beschlagen ist das Glas der Tür. Schwarz ist der See.

Drei Schwestern an Bord, ihr Leben wägend wie einen Stein, wie fühlt er sich an? Die Krümmung befühlend, den Lebenslauf, der hier begann.

Und aufhört?

Wir rücken näher zusammen. Jetzt schlägt Regen an die Scheiben. Wir sind unterwegs, und vorderhand in Sicherheit.

Fellini, das Meer, der Wind. ∎

Caro Maestro –

Sie hatten sich, einem fortgeflogenen Hut folgend, bei unserer Begegnung in Rimini eher grußlos aus dem Staub resp. dem Sand gemacht. Es war der Wind, der Sie davongetrieben und quasi in Luft aufgelöst hat, Ihr Wind, wohlgemerkt, Ihr ventus ex machina. Plötzlich waren Sie verschwunden, fort, eine Erinnerung, wenn ich so sagen darf, und damit dort, wo auch Ihre Figuren sind. Nennen wir den Ort, warum nicht, ruhig den «Raum der Kunst».

Ich habe inzwischen weiter fleißig Ihre Filme angesehen (ein Cineast würde sagen: analysiert), und die Ahnung, dass Wind ein Thema ist, das zu verfolgen sich lohnen würde im Hinblick auf Ihr Werk, hat sich nur bestätigt.

Der Wind, das hatte ich Ihnen damals noch nachzurufen versucht, der Wind, warum ist er Ihnen so wichtig? Ihr luftiger Abgang hat mich gezwungen, selbst ein paar Überlegungen anzustellen.

Ich komme auf die Bemerkung Ihres Tonoperateurs zurück, jenes «rumorista», Sie erinnern sich?, der überliefert hat, wie Sie ein reales Geräusch (Eisenbahn) durch ein quasi abstraktes (Wind) ersetzt haben wollten. Das haben Sie so oft und so ausdauernd gemacht, dass ich, verzeihen Sie, sagen darf: immer wenn es bei Ihnen metaphysisch wird – und das ist öfters der Fall –, greifen Sie in die Kiste mit den Windgeräuschen. Wind, husch, und ab geht es in eine andere Wirklichkeitsebene. Das ist einer der einfacheren Filmtricks, quasi eine akustische Überblendung, oder nicht?

Ich habe schon erwähnt: den langen, grandiosen Schluss von *Amarcord*, die Hochzeitstafel im Freien, am Strand (im Hintergrund das Meer, das oft im Zusammenhang mit dem Wind auftaucht, sofern ein Meer überhaupt auftauchen kann), der wahnwitzig in die Tasten greifende Akkordeonspieler (auch ein Stereotyp), die tanzenden Gäste. Ein Auto kommt, fährt mit dem Brautpaar davon. Wind, Sand, Fetzen von Musik, wieder Sand und noch mehr Wind.

Abgesehen davon, dass es am Meeresufer auch in der sogenannten Wirklichkeit eher windig ist – der Wind schließt hier als hörbare Klammer einen Film, der mit Magie und Verzauberung in die Vergangenheit eindringt und sie beschwört, heraufbeschwört und zu Bildern kondensiert.

Wenn eine Klammer geschlossen wird, muss sie erst geöffnet werden.

Sie erinnern sich gewiss: unmittelbar nach den Titeln, darunter (vielmehr: darüber) Nino Rotas Musik – wie viel verdanken Sie diesem Komponisten! –, der erste Windstoß: und es fliegen die «Mannine», die schneeflockengroßen Samen (von den Pappeln?, den Eschen?, den Erlen?, den Ulmen?), die den Frühling ankündigen. Der Wind weht sie über die Piazza, am Grand Hotel vorbei und bis ans Meer, wo die ersten Deutschen schon an der Sonne liegen und im Sprung ins Wasser tauchen.

«Vagano, vagano, vagano», sagt der Erzähler beschwörend von den Mannine, sie schweifen, streifen, wandern ... und ein neuerlicher Windstoß weht sie auf, bevor die Filmerzählung richtig beginnt.

Wind am Anfang, Wind am Ende – man braucht kein Cineast zu sein, um zu erkennen, dass der Wind ein erzählerisches Mittel ist, ein «naives», wenn ich so sagen darf, quasi eine akustische Auf- und dann zwei Stunden später eine Ausblende.

Sie sagt zunächst nichts anderes als: Es war einmal.

Der Wind, Ihr spezieller Wind, Maestro, sehe ich das richtig?, eröffnet und schließt Geschichten, gliedert die Erzählung, funktioniert als Überleitung. Zugleich aber bedeutet er mehr, bedeutet er Geschichte. Im Sinn von Historie. Und als solche das Auftauchen – und das Vergehen von Zeiten.

In Ihrem Film *Roma* – weniger Filmroman als Episodenfilm – erzählen Sie die Geschichte, wie ein Reporterteam, geführt von einem Ingenieur, tiefer und tiefer in die unterirdische Baustelle der neuen Untergrundbahn Roms eindringt. Dieses Eindringen hat durchaus das Pathos der technischen Leistung – zugleich aber auch etwas Frevelhaftes, etwas Unerlaubtes. Unter der Oberfläche Roms, sagt der Ingenieur, gibt es acht Schichten Vergangenheit; und der Bau einer Untergrundbahn ist unter solchen Umständen nicht nur schwierig, sondern auch fragwürdig.

Fortschritt als Zerstörung; auf dieses Ihr Thema wird noch zurückzukommen sein. Auf das, was Sie in den ersten paar Minuten von *Ginger und Fred* kurz und definitiv so sagen: *Wir* selbst sind die Zerstörung, der Müll und der Rauch, und wo wir waren, bleibt, mit Brechts Worten, «Der durch uns hindurchging, der Wind».

Als das Reporterteam in *Roma* beim Bohrkopf ankommt, muss dieser abgestellt werden: der Tunnel steht kurz vor dem Durchbruch in eine offenbar gigantische Kaverne. Aufgeregt verfolgen die Ingenieure die Annäherung über ein halbkugelförmiges Instrument gebeugt, man sieht eine Art Kompassnadeln unter einem Glasdom – ein Instrument, das an ein magisches Gerät aus Fausts Zauberküche erinnert.

Vorsichtig wird ein Durchstieg geöffnet, die Exploratoren steigen ein – in eine Märchenhöhle voll antiker Fresken. Noch während sie sie betrachten, anleuchten, ausleuchten, beginnen die Gemälde sich zu verfärben, kriegen Risse, zerfallen – werden gelöscht, ausgelöscht, durch die Luft, der ersten seit zweitausend Jahren.

Ein dramatisches Geschehen, und für mich die zentrale Stelle des Films: eine Anschauung davon, wie die Gegenwart die Vergangenheit niederbricht, eine Gegenwart übrigens, die der Vergangenheit nichts zu bieten hat.

Wenn man genau hinschaut – Replay! –, erkennt man, dass die Gesichter auf den zerfallenden Fresken jene der Eindringlinge sind. Sie begegnen sich selbst, über eine Distanz von zweitausend Jahren – der Fortschritt als Zerstörung, die jene mit auslöscht, die ihn vorangetrieben haben.

Könnte man deutlicher sein?

Ausgeschlossen, hier nicht an Walter Benjamins Engel der Geschichte zu denken, der, rückwärtsschreitend, die Trümmer (die Trümmer!) der Vergangenheit hinter sich lässt, indem er auf sie zurückschaut – wie Sie, verehrter Maestro, in *Roma* einmal mehr zurückblicken, auf das Rom der dreißiger Jahre – und das darunterliegende der Antike.

Nun, während die Fresken verschwinden (und damit beim Zuschauer einen geradezu körperlich zu empfindenden Schmerz erzeugen), hören wir, was wohl, Ihren Wind. Zum Eindringen der Luft von außen gesellt sich ein anderer Wind, Fellini, Ihre bevorzugte

Tonspur, der Wind der Zeit, der Geschichte, des Sterbens, Vergehens, der Auslöschung.

Der Budenzauber der Moderne hat den Zauber des Alten zunichtegemacht.

Ich denke, dass die Vergänglichkeit eines Ihrer Hauptthemen ist, und es ist ein Thema, das Sie außerhalb aller Trends (wie dem Neorealismo), aller Ideologien (Bertolucci!) stellt – und in der Filmgeschichte in eine Sonderposition. In gewisser Weise sind wir schon tot, während wir noch leben, sagen Sie, alles ist Illusion, Einbildung, die verfliegt. Eigentlich sind wir immer schon Vergangene.

Gefällt Ihnen die Gegenwart so wenig? Dies jedenfalls muss es sein, was Sie, lieber Fellini, damals nach 68 ins Off der Szene katapultiert hat (was Ihnen offenbar ganz egal war). Sie wollten nichts «verändern» – und doch haben Sie mehr hinterlassen als alle, die so sehr an der «Gesellschaft» interessiert waren. Sie haben es mehr mit den Leuten gehalten, also den Menschen. Merkwürdig, lieber Fellini, wie Ihre Filme, die so persönlich sind wie die keines anderen, nicht veralten, keine Zerfallserscheinungen aufweisen wie so manches andere, was zu Ihrer Zeit so gedreht wurde und mächtig erfolgreich war.

Haben Sie sich so viel mit der Zeit beschäftigt, dass sie Ihnen bis in alle Ewigkeit nichts anhaben kann?

Antworten Sie nicht!

Ich weiß, Sie sind anderweitig beschäftigt.

Fluss ohne Wiederkehr. ❚ Wir standen an der Via Ludovisi, unweit der Via Veneto, und sahen dabei zu, wie sie die Marmortheke aus dem Laden trugen, wie einen Grabstein, die Platte, über die während Jahrzehnten und für Generationen die Mortadella und der Wein, Brötchen, Reis, Vecchia Romagna, Weißwein und Butter geschoben worden waren. Die beiden alt gewordenen Brüder waren hinter ihrem Tresen hoch oben über den Kunden gestanden, die das Geld von unten über den Marmor schoben und dankbar Ware herunternahmen, dankbar dafür, bedient worden zu sein von einem dieser mürrischen Kerle, dem grantigen Brüderpaar, dankbar für den mäßigen Preis des weißen Corvo, dankbar dafür, hier sein zu dürfen, in diesem altmodischen Geschäft, in dem es noch nach Würsten roch und nach Seife.

Jetzt ging die Marmorplatte aus dem Laden, verkauft an einen Mailänder Antiquar. Sie wird wohl fortan einem dekorativeren Zweck dienen, so wie die große rote Schneidemaschine, die sofort einen Käufer gefunden hatte. Die Brüder schlossen den Laden, den letzten Alimentari an der Straße. Es hieß, sie seien reich geworden in ihren weißen Labormänteln, in denen sie in diesem feinen Viertel seit uralter Zeit gewirkt hatten. Seither sind die eisernen Rollläden unten, und man geht an dem ehemaligen Geschäft vorbei, als hätte es nie existiert. Ein Lederwarengeschäft, hört man, soll da jetzt hinkommen.

Rudolf Augstein ist tot. «Seinesgleichen werden wir nicht mehr sehen», hieß der letzte Satz in einem Nachruf. Der Satz hat mich beschäftigt. Wächst denn nicht immer wieder neu nach, was abgestorben ist? Andererseits, das Gefühl, «so etwas kommt nicht mehr, so etwas nicht», war mir vertraut. Augstein, um bei ihm zu bleiben, war ein Mann, der aus dem Krieg heimkam und sehr genau wusste, dass es zu so etwas nie mehr kommen durfte. Mit diesem Impetus gründete er den *Spiegel*, das kritische Gewissen Deutschlands, eine Zeitschrift, die sich durch alle Veränderungen treu geblieben ist. Noch heute bezieht sich der *Spiegel* in seinem Kern auf dieses «Nie wieder».

Wenn einer wie Augstein stirbt, stirbt mit ihm eine Welt. Es wird eine Tür zugemacht und zugemauert, wie jene Pforte am Petersdom, die Porta Santa, nur wird sich diese nie mehr öffnen. So war es auch beim Tod von Raymond Aron, von Indro Montanelli. Die großen Tiere sterben aus, und solche wachsen nicht mehr nach. So ist es in den Künsten. Und so ist es im Film. Was ist und was wird jemals ein Benigni sein im Vergleich zu Fellini? Was etwas so Unsägliches wie die neuen Modemaler Deutschlands im Vergleich schon nur mit Kirchner?

Ihresgleichen werden wir nicht mehr sehen, und natürlich nicht nur bei den Publizisten und Künstlern. Es wird «ihresgleichen» nicht mehr geben, weil es den Bezug auf ihre Herkunft nicht mehr gibt. Der Nachkrieg ist mit ihrem Tod erloschen. Die Neuen datieren sich nicht mehr von einer Stunde null her. Es geht nicht mehr um die Frage der nackten Existenz. Wir sind in der Zukunft angekommen, die nun Gegenwart heißt, eine nach allen Seiten floatende Zeitinsel – so eindimensional wie jene Vorstellung der Griechen, die für uns immer nur lächerlich war: die Welt würde aus einer Scheibe bestehen. Die globalisierte Jetztjetztgegenwartswelt ist zu genau dieser Scheibe geworden. Wir glauben, dass wir im Weltraum leben. Das ist aber nur Kino. In Wirklichkeit haben wir ein Bewusstsein wie Kinderkinder; wir sehen nicht weiter als bis an den Rand unseres Spielplatzes, und wir haben keine Ahnung davon, dass rundum die Welt untergeht.

Da passt es doch, dass in Rom Herr Severino Antinori uns den ersten menschlichen Klon versprach. Die Zeitungen, die es besser wissen, nennen ihn einen Scharlatan. Ich wäre vorsichtig mit dem Wort. Ist nicht die Geschichte der Erfindungen die Geschichte der Bastler? Wie wurde das LSD entdeckt? Glaubt ihr denn, in den Labors der Hightech-Industrie würde etwas anderes getan als gespielt? Es ist wieder wie bei der Atombombe, und auch diesmal beantwortet die Tatsache der Machbarkeit die Frage nach der Notwendigkeit. Wieder einmal ist der Zeitpunkt verpasst, an dem eine Untat hätte verhindert werden können.

Wir sind mit der Tatsache konfrontiert, dass der vervielfältigte Mensch machbar ist. Und es wird nicht darum gehen, dass man einem italienischen Mütterlein ihren zu Tode gekommenen Sohn ersetzt. Es wird einmal mehr um Auswahl gehen, um Selektion. Es werden keine Kolonialwarenhändler geklont werden, gewiss nicht, und kein Rudolf Augstein. Sicher kein Picasso, und nicht einmal Harald Schmidt. Es werden Selbstmordattentäter geklont werden, und Beamte.

Der verkaterte Stiefel. ▌ Als Nicolas Sarkozy in Frankreich Präsident wird, ist das in Italien eine Gelegenheit, sich selbst die neunschwänzige Katze überzuziehen, indem man über Frankreich spricht.

«In Frankreich überschreitet die öffentliche Verschuldung knapp 60 Prozent des Bruttoinlandsprodukts», schreibt Alberto Ronchey im *Corriere della Sera*, zwei Tage nach der Wahl, «in Italien sind es 105 Prozent, bei hohen Schuldzinsen.»

Die Schleusen stehen offen.

«Frankreich ist Erster, was die Hochgeschwindigkeitszüge betrifft, dies schon lange und mit dem ausgedehntesten Netz. In Italien, unter anderen jahrelangen Verzögerungen im Bau der Infrastrukturen, sind wir nicht nur ohne TGV zwischen Turin und Lyon – nein, wir fahren auf weiten Strecken noch eingleisig.»

Der ehemalige Finanzminister der Regierung Berlusconi, Giulio Tremonti, packt die Gelegenheit beim Schopf und wirft sich ins Getümmel. «Frankreich schlägt Italien 2 zu 0», schreibt er als Gastkommentator einer großen Zeitung. «Das erste Goal machte Royal. Das zweite Sarkozy. Der wahre Unterschied zwischen Frankreich und Italien ist nicht der zwischen links und rechts. Es ist der zwischen Alt und Neu. Die französische Politik ist neu. Die italienische alt. Die Wahlen in Frankreich waren in Europa die ersten *freien* Wahlen. Frei von den ideologischen Schemata und den Parteiapparaten des vergangenen Jahrhunderts.»

In Sarkozys Politik gebe es mehr als Rationalität, das französische *quelque chose de plus*, «etwas ganz Neues», meint Tremonti, «und doch für Frankreich Uraltes: der Bonapartismus. Eine mannhafte Politik, die aus der Provinz kommt oder von auswärts und die aus diesem Grund vertrauenswürdiger ist.»

Das tönt wie der Ruf nach einem neuen Korsen für Italien, aber auch wie das Mussolini-Gerede vor der Snackbar. Das tönt unangenehm, und es tönt ein bisschen verlogen aus dem Mund des Exministers einer Regierung, die außer großen Worten nicht viel zustande gebracht hat.

«Die Sterne Europas ordnen sich und bilden eine Linie mit den Sternen Amerikas.» Tremontis Tremolo. Können seine Leser vergessen haben, dass seine Regierung die italienischen Truppen an die Seite der amerikanischen in den Irak geführt hat? Dass man Italien ganz allgemein den «Flugzeugträger Amerikas» nennt? Sie haben es gewiss nicht vergessen. Sie hören höflich zu. Und so setzt Tremonti gleich noch einen drauf: Er sehe, sagt er, im Transatlantischen Bündnis «una nuova idea della civiltà dell'Occidente», einen neuen Entwurf der westlichen Gesellschaft.

Große Worte, und dahinter das übliche Hickhack, die ununterbrochene Schlammschlacht, das elende Gezerre und die tägliche Infamie, die jeweils noch knapp nicht einklagbare Beleidigung. Kaum Argumente, jederzeit Emotionen. *Bufera, strage, braccio di ferro*, das sind die Wörter, die der Zeitungsleser zu lernen hat, Sturm! (im Wasserglas), Massaker! (auf dem Kasperletheater), Kraftprobe! (von Weicheiern). Wörter, Wörter, nichts als Wörter.

Sarkozy hat sich nach seiner Wahl sofort mit einem ganzen Frauenflor umgeben – also ein Zeichen gesetzt, wie auch immer man in Frankreich über die Fähigkeiten der einzelnen Ministerinnen und Staatssekretärinnen urteilen mag. Im Kabinett Prodi sind von einundzwanzig Ministern der engeren Runde gerade zwei Frauen, im Parlament sind sie unter den über sechshundert röhrenden, gestikulierenden, armeverwerfenden, lümmelnden, lärmenden Abgeordneten eine geradezu unsichtbare Minorität, unter den zynischen, gierigen, privilegienüberhäuften Interessenvertretern, einer Classe politique, welche das Land wie eine Pfründe unter sich aufteilt. Eine andere Marmaglia.

Im Juni 2007 macht der *Espresso* mit einer umfassenden Recherche bekannt, in welchem Zustand sich die staatliche Schifffahrt, die Gesellschaft Tirrenia befindet: verrottete Kähne, Rost überall, mangelnde Sicherheitsvorkehrungen, kaputte Rettungsboote und viel zu wenig Rettungsinseln, unbewachte Maschinenräume, die zu Mülldeponien verkommen sind.

«Nur der Manager ist unsinkbar», titelt die Zeitschrift. Und schreibt: «Während die mächtigen Herren anderer Gesellschaften mit Staatsbeteiligung von Tangentopoli und den Privatisierungen der neunziger Jahre weggefegt worden sind, ist Franco Pecorino immer noch am Steuer des größten zivilen Schifffahrtsunternehmens in Europa, seit 23 Jahren.» Die TIRRENIA, eine privat geführte Gesellschaft, die jedoch zu 100 % von der FINTECNA kontrolliert wird, welche ihrerseits dem Wirtschaftsministerium untersteht, macht jährlich 200 Millionen Euro Defizit, welches der Staat sehr stillschweigend übernimmt. Aber keiner, so der *Espresso*, fahre Pecorino an den Karren.

«Romano Prodi, der ihn gut kennt, Transportminister Alessandro Bianchi und Tommaso Padoa-Schioppa (der Finanzminister der Regierung Prodi) haben Elio Catania aus der Staatsbahn FS vertrieben und Giancarlo Cimoli aus der ALITALIA bugsiert, aber das Dossier Pecorino wollen sie nicht öffnen. ‹Er ist zu mächtig›, flüstern ratlos die privaten Reeder.»

Dem *Espresso* fällt auf, dass Pecorino über hervorragende Kontakte mit dem Vatikan verfügt: die gute alte italienische Vernetzung der Machtsphären. «Nicht zufällig wurde ihm das seltene Privileg zuteil, von Wojtyla unter die Gentiluomini di Sua Santità aufgenommen zu werden (engere, offizielle laizistische Mitglieder der sogenannten ‹Päpstlichen Familie›, der z. B. auch der Kommandant der Schweizergarde angehört), den einzigen Laien, welche an den offiziellen Zeremonien des Heiligen Stuhls assistieren dürfen.»

Inspektoren der deutschen Automobilclubs haben die Autofähre *Flaminia* bezüglich ihrer Sicherheit auf den letzten Platz gesetzt, noch hinter die Schiffe Marokkos. Pikantes Detail: Als sie sich als Inspektoren auswiesen, sind sie von den Schiffsoffizieren der *Flaminia* von Bord gewiesen worden.

Die TIRRENIA läuft unter anderen die Häfen von Civitavecchia, Cagliari, Trapani, Palermo, Bari und Durazzo an, sollte also einen Teil des Verkehrs zwischen Nord (Genua) und Süd (Palermo), den Verkehr der Halbinsel mit ihren großen Inseln Sardinien und Sizilien gewährleisten und überdies die Verbindung mit Albanien.

Der *Espresso* hat den Bericht seines Reporters mit Bildern untermauert, die von totaler Vernachlässigung, Zerfall und Verrottung zeugen und einen möglichen Passagier der TIRRENIA das Grauen lehren.

Mehrere hundert Eisenbahnwagen der Staatsbahn werden aus dem Verkehr gezogen, weil sie verwanzt und verfloht sind. Schlafwagen, Erstklasswagen, alles, was nur ein Polster hat. Das übrige Wagenmaterial außer dem der neueren Eurostar-Züge ist überaltert und vernachlässigt. Als ein Teil der überarbeiteten Wagen wieder in Verkehr genommen wird, spricht die Hauszeitschrift von Trenitalia hymnisch von den Leistungen der Werkstätten: die Termine sind eingehalten worden! Im offiziellen Fahrplan liest man von da an eine überraschende Definition des Zugtyps IC-plus, nämlich diese: «Treno sottoposto a rinnovamento degli interni» – also «Innenrenovierter Zug».

Dafür wird weiterhin unaufhörlich gestreikt, am liebsten natürlich zu den Hauptreisezeiten. Wird nicht gestreikt, wird wenigstens verspätet.

Aus Perugia wird im Juli bekannt, dass in seiner städtischen Klinik ständig etwa ein Drittel der Angestellten – Ärzte, Krankenschwestern, Pfleger, Hauspersonal – vom Dienst abwesend ist. Sie lassen sich durch Kollegen beim Stempeln der Kontrolluhr vertreten, oder Verwandte kommen kurz vorbei und besorgen das. Ärzte betreiben derweil Praxen auf eigene Rechnung. Es wird untersucht.

Dafür gibt es ein Wort: *assenteismo*. Der *assenteismo* (Dienstschwänzen, Fernbleiben, Blaumachen) ist auf der ganzen Halbinsel schlechte Gewohnheit. In Rom sollen zwanzig Prozent der staatlichen Angestellten, die auf der Lohnliste stehen, gar nie zur Arbeit erscheinen. Der *assenteismo* dient in der Regel nicht dem Faulenzen, sondern dem Ausüben eines zweiten, eines dritten Jobs. Er ist eine der chronischen Krankheiten der Gesellschaft; man lebt mit ihr, wie man früher mit dem Kropf gelebt hat. Die Krankheit behindert, tötet aber nicht, und zu heilen ist sie auch nicht.

Zu solchen Krankheiten wären alle mafiosen Phänomene zu zählen, ferner eine Grundhaltung, die den *assenteismo* gesellschaftlich legitimiert, der *menefreghismo:* mir ist eh alles wurst. Im Übrigen entspricht die Bummelei von Perugia der verbreiteten Ansicht, dass, wer einmal einen Job hat, und besonders einen pensionsberechtigten bei Post, Staat, Eisenbahn, eigentlich nicht mehr zu Arbeit erscheinen muss. Er hat ja die Anstellung; er hat den Job gesucht, nicht die Arbeit.

Davon gibt es Ausnahmen. Es kann zum Beispiel sein, dass man auf einmal arbeiten möchte, weil die Pensionierung näher rückt. Ein Hotelier erzählt, wie er plötzlich von der Guardia di Finanza, der Wirtschaftspolizei, mehrfach überprüft worden ist. Ein Wagen fuhr vor, drei Uniformierte kletterten heraus und stellten Büro, Küche, das ganze Haus auf den Kopf. Und weil sie so fleißig suchten, fanden sie auch etwas.

Man findet immer etwas, wenn man unbedingt will, sagte der Hotelier.

Es stellte sich dann heraus, dass der älteste der drei Polizisten in wenigen Monaten pensioniert werden würde. Die erwartbare Rente schien ihm plötzlich ein wenig mager. Die Männer der Guardia di Finanza sind an den Bußgeldern, die sie eintreiben, prozentual beteiligt, am Umsatz! Und so versuchte der Mann, mit Hilfe seiner Kollegen, seine Rentenerwartung in letzter Minute noch zu verbessern.

Von den Zuständen in Neapels Müllentsorgung hat die ganze Welt gehört, von der Tatsache, dass sich die Stadt von der Camorra, die das Business in Händen hat, erpressen lassen muss. Der Journalist Roberto Saviano hat mit *Gomorrha* ein rabiates Buch darüber geschrieben, über die Camorra und ihre Verstrickung in den Handel mit Drogen, Giftmüll, Zement, Textil und den Handel mit einflussreichen Stellen. Seither steht er unter Polizeischutz, oberste Stufe.

Der *Espresso* hat kürzlich über die Umstände berichtet, unter denen Italien die Endlagerung seiner radioaktiven Abfälle, der strahlenden Endprodukte aus Kernkraftwerken und Spitälern, betreibt. Darüber, dass zum Beispiel in unmittelbarer Nähe der Stadt Rom, zwanzig Kilometer vom Stadtzentrum entfernt und umgeben von einem Neubauquartier, in dem dreißigtausend Menschen wohnen, viereinhalbtausend Kubikmeter strahlender Abfälle aus Kernforschung und Krankenhäusern lagern, wo gelegentlich ein paar Fässer leck werden und der entstehende Überdruck die Sicherheitstüren sprengt.

In Garigliano bei Caserta gibt es ein seit dem Erdbeben von Irpina am 23. November 1980 stillgelegtes Kernkraftwerk, das seither als gespenstische Industrieruine mit 10 Millionen Euro Aufwand jährlich bewacht und erhalten wird. Das schafft Arbeitsplätze – und erhält den Albtraum lebendig, dass eines Tages von diesem italienischen Tschernobyl noch eine tödliche Vergiftung ausgehen wird.

Am andern Ufer des Atlantiks, in Michigan, stand ein Pendant des Meilers von Garigliano. Dort, in Big Rock Point, wurde das Kraftwerk

1997 demontiert mit einem Aufwand von 350 Millionen Dollar; es wurde vollständig entsorgt und das Gelände 2005 als Park dem Staat Michigan übergeben.

Unschwer vorauszusagen, dass in den riesigen Industriegebieten des Nordens Zeitbomben lagern, welche die Katastrophe von Seveso in den Schatten stellen werden. Italiens Umwelt ist eine Leiche, die nur für oberflächliche Betrachter immer noch so aussieht, als wäre Leben in ihr.

Und so weiter. Italien ist Letzter im Bildungssystem, in der Effizienz der Verwaltung, Erster in der Umweltverschmutzung. Rechtzeitig zum Ferienbeginn 2007 publizierte die *Repubblica* einen Report über die Autobahnraststätten in sechzehn europäischen Ländern: «Wir sind die Letzten betreffend die Toiletten, die Parkplätze und die Restaurants.» Detail: «Keiner bedient die Wasserspülung.»

Ein paar Monate früher hatten zwölf Automobilclubs an einundfünfzig Tunnels in Europa einen Sicherheitstest gemacht. «Europaweit am schlechtesten schnitten, wie schon in den vergangenen Jahren, die Tunnels in Italien ab. Hier erhielten drei von vier Röhren die Minimalnote ‹bedenklich› und die beste die Note ‹ausreichend›.»

Das ganze Land ist mit einer dicken Schicht von Abfall aller Art überzogen, mit Müll, Plastik, Industrieruinen, nicht weggeführtem Bauschutt, den liegengebliebenen Trümmern endloser Reparaturen und Flickereien, geknickten Hochspannungsmasten, nicht zu Ende gebauten Autobahnviadukten, unbenutzten Industriegeleisen und den Schienen stillgelegter Lokalbahnen, mit kalten Fabrikschloten und zertrümmerten alten Gewächshäusern, manchmal in schönster Lage am Meeresufer.

In Norditalien glänzt die Oberfläche der toten Seen in der Brianza unter metallischem Schimmer, die Ufer der Bäche und Flüsse in der Poebene sind bis in die obersten Äste der Uferbewachsung mit Plastiktüten und weiterem Haushaltsdreck behängt, den das letzte Hochwasser dort deponiert hat.

Die Haltebuchten der Superstradas und oft auch der Autobahnen sind Mülldeponien, um die sich nie jemand kümmert. Es stinkt zum Himmel, da die schmalen Haltebuchten die fehlenden Toiletten auf den Parkplätzen ersetzen müssen. Elektrische Leitungen, Zuführungen zu Dörfern, Weilern, einzelnen Höfen, sind allesamt über dem Boden an abenteuerlichen Stangen verlegt und verdrahten die Landschaften mit einem irrwitzig verknoteten und verwirrten Netz von Kabeln.

In Brescia, in Mailand, in Mestre und in Neapel geht die Sonne im Industriedunst auf und unter, an Weltuntergangsvisionen erinnernd. Vom Flugzeug aus erkennt man, wie sich an den Küsten die Abwässer aus den Agglomerationen, die der Industrie, der Haushalte und der Landwirtschaft, ins Meer ergießen, wo sie gewaltige Schmutzfächer bilden. Zahlreiche Strände sind verschmutzt, viele immer wieder gesperrt.

Man hat die PET-Flasche, aber man hat nicht ihre Entsorgung.

Man hat den Diesel, aber der Rußfilter ist kein Thema.

Man hat horrende Benzinpreise, aber den Motor lässt man auch im Stehen laufen, und vielleicht ist das sogar ein Zeichen von Großzügigkeit.

Man hat das Handy, aber nicht die Reife für seinen Gebrauch. Wie anderswo auch. Nur ist hier immer alles viel krasser.

Der Pianist Keith Jarrett war nicht zum ersten Mal am Jazz Festival von Perugia. Doch im Sommer 2007 brach er sein Konzert ab. Eklat! Trotz der Bitte um Zurückhaltung hatten Hunderte mit ihren Handys den Musiker fotografiert.

Ganz abgesehen davon, dass das Handy das alleruntauglichste Gerät dafür ist, ein Foto von einem Bühnenereignis zu schießen (und in Wirklichkeit geht es ja auch nur darum, dem Kumpel mitzuteilen:

ich bin da! – cellularo, ergo sum) – es war nicht klarzumachen, dass ein improvisierender Künstler, der bei der Arbeit auf seine Konzentration angewiesen ist, in dieser Weise, übrigens zum eigenen Vorteil, nicht gestört werden darf.

Es gab einen Kasus. Die *Frankfurter Allgemeine* fragte nach der Verhältnismäßigkeit – nicht das flegelnde Publikum, sondern den Musiker. Großes Lamento. Jazz sei doch in Clubs, in Kellern, in Cafés geboren. «Jazz erfordert spontanere Reaktionsformen auch beim Publikum, das Improvisationen oder gelungene musikalische Ideen ad hoc beklatscht. Kein Jazzmusiker fühlt sich vom plötzlich einsetzenden Applaus gestört. Fotos, die den momentanen, ekstatischen Ausdruck festhalten gehören als sichtbare Komponenten zum Jazz.»

Es war nicht der Applaus, der Jarrett störte, das ist dummes Zeug. Es war ein Handyblitzlichtgewitter, ein italienisches, das Jarrett aufhören ließ (und ich würde wünschen, er käme nie mehr nach Perugia), eine Emanation der Dummheit, der Rohheit, der Unerzogenheit und – dies vor allem – der Verachtung für einen der delikatesten Pianisten der Gegenwart. Ich meine, in der Kunst delikat, für die man kommt und Eintritt bezahlt, und damit vielleicht auch ein wenig als Person, die man zu respektieren hätte.

Dem kleinsten Provinzschauspieler würde man einen solchen Auftritt nicht zumuten. Anderswo.

Italien lebt in der Moderne. Aber hat es sie auch?

Andersherum – was regen wir uns auf? Was wäre Italien ohne den Unrat, über den wir uns beklagen können, und ohne die überall sonst unvorstellbaren Verhältnisse auf den Toiletten, über die wir uns erregen? Ohne jene Lebensart, die wir kreative Anarchie nennen können oder schreckliches Chaos.

Wer darüber schreibt, macht sich lächerlich, wer darüber schweigt, ist nicht ehrlich. Also: keine voreilige Versöhnung, auch keine unvoreilige, es geht um das Recht zum Unterschied.

Der Schriftsteller Luigi Malerba, nicht gerade als Verharmloser italienischer Zustände bekannt, ein Autor, der wie Ennio Flaiano die bissigsten Bemerkungen über seine Halbinsel macht, erzählt in einer eleganten Glosse das Folgende.

Eine Gruppe von Touristen, es sind Schweizer, wird von einer Italienerin durch Rom geführt.

An der Piazza Argentina (wenn ich mich recht erinnere, aber der genaue Ort spielt keine Rolle) macht sie auf den Höhenunterschied zwischen dem Verkehr, in dem man steht, und den in der Mitte des Platzes tiefer liegenden Resten aus Roms Vergangenheit aufmerksam. Das Rom der Kaiser liegt drei Meter unter dem heutigen Niveau!

Die Schweizer staunen.

Der Höhenunterschied, sagt die Führerin, das sind zweitausend Jahre Geschichte: das Material, der Abfall, die Reste, die jede Epoche, eine über der andern, zurückgelassen hat.

Das wäre bei uns nicht passiert, sagt ein Schweizer.

Warum nicht?

Weil bei uns in der Schweiz der Dreck nicht liegenbleibt.

Schon möglich, sagt die Führerin. Aber ihr habt ja auch Rom nicht gebaut.

Parlare fino a Honolulu. ▌ Es waren zwei, dann drei, dann fünf dieser Halunken. Birne radikal geschoren, Bartstoppeln. Sie wollten tolle Typen sein. Sie kamen herein in dieser Mir-gehört-die-Welt-Allüre. Sie suchten sich umständlich einen Stuhl aus, als ob sie an der Tragfähigkeit des Mobiliars zweifeln würden. Sie ließen sich krachend fallen. Sie warfen sich in die Lehnen, und dann legte jeder eine Art Handgranate vor sich auf den Tisch.

Es war ein Abend wie jeder Abend in dieser Enoteca. Aus den Lautsprechern kam das übliche Hämmern elektronischer Bässe, zu laut, wie immer.

Die Männer wollten nichts trinken, schauten stumm auf die Sprengkörper vor sich. Als dreißig Sekunden lang nichts weiter geschah, nahm einer den seinen in die Hand, schaute ihn kritisch an und begann, daran herumzudrücken. Die anderen schauten interessiert.

Dann ging bei einem von den Dingern der Alarm los. Einer der Männer drückte sich das dudelnde Gerät ans Ohr. Pronto? Pronto? Sah sich um. Grinste.

Pronto! Der andere am Tisch war dran.

Da lachten alle ein dreckiges Lachen.

Cellulare nennen sie das Handy hier, und man darf daran erinnern, dass das Wort vom lateinischen «Cella» kommt, dem abgeschlossenen Ruheraum, der Mönchszelle, in der einer meditieren kann. Oder konnte. Wie sich gegenwärtig fast alles in sein negatives Gegenteil zu verkehren scheint. Das Fernsehen: schädlich, der Verkehr: tödlich, die freie Marktwirtschaft: entfesselt, der Liberalismus: altbacken, die Sexualität: übertrieben, und auch der Ehrgeiz: verwerflich. Da ist auch das Cellulare keine Einrichtung, um mit Gott in Verbindung zu treten; im Gegenteil. Gott ist wahrscheinlich der einzige Italiener, der noch kein Handy hat.

Es war immer unser Problem, das Problem unserer Unreife, wie wir mit den Dingen umgehen oder eben nicht umgehen können, die uns unsere skrupellos wuchernde Erfindungswut beschert.

Aber hierzulande ist alles noch ein bisschen ausgeprägter. Die Unreife und der Spieltrieb, der Missbrauch und das Vergnügen daran. Das Großraumabteil (auch so ein Rückwärtsfortschritt gegenüber den alten Zugabteilen) schwirrt vom Klingeln, Schrillen, von den hüpfenden und glucksenden Melodien. Alle telefonieren sie, alle. Alle müssen sie zu Hause unbedingt und alle paar Kilometer mitteilen, wo sie sind und wie viel Verspätung der Zug hat. Sie geben auch durch, wenn er «in orario» ist, was freilich so selten vorkommt, dass es wirklich mitteilenswert ist.

Wie hat man früher bloß leben können ohne solche Nachrichten?

Im Tunnel flehen alle in ihr totes Telefon. Jetzt schwillt der Chor, «Pronto! Pronto!? Prontooo!»

Skandal, Urschmerz der zerrissenen Nabelschnur.

Früher gab es eine Durchsage. Das Cellulare sei im Abteil nicht erwünscht, sein Schrillen leise zu stellen.

Wo Durchsage und Gebot geblieben seien, hat einer sich auf seiner letzten Fahrt in der italienischen Eisenbahn erkundigt. Der Beamte war barsch: Telefonieren ist nicht verboten.

Na also, ruft's von Norden her, das ist sie doch, diese wunderbare Toleranz! Dieses Leben und Lebenlassen!

Im Norden wissen immer alle, wie gut wir es hier haben.

Und doch kommt es einem so vor, als sei auch dies schon wieder ein Stück Weltuntergang. Es ist ein bisschen wie am schönen, bitteren Ende eines Fellini-Films. Eben noch hat die ganze Gesellschaft miteinander getafelt, geschäkert, gebechert, gelacht. Immer noch spielt einer das Akkordeon, doch er drückt es gepresster jetzt, wilder. Wind kommt auf, reißt an den Tischtüchern, weht Staubfahnen über den Platz. Noch einmal winken sie sich. Dann zerstreut sie sich, die Festgesellschaft. Mit dem Wind, der alles auseinandertreibt und verweht.

Verwehte. Das war einmal.

Heute begännen alle sofort zu telefonieren.

«Wo bist du?»

«Es hat mich verweht.»

«Wohin?»

«Ich weiß nicht, wo ich bin.»

«Ich rufe dich an.»

Forum Romanum. ▌

Kein Ort für Lateinlehrer.
Ein Park
In dem man Fragen spazieren führt.

Es fragt sich hier
Zum Beispiel
Ob die Zeiten
Zwischen den Zeiten
Nicht immer
Die friedlichsten sind.
Das frühe Mittelalter:
Nichts los in Rom.
Hier Campo Vacchino.

Rom in Trümmern.
Erloschen
Die Feuer der Imperatoren.
Feuerchen zum Händereiben.
Herrscher stumm
Beherrschte verstummt.
Hier zu begehen
Verborgen unter dem Schutt
Geschichte. Vergangen.
Hier, auf grüner Aue
Kühe, Kuhhirten, Menschen,
Eine friedliche Gegenwart.
Keine großen Gesten.

Die sogenannten Barbaren
Rhabarberabarberabarber

Kannten
Infolge zerebraler Verdunkelung
Keine Selbstdarstellungsprobleme.
Erst die Päpste
Jener gloriosen Ära
Barock
Weckten die Geister
Und wir werden sie prompt
Nicht mehr los.

Jaaaaaaaaa,
Das musste dann natürlich sofort
Wieder eine Ära sein
Oder bei Nichtgefallen
Mindestens eine Epoche
Wie alle Zeiten
Denen ihre Zeit nicht genügt.

Wie einmal wurde
Das Grünzeug
Wiese Wald und Gewächs
Abgetragen
Bis auf den Stein
Aus dem man sich die
Neuen Denkmäler
Meißelte.
Große Zeiten sind feindlich
Dem Grünzeug.

Herrschaft, das war wieder was.
Und die Beherrschten
Wurden beschäftigt

Damit
Die Größe der Zeit zu erkennen.

Rom
Und wir alle
Haben uns dann
Von diesem Erwachen
Nicht mehr erholt.

Mit dem Unterschied:
Unsere Trümmer
Wie tröstlich
Wachsen schon um uns herum.

Noch Fragen offen?

Ja.
Man weiß nämlich
Nicht so recht
Was aus dem Forum Romanum
Wird.
Nach dieser
Großen Zeit.

Alvaros Hosen. ▌ Nach dem Klingeln bleibt alles still. Ich stehe im gleißenden Licht. Dann schleifende Schritte. Die Tür öffnet sich einen Spalt. Vor dem Dunkel steht ein kleiner Mann. Er versucht, gegen das flutende Licht zu erkennen, wer vor ihm steht. Dann öffnet er.

«Vuoi un bicchiere?»
Heute sage ich ja. Ja gern.

Es ist kühl im Haus. Ich gehe hinter ihm um ein paar Ecken einen langen Korridor entlang. Alvaro schlenkert beim Gehen mit den Armen. Es riecht säuerlich.

Im Raum mit den langen Tischen und hoch liegenden Fenstern ist es so dunkel, dass man das Licht anmachen könnte. Aber das Auge hat sich schon gewöhnt.

Alvaro sucht auf der Anrichte unter den verschiedenen Flaschen eine bestimmte. Er nimmt zwei langstielige Gläser aus dem Schrank, hält sie gegen das Licht und stellt sie auf den Tisch.

«Das letzte Mal rochen deine Gläser nach Javel, Alvaro, erinnerst du dich?», frage ich ihn.

Alvaro grinst.

«Das war wegen der Putzfrau», sagt er. «Diesmal ist keine Putzfrau da gewesen.»

Auch bei mir, denke ich, ist an allem die Putzfrau schuld. Alvaro schenkt ein. Er bedeckt den Boden des Glases mit Wein, hält das Glas gegen das Fenster, steckt die Nase ins Glas. Das Licht, das auf seine Wangen fällt, erinnert mich daran, dass seine Haut rote Äderchen hat.

«Salute», sagt er und hält mir sein Glas entgegen. Ich hebe meines. Zwischen unseren Gläsern bleibt ein Abstand, Platz für meine Hochachtung für Alvaro.

Wir nehmen einen Schluck.

Es gibt nichts zu sagen. Wir stehen am Schanktisch.

Ich frage ihn, ob er wieder einmal in Paris gewesen sei. Ich frage ihn das immer. Unser Heimweh nach Paris mitten im grünen Zentrum Italiens ist etwas, das uns verbindet.

«Attends», sagt er. «Je te fais voir quelque chose.»

Er geht zum Gläserschrank, zieht eine Schublade auf, entnimmt ihr einen Faltplan. Ich lese: Plan du Cimetière Père Lachaise. Er faltet ihn auf, auf dem Tisch, wo unsere Gläser stehen.

«Ich habe meine alten Freunde besucht», sagt er. «Sie wohnen alle nah beisammen.» Er dreht die Karte auf den Kopf. Ich kann die Schrift nicht mehr lesen.

«Hier, da, im Norden, da ist auch Edith Piaf.»

Alvaro schaut mich an. Er lächelt.

«Le moineau», sagt er, er hat sich diesen italienischen Akzent in seinem Französisch erhalten, «der Spatz von Paris.»

Alvaro ist ein sanfter, ein scheuer Mann. Untersetzt, und sehr zart. Wenn er lächelt, geht der größere Teil seines Lächelns in ihn hinein. Das Wort Kobold käme ihm nahe, wäre aber eine Nuance zu grob. Man müsste ein Wort finden, das den Schatten großer Bäume in einem hellen Garten beschriebe.

Alvaro ist für eine Revolution verantwortlich. Man sagt, er sei es gewesen, der 1985 mit einem önologischen Handstreich die Weinlandschaft um Montefalco verändert habe. Inzwischen nehmen andere, die an jener Revolution gut verdienen, das Verdienst für sich in Anspruch. Verdient hat Alvaro gewiss nicht besonders viel, aber seine Leistung wurde bemerkt, zum Beispiel von einem jener Briten, die sich in Abwesenheit eigener Weine zu Spezialisten des Kontinents entwickelt haben. «Worlds leading authority on Italian wines» sei Burton Anderson, Autor des Standardwerks *Italian Wines*.

Anderson schreibt über Alvaro Palini: «Der agile Alvaro verstand es, der Gewalt dieser geheimnisvollen Traube die Stirn zu bieten, indem er den Ertrag verringerte und neue Techniken verwendete, um dadurch ein besseres Gleichgewicht zwischen Frucht, Gerbstoffen und Säure zu erreichen. Ein Wein, der nach sanftem Reifen im Eichenfass elegant wird durch das Lagern in der Flasche.»

Auch Weinfachleute kochen, wenn sie schreiben, mit Wasser, wie man sieht. Die Geschichte mit dem Gleichgewicht würde auch einem weniger großen Kenner einfallen. Und als ich das letzte Mal bei ihm war, hat er über den Sagrantino sogar, vielleicht auch nur für mich die Nase gerümpft. «Cabernet», raunte er, «Merlot.»

Der wirkliche Punkt ist, Alvaro ist kein Önologe. Er ist vielleicht durch die Praxis einer geworden. Aber als er zurück nach Bevagna kam, hatte er achtzehn Jahre als Schneider für die Haute Couture gearbeitet. In Paris.

Auch Alvaro ist einmal ein Emigrant gewesen. Sein Land, das an der Jahrtausendwende mit einer massiven Immigration vom afrikanischen Kontinent her konfrontiert ist, war selbst über hundert Jahre Schauplatz eines Exodus von Millionen und Abermillionen. Man kennt die Bilder von den großen Schiffen, auf denen sie Plattform über Plattform an der Reling stehen, winken, weinen. Die Fotos aus den Zügen, die schlafenden Arbeiter auf dem Weg in den Norden. Die Koffer, die Bahnhöfe, die Baracken. Sie gingen nach Nordamerika, nach Argentinien, nach Deutschland, Frankreich, in die Schweiz. Nicht selten haben die italienischen Immigranten – sei es in Buenos Aires, in Darmstadt oder in Zürich – das Bild der Städte mitsamt dem gelebten Alltag nachhaltig verändert. Nämlich mit Eisdielen und Ristoranti, mit Weinhandlungen und Marktständen, mit Mode und Design und mit einem anderen, einem leichtfüßigeren Savoir-vivre.

Sie kamen aus Kalabrien, Sizilien, Apulien, aber auch aus dem Friaul und dem Veneto. Ein Foto von einer Baustelle im Tessin, im Valle Verzasca, zeigt eine zwanzigköpfige Gruppe oder Sippe aus dem abgelegenen Tal in der Gegend von Gualdo Tadino. Umbrer; einer macht hinter dem Kopf des anderen das Zeichen für den Esel, zwei rauchen, zwei andere setzen die Bierflaschen an: die fröhlichen Italiener machen für den Fotografen den fröhlichen Italiener. Sie wollen auffallen, vielleicht weil sie so leicht vergessen werden, die Umbrer.

Milena, die Inhaberin des Eisenwarengeschäfts in Bastardo, ist in Wädenswil am Zürichsee geboren, der Tankwart von Ponte di Ferro hat in der Migros in Thalwil gearbeitet. Dieser war in Dortmund, jener in Stuttgart. Und Alvaro aus Bevagna war in Paris.

Alvaro nestelt an seinem Gürtel und öffnet den Hosenbund. Er zeigt seine Instrumente.

«Tu vois?»

Im Gürtel stecken zwei Nähnadeln, les aiguilles, zwei Nadeln, die ein Schneider, sagt Alvaro, immer bei sich trägt.

Alvaro grinst.

Mein Hirn macht eine Überblendung, und ich sehe ihn im Schneidersitz auf dem hohen Tisch, an dem wir den Wein probieren.

Levallois. Bei der Metrostation Levallois hat er gewohnt, im wievielten Arrondissement?

Wieder seine italienische Art, das Wort Arrondissement zu sprechen. Jedes Wort Französisch ist von dort nach hier mitgekommen, ein Stück gelebtes Leben. Und wenn man es ausspricht, führt es einen wieder zurück dahin, wo man einmal gewesen ist.

Oui, sagt Alvaro, Paris.

Wir reden immer nur um das Gleiche herum.

Er war dort befreundet mit einem Klempner, einem Plombier, sagt er. Also einem Idraulico, tu sais. Hie und da trank man zusammen ein Glas, nach Feierabend. Und am Morgen brachte Alvaro als Frühaufsteher dem andern die Zeitung von der Straße mit. Der Freund wohnte einen Stock höher. Er kam herunter, holte sich die Zeitung, sagte ein Wort oder keins, und man ging an die Arbeit.

Alvaro wusste, dass der andere krank war. Krebs, wenn ich richtig verstanden habe.

Eines Tages kam der nicht herunter. Am Abend vorher war man noch einen Moment ins Café gegangen, zum Apéritif.

Alvaro stieg die Treppe hoch. Der Schlüssel steckte von außen. Alvaro ging durch den Korridor. Im Schlafzimmer lag der Freund, ruhig, tot. Und unbefleckt. Er hatte sich durch die Brust geschossen und sich dabei ein Kissen auf die Einschussstelle gehalten, um keine Unordnung zu hinterlassen.

Auf dem Tisch lagen aufgereiht ein paar Louisdor für die Schwester. Alvaro sagte «Louisdor». Daneben ein wenig Blei für Alvaro, der das Blei hie und da zum Beschweren von Säumen erbeten hatte. Kein Abschiedsbrief. Immerhin ein Zettel.

Auf dem Zettel stand sein letzter Wunsch: Man solle ihn in seiner Sonntagslatzhose begraben.

Die Sache ist die gewesen, sagt Alvaro: Ich hatte ihm auf seinen Wunsch eine Latzhose aus feinem Stoff geschneidert. Werktags hatte er das blaue Überkleid an. Sonntags trug er die Salopette aus Kammgarn.

«Eh, oui», sagt Alvaro. «On l'a enterré comme ça.»

Auch diesen Freund besucht er wohl auf dem Père Lachaise.

Noch sind wir da. «Ancora campiamo», sagt Alvaro lächelnd, mit diesem Lieblingsverb der Umbrer, «campare», Stellvertreter eines ganzen Wortfeldes, das über «Leben», «Da sein», «Existieren», «Eine Zeit fristen», «Das Leben fristen», «Sich durchschlagen», «So dahinleben» bis zu «Vorderhand noch da sein» reicht.

Ein Wort, welches das Jetzt ausdrücklich einschließt: jetzt, wo wir am Leben sind. Jetzt leben wir.

Ancora campiamo.

Es ist, aus Alvaros Mund, eine beruhigende Feststellung, eine Art Versprechen. On verra, sagt er.

Und doch beinhalten diese zwei Wörter eine Frist, und ein Datum, den Tag, an dem es, zuerst einen von uns, dann uns beide nicht mehr geben wird.

Eh oui.

Wir sehen dem gelassen entgegen.

Ciao, Alvaro!

No. Arrivederci!

Erster Kellner. ▮ Wieder zog ein wunderbarer Tag herauf. Ich war schon früh unterwegs gewesen in meinem Rom. Gegen Mittag setzte ich mich vor eine Trattoria an der Piazza Maddalena, gleich hinter dem Pantheon; da waren ein paar Tische auf dem schmalen Trottoir aufgestellt. Fürs Essen war's noch zu früh, ich bestellte einen Aperitif. Gegenüber im blätternden Umbrabraun die Fassade der Chiesa Santa Maddalena. Grasbüschel wuchsen aus den Architraven. Ich liebte die Trattoria für dieses Gegenüber, und für eine kalte Minestrone, die hier vorzüglich war.

Vor mir stand der Kellner, die Serviette über dem Arm, und schaute auf den kleinen Platz hinaus. Ein Lastwagen fuhr rückwärts an die Gehsteigkante, knapp an die Tische der Trattoria heran. Der Fahrer stieg aus, entfernte sich, ließ aber den Motor laufen, warum auch nicht? Das Abgas puffte über die Tische hin.

Der Lastwagenfahrer kam nicht zurück, der Motor lief weiter. Nun schien auch der Kellner das Abgas, das über seine Tische strich, zu bemerken.

Der Kellner nahm die Serviette von der Armbeuge und wedelte damit drei-, viermal gegen den Lastwagen hin. Dann legte er die Serviette wieder über den Arm und sah auf den Platz hinaus.

Schließlich kam der Lastwagenfahrer zurück und fuhr weg. Dann ging der Kellner in die Trattoria. Dann stellte er die Vorspeise vor mich hin, zwei Artischocken, in Olivenöl sanft gedünstet; sie streckten ihre Stiele gegen den blauen Himmel von Rom, Artischocken auf römische Art.

Zweiter Kellner. ▮ Im Ristorante Da Giovanni, Piazza Vadalà, Agrigento, Sizilien. Die Menükarte wird vorgelegt. In der Karte steht: «Oggi lo chef proponga». Drei Tagesgerichte, heute aktuell. Ein Gast deutet auf eines der drei Gerichte.

Der Kellner sagt: «Oggi no.»

Elbenkische Folge. ▍ In der Apotheke mussten wir einen Augenblick warten. Vor uns wurde ein ausländisches Paar bedient. Die beiden wählten umständlich eine Salbe. Die Apothekerin brachte eine Menge Schächtelchen, nestelte sie auf, nahm die Packungsbeilage heraus, zeigte die Tuben. Das Paar war unschlüssig. Dann entschied es sich. Die Apothekerin steckte die entsprechende Tube in die Packung, schob die Packungsbeilage dazu, verschloss das Schächtelchen, nahm ein Stück Papier hervor, schnitt es zurecht, wickelte das Schächtelchen ein, verklebte das Päckchen an beiden Enden. Der Mann zahlte. Dann sah er das Päckchen an, wickelte das Schächtelchen aus dem Papierchen, zerknüllte das Papier, steckte die Schachtel in seine Tasche und schob das zerknüllte Papierchen über die Theke der Apothekerin zu.

Wir waren dran.

Wir hatten unsere Sonnencrème noch nicht bezahlt, als der Mann von vorhin wieder an der Theke stand. Über uns hinweg gab er der Apothekerin seine Tube zurück, wortlos, die schaute sie an, holte eine andere Packung, und der Mann ging grußlos. Sie wandte sich wieder uns zu.

Was war gewesen?

Die Tube war halb leer, sagte sie. Und auf unseren beunruhigten Blick: «E bäh, niente», «Herstellungsfehler.»

Wir brachten unser Erstaunen zum Ausdruck.

«Oh, das ist doch gar nichts», sagte sie, «ich zeige Ihnen etwas.»

Sie ging nach hinten, kam strahlend mit einer federleichten Tube zurück. Leer, ganz leer!

Verblüfft fragten wir sie, was denn das für ein Hersteller sei. Von einem so schludrigen Hersteller dürfte man eigentlich keine Ware mehr beziehen, meinten wir.

Das sah sie ganz anders.

«Ach», sagte sie, «so etwas kann schon passieren, wenn man Tausende, nein, Tausende von Tausenden von Tuben abfüllt.»

Ich verstand. Absolut gesehen dürfte so etwas nicht ein einziges Mal geschehen. Das ist unser nordischer Standpunkt. Hier denkt man aber nicht so. Wenn etwas so ungemein häufig richtig gemacht worden ist wie das Abfüllen von Abertausenden von Tuben, darf es doch zum Ausgleich auch einmal falsch gemacht werden.

Freuen wir uns, dass es nicht noch häufiger passiert! Rilasciatevi.

Schöner Morgen. In der Badebucht schwimmt niemand. Kinder spielen am Strand, dort, wo sich die sanften Wellen brechen. Männer schlafen, lesen Zeitung oder telefonieren. Rund wie Bojen, stehen verteilt da und dort Frauen bis zum Bauch im Wasser. Wir erinnern uns an eine Bahnfahrt von Ancona nach Lecce, 600 Kilometer Schönwetterküste. Und an unseren Satz: Zwischen Ancona und Lecce, auf sechshundert Kilometern, stehen Nichtschwimmerinnen bis zur Uringrenze im Wasser und warten auf ihre Erlösung.

Es regnet. In unserer Familienpension zieht man sich unter das Vordach zurück, unter dem bei schönem Wetter das Abendessen serviert wird. Die lauten Großeltern, die mit ihrem Enkelkind da sind, versuchen, den etwa fünfjährigen Jungen, den sie in ein Kapuzenmäntelchen gesteckt haben, das an Fellinis Kindermäntelchen am Anfang von *Amarcord* erinnert, davor zurückzuhalten, unter dem Vordach heraus- und in den Regen zu treten. Der Mann steht in kurzen Hosen und Schlarpen, die aufgeregte Großmutter in einem vanillecrèmefarbenen Hängekleid. Vor ihnen das Kapuzenkind.

«Stai qui, piove!»

Das Kind macht zwei Schritte und steht im Regen.

«Alessandro, torna, torna. C'è la pioggia.»

Das Kind kommt zurück, dann steht es wieder im Regen. Das Gesicht sieht man nicht unter der Kapuze. Es steht unbewegt und lässt den Regen auf die Ölhaut seines Mäntelchens tropfen. Das scheint ihm zu gefallen.

Der Großvater holt es zurück.

Ich verstehe, es kriegt seine Lektion: Wenn es regnet, bleibt man im Trockenen!

Später wird es getragen, die knapp zehn Meter zum wartenden Auto. Die Großmutter rennt unter dem Regen hinterher.

Regen heißt Zuhausebleiben. Man muss sich in Sicherheit bringen vor dem Regen. Ich habe das auf unzähligen Baustellen immer wieder beobachtet. Wenn es anfängt zu regnen, setzt man sich sofort ins Auto. Wenn es nicht aufhört, fährt man nach Hause. Sind Italiener etwa nicht wasserdicht?

Die Insel Elba, eine flächendeckende Zerstörung. Die abenteuerlich zerklüftete Berglandschaft, die sich mit Steilküsten und Buchten in einem Mandelbrot'schen Fraktal auf unendlichen Kilometern ins blaue Meer senkt, ist mit einer skrofulösen Kruste von Bebauung überzogen. Einsam ragt der Monte Capanne, 1018 Meter hoch. Dort gibt es Kastanienhaine, Pinien-, Akazienwälder, und zwar nicht nur als Macchia, sondern wieder in Forst übergehend auf dieser am Ende ihrer Eisenzeit völlig entwaldeten Insel: Elba hat lange von der Erzförderung gelebt.

Hier oben auf dem Monte Capanne sieht man über die schroffen Berghänge, die an tropische Inseln erinnern, bis aufs Meer. Indischer Ozean, denke ich, La Réunion. Frische Luft. Stille. Es rauscht der Wind. Wolken ziehen auf Augenhöhe durch die Klüfte. Hinunter geht es in engen Serpentinen, dann hat die Welt uns wieder.

Im Hotel Dino in Pareti sind van Goghs Sonnenblumen verblüht zu staubigem Grau. Der Kunstdruck an der Wand ist vom Licht gebleicht, die Farben sind weg. Nun sieht man erst, wie tot die Blumenköpfe aus der Vase hängen.

Auf der Rückfahrt, auf dem luftigen Oberdeck des Dampfers, während die Insel in die Unschärfe entschwindet, unterhalten sich zwei Damen, mühlradklappernder Redestrom, über die Preise, die sie im Hotel und im Restaurant gezahlt haben. «Indecente!» Der Mann, der bei ihnen sitzt, mischt sich ein, verärgert. «Unanständig!»

Die beiden Frauen schweigen einen Augenblick. Und nachdem sie ein bisschen geschwiegen haben, sind sie sich einig, dass Italien überall schön ist. Am schönsten!

Es war doch schön auf der Insel, oder?

«Waren Sie je auf Capraia?»

«Nein. Sie? Wir waren vor einem Jahr auf Ventotene.»

«Ach ja, da waren wir auf Sardinien!»

Sie schweigen. Nun ist es eben wieder mal Elba gewesen, sagt die eine.

Sie würde jederzeit wieder kommen.

In der milden Septemberluft liegt eine Ahnung von Herbst. Was macht wohl das Meer im Winter, wenn keiner es anschaut? Die Frage verweht mit dem Rauch aus dem Kamin, der hinter dem Schiff herzieht, bleibt, als bräunliche Bahn unter dem Himmel, eine Bahn, die sich in der Ferne langsam zu krümmen beginnt.

Fellini, der Wind, das Meer. ▮ Ich solle ihn an der alten Adresse abholen, auch wenn er da nicht mehr wohne, hatte er mir ausrichten lassen. Nach meiner Gewohnheit pünktlich kam ich an die Via Margutta, und zu meiner Überraschung war er schon da. Er saß auf einem kaputten Spaghettistuhl bei der Pförtnerloge und unterhielt sich durch die offene Tür mit dem Portiere. Er hatte ihn früher täglich, nun aber seit Jahren nicht mehr gesehen.

Es sind von seiner Ecke in der Via Margutta nur ein paar Schritte an die Via del Babuino. Dort empfing uns, mitten in der sogenannten verkehrsberuhigten Zone, tobender Verkehr. Man kann da nicht auf die Straße gehen, ohne sofort überfahren zu werden. Ein Fußgänger stört in Rom auch in der Fußgängerzone.

Es dröhnte, und es stank nach Abgasen. Eine graublaue Decke lag vorn über der Piazza del Popolo. In der engen Straße standen, mit laufendem Motor, eine Menge Autos bei den Halteverbotsschildern, niemand drin.

Da man von der Via Margutta nicht direkt auf den Pincio kommt, waren wir zu diesem Parcours gezwungen. Nachdem wir die Piazza mit dem Obelisken, Kairo war nahe, bis zur Kirche Santa Maria del Popolo überquert hatten, nahmen wir die Treppen auf den Pincio in Angriff. Fellini brauchte mich nicht erst zu warnen, als uns von oben ein Rudel halbwüchsiger Zigeunermädchen mit ein paar kleineren Jungen entgegenkam. Ich kannte den Trick, wie man einen Passanten einkreist, ein Durcheinander erzeugt und dem Opfer eine Schachtel vor den Bauch stößt, um ihm unter dieser hindurch die Taschen zu leeren.

Wir gingen, unter alten Steineichen, ein Stück weit die Straße entlang, gegen den Verkehr und von diesem immer wieder auf den staubigen Straßenrand abgedrängt. Dann kamen wir auf die weiträumige Terrasse über der Piazza del Popolo, von der man eine große Aussicht über die diesseits des Tibers liegende Stadt und hinüber nach San Pietro hat, den Monte Mario, Gianicolo. Die Sonne stand schon tief im Westen und beleuchtete den Dunst über der Stadt, als wollte sie die Abgase, die wie eine Decke über den Dächern lag, zur Zündung bringen.

Weiter hinten im Park, umstanden von den Marmorköpfen bedeutender Menschen, setzten wir uns auf eine Bank. Von den Philosophen, den Schriftstellern, deren steinernem Blick man hier auf Augenhöhe gegenübersteht, den Staatsmännern, den Mathematikern, Aviatikern und Entomologen war kaum einer intakt. Ob Andrea Doria, Machiavelli, Plinio Seniore – hier wurde, lange nach dem Tod, weiter gelitten. Viele hatten keine Nasen mehr, anderen hatte man einen Schnauz aufgemalt oder einfach die ganze Statue verschmiert, die Ohren abgehauen, die Augen schwarz ausgemalt. Ein paar Statuen sahen so rauchgeschwärzt aus, als habe jemand versucht, den Stein abzufackeln.

Ein ungeheurer Zorn der Nachgeborenen kam hier zum Ausdruck, die tiefe Kränkung durch die eigene Bedeutungslosigkeit, die sich entladen musste an diesen Erfolgreichen, die man den Späteren als Autoritäten hier hingestellt hatte. Eine Allee der Namhaften, gegenüber denen eine hoffnungslos überforderte, weil von den Erziehern im Stich gelassene und ohne Vorbilder aufgewachsene neue Generation, um das Wort Jugend zu vermeiden, nur diese eine Antwort, den Vandalismus, kannte. Kaputt machen, was uns kaputt macht, hatte das Schlagwort einmal geheißen. Diese Skulpturen hier waren offenbar eine doppelte Provokation: durch ihren Anspruch auf Ewigkeit, die ihnen der Marmor verlieh, und durch den Anspruch auf Respekt, der von den Leistungen der Porträtierten ausging.

Wir saßen inmitten der Trümmer eines Bildersturms, der ein Bildungssturm zu nennen gewesen wäre. Zu unseren Füßen der übliche Müll, Zigarettenschachteln, Plastikfetzen, Kippen, Bierflaschen, zerknautschte Cola-Büchsen, die Aufschrift *non disperdere nel ambiente* noch lesbar – Aufforderung, die nur zum Widerspruch einlädt.

«Diese Statuen hier sind schon oft wieder instand gesetzt worden», sagte Fellini. «Vor über zwanzig Jahren hat ein offenbar geistesgestörter Obdachloser, ein Pole aus Lublin, der behauptete, er wolle die Aufmerksamkeit auf das ausgeblutete Polen, sein Heimatland, lenken, sechsundachtzig Büsten mit einem Pflasterstein schwer beschädigt», sagte Fellini schwermütig, «die Polizei hat ihn geschnappt, als er im Morgengrauen mit einem Stein auf die Statuen einschlug. Er war in gewisser Weise ein Held.»

Er habe einen Sack bei sich getragen, in welchem er schon Dutzende von abgeschlagenen Nasen gesammelt hatte.

Fellini lachte ein hohes, meckerndes Lachen. Zehn Büsten habe er vollständig in Stücke gehauen, fünfzehn geköpft, dem Rest Nasen, Bärte, Ohren abgeschlagen. Inzwischen brauche es keine Polen mehr. Die römische Jugend sei inzwischen selbst zum Bildersturm fähig. Ein Mekka für Sprayer, das sei Rom geworden.

«Müssen wir uns nun damit abfinden», fragte ich Fellini: «Wir sitzen in einer Müllhalde, und diese Müllhalde war eine der schönsten Parkanlagen der Stadt Rom?»

«Wir erzeugen den Müll, der wir sind», brummte er.

Er hatte sich mit den Unterarmen auf die Knie gestützt und vornübersinken lassen. Ich sah nur noch Mantelrücken und Hut und dachte an jene lange Sequenz in *Roma*, in der er den Regisseur spielt. Fellini ist Fellini, im Auto des Aufnahmeleiters, er hat das Funkmikro in der Hand, mit dem er dem nebenherfahrenden Kamerawagen mit dem Operateur Anweisungen gibt. Der Filmtross fährt unter einer zerschlissenen, flatternden Plastikplane im strömenden Regen durch ein Inferno.

«Das Rom von heute», sagt ein Sprecher im Off: Platzregen, tobender Verkehr auf dem Autobahnring, Baustellen, Lärm, riesige Werbeplakate, Huren am Straßenrand, Müll, zwischen den Autokolonnen ein weißes Pferd, Fußballfans in einem Bus, Sirenen, ein Unfall, Tote auf dem Asphalt, Feuer. Die Hölle.

«Die wirkliche Hölle, die tägliche, hat Ihnen nicht genügt, damals», sagte ich zu Fellini, «einen halben Kilometer Autobahn haben Sie in Cinecittà nachbauen lassen, samt Straßenlampen, Reklameschildern, Verkehrszeichen, Leitplanken und Rastplätzen.»

Fellini schaute auf.

«Kommen Sie mir nicht auch noch mit der ewigen Fragerei nach meinen Studiobauten, Bakman», sagte er ärgerlich. «Sie hat Ihnen doch Eindruck gemacht, die Szene, oder? Na also.

Wenn Sie die Hölle zeigen wollen, dürfen Sie keinen Neorealismo machen. Nix Originalschauplätze und solche Naivitäten. Die Hölle, das gehört ins Opernfach, mein Lieber, in eine Sparte, deren Kunst die Übertreibung ist. Die Hölle, die wir jeden Tag erleben, wäre, direkt abgefilmt, zu gewohnt und zu gewöhnlich für uns.»

Und, als hätte er meine Gedanken erraten: «Sie empfinden auch meine Motorradfahrer, die Höllenreiter, als Symbole, und eigentlich harmlos? Als apokalyptische Reiter in einen Bereich transportiert, wo letztlich alles verzeihlich wird?»

Ich sagte besser nichts.

«Ich sage Ihnen: der Motorradfahrer in Amarcord ist nicht harmlos, sondern genau wie der von Ihnen überall registrierte Wind sowohl ein Zeichen für Lebenskraft, für Brutalität, wenn Sie wollen, als auch ein Zeichen für Vergänglichkeit, für Tod. Der Tod, der über die Reste des Feuers, das wir freudig veranstaltet haben, hinwegbraust. Was bleibt, ist Asche. Haben Sie gemerkt, welche Mühe ich mir gegeben habe, um das Echo des rasenden Motorrads in der leeren Stadt nachhallen zu lassen?»

Ich nickte.

«Wenn Sie genau hinsehen, erkennen Sie am Schluss, im Hintergrund der Hochzeitsszene – Wind, vorne das Meer –, einen vor sich hin rostenden Bagger, der steht da so am Strand, in der Landschaft. Wir sind so, wir Italiener, dass wir alles hinter uns liegenlassen. Unser Leben zieht eine Müllspur hinter sich her.»

Ich erlaubte mir zu bemerken, dass das ja nicht unbedingt wünschenswert sei. Oder nötig. Oder nachahmenswert. Oder gar vorbildlich.

Er brauste auf.

«Ich sehe, Sie haben keine Ahnung von Italien, Bakkeman, keine Ahnung. Sie vertreten diesen nordisch-protestantischen Typus, der für alles eine Norm hat und der davon ausgeht, dass alle diese eine, diese eindimensionale Norm übernehmen müssen. Nur so weiter, mein Lieber, Italien wird Ihnen ewig fremd bleiben!

Sie möchten diese Statuen gern intakt haben, ja?, Sie möchten

Ihre vagen Träume träumen, ja?, als einer von ihnen womöglich? Aber das Große, das Schöne, das Seelenvolle, caro Svizzero, ist im Gegensatz zum Müll immer nur transitorisch. Wir empfinden es einen Augenblick lang, erhaben und erhebend – was wirklich bleibt, ist der Müll.»

Er schluckte.

«Einen Augenblick lang sehen wir, wenn wir in die unterirdische Kaverne einbrechen, die Schönheit der Fresken, und sie verlöschen, während wir sie betrachten wollen. Sie werden zu Staub genau durch den Umstand, dass wir sie betrachten – der Staub ist das, was bleibt.

Ganz Rom ist auf Dreck gebaut, auf Schutt, und im Verlauf der Jahrhunderte, Jahrtausende Meter um Meter höher geworden. Die Tage vergehen, der Müll ist das, was durchhält, andauert, sedimentiert und zu unserer Vergangenheit verbackt. Unser Atem vergeht, und die Nächsten häufen Müll auf unsern Müll. Unter der Erde ruht der strahlende Abfall, das Meer trägt Müllfrachten, im Pazifik schwimmt schon ein Teppich aus Müll im Kreise, der so groß ist wie ganz Mitteleuropa. Wir transportieren Müll von einer Halde zu einer anderen Deponie, vergiften nebenbei einigen Millionen Menschen das Trinkwasser, schichten den Schutt zu Bergen wie hier in Rom den Testaccio, schütten Halden auf, überziehen den Planeten mit einer Kruste aus Kacke, Plastik und Chemie. Das, caro, ist eine milliardentonnenschwere Tatsache ... Während das Schöne, ja, das Schöne, ich weiß nicht, es dämmert auf, zieht vorbei, war nur ein Traum.»

Er ächzte.

«Wie haben Sie das ausgehalten?»

Er schwieg.

«Ich meine», sagte ich: «in Ihrem täglichen Leben.»

«Ach», sagte Fellini. «Ich habe auf diese Frage schon damals eine Antwort gegeben. Ich habe gelebt, und also glücklich gelebt, wenn ich am Drehen war, am Drehen oder auch am Konzipieren, oder dann am Schneiden. Können Sie sich vorstellen, was das für einen Spaß macht, Töne anzulegen? Aber die langen Strecken dazwischen ... Das kann man schon Depression nennen, diese leere Zeit, in der die Zweifel über das Ungenügen zur Gewissheit werden, die Zeiten, die man füllt mit Erledigungen und, faute de mieux, mit Vergnügungen, der sogenannten Abwechslung. Die schnell schal wird. Sehen Sie, ich war bekannt dafür, dass ich oft im Bolognese dort unten saß. Aber ich sage Ihnen, wenn Sie zum hundertundfünfzigsten Mal den gewiss hervorragenden Siedfleischsalat dort gegessen haben, haben Sie genug davon. Das Schöne ist etwas, das sich nicht wiederholt, niemals, ist, wenn es sich überhaupt blickenlässt, jedes Mal neu und jedes Mal anders.»

«Ist das Claudia? Ist das das junge Mädchen in La Dolce Vita.»

«Ich gebe keine Antwort auf Fragen, bei denen Sie die Antwort wissen», sagte Fellini mürrisch. «Überhaupt, bin ich mit Ihnen hierherspaziert, um nun ein Interview zu geben? Alles ist längst gesagt. Ich habe euch das alles hinterlassen, meine Spur ... Meine Figuren, und meine Geschichten, und sie drehen sich um mich als ihren Urheber wie meine ganze Welt, nicht nur die Claudia, auch die Clowns, die Lebenszauberer, der elende Casanova, die Musiker, Engel und Huren, aber es stimmt, ich zeige auch das Abscheuliche ...»

«... die Müllwerdung des Menschen ...»

«... die Müllwerdung des Menschen, wenn Sie auf dem Ausdruck beharren, aber ich zeige es quasi als Hintergrund: es geht mir um das Rätsel ... Woher nehmen wir die Kraft, dies alles zu bestehen, wenn nicht aus der Sehnsucht nach den anderen Augenblicken, denen, in denen wir glücklich sind wie auf einem großen Fest, La vita è una festa, sagt Anouk in Otto e mezzo, viviamola insieme.»

«Das Leben ein Fest, und die Aufgabe, es zusammen zu feiern – Ihre Moral, Ihre Summe?»

«Ich gebe keine Lebenshilfe. Verwechseln Sie mich bitte nicht mit Bertolucci. Wissen Sie, diese Filme habe ich für mich gemacht, nur für mich. Ich wollte sie haben, für die Dauer ihrer ersten Projektion, ich wollte diesen Augenblick haben im Kino. Danach ... Wissen Sie, *Vom Winde verweht*, das fand ich immer eine schöne Prägung. Es hat mich geärgert, damals, dass es diesen Titel schon gab, man hinderte mich daran, ihn zu erfinden. Sie haben übrigens schon recht, der Wind ... und das Meer ...»

Er richtete sich auf, warf den schweren Kopf nach hinten, starrte in den dunkler werdenden Himmel.

Ich dachte: das-Meer-in-uns, wo hat das einer gesagt?

«Wie weit ist es zum Meer von hier», sagte Fellini, «vielleicht zwanzig Kilometer? Wir sind am Meer, und sind es doch nicht, sind da und nicht da, wir träumen von ihm, wir möchten es hören, und wenn der Wind von Ostia her kommt, glauben wir es zu riechen. Wir sehen die Möwen über der Stadt, da ist ihr Schrei. Die Möwen sind das Zeichen fürs Meer, das wir nicht sehen. Gibt es irgendjemanden, auch nur einen einzigen Menschen auf dem Globus, der nicht eine Sehnsucht nach dem Meer hätte? Item ...»

Er schwieg.

Ich sagte nichts.

Als er das Schweigen brach, sagte er: «Lassen Sie uns gehen.»

Er wolle noch den Flaiano treffen.

«Kennen Sie Flaiano», fragte er, «Ennio Flaiano? Wir hatten schöne Zeiten, dann trennten sich die Wege ... Seit wir nicht mehr hier wohnen, verstehen wir uns wieder. Er war doch, neben Pinelli und Tonino Guerra, neben Marcello Mastroianni und Nino Rota, mein wichtigster Mitarbeiter, vielleicht mein bester Freund. Ich bin berühmt geworden, alle haben sie mir dazu verholfen, aber Flaiano blieb etwas in meinem Schatten. Er wurde bitter, und er hätte mehr verdient, als er bekam. Nicht nur Respekt, den hat er genossen, auch Liebe, die Liebe, die man nur geschenkt bekommen kann.

Wir haben ein kleines Restaurant», Fellini wurde lebhaft, «oben an der Via Sicilia, gleich bei der Via Veneto. Es heißt Il Tempio di Baccho, empfehlenswert, Batman, gehört einem Araber namens Samir.

Der hat da ein Stübchen, das ist ausgemalt mit einem luftigen Fresko aus unserer Zeit. Anni cinquanta, sessanta, fünfziger oder sechziger Jahre. Darunter sitzen wir gern, Ennio und ich, zwei Monster, zwei Mohikaner in einem Raum voller Erinnerungen. Die Nüdelchen mit Zitronensauce sind übrigens hervorragend, die Kalbshaxe wird am Stück gebraten, die Desserts sind verschwenderisch.

Wenn Sie gern Bitteres haben, lesen Sie Flaiano. Lesen Sie das *Nächtliche Tagebuch*. Oder etwas anderes aus seinen Notizen und Aphorismen. Alles, was er über Italien schreibt, ist so sarkastisch, wie wir es verdient haben. Wissen Sie, was er über Rom gesagt hat? Dies sei die einzige Stadt des Nahen Ostens, die kein Europäerviertel besitze.»

Fellini wollte nicht, dass ich ihn durch den Park begleitete. Es waren von hier auch nur ein paar Minuten bis zur Via Veneto, zur Porta Pinciana und zu dem rastlosen Verkehr auf dem Straßenstück davor, dem schäbigen Dreieck, das heute «Largo Fellini» heißt.

Capo S. M. di Leuca. ∎ Nach Ótranto, dem letzten – oder dem ersten? – Vorposten der Kultur, verdünnt sich die Straße.

Ótranto, das war noch einmal die ganze Welt. Die große Saga ihrer Schöpfung und ihrer Geschöpfe, ihrer Geschichte und ihrer Geschichten, der Märchen, der Mythen und des Wissens. Ein murmelndes Mosaik, raunende Weisheit, der Kirchenboden der Basilica dell'Annunziata vollständig bedeckt, 12. Jahrhundert, die Welt der Geister und der Taten, der Mensch.

Dann folgt die Küstenstraße, gleich einer Höhenkurve, dem Saum des Meeres. Kahl ist alles geworden, nur das Wasser dort unten und hier dieser steinige Steilhang. Kaum ein Baum. Das Asphaltband schmal, beim Kreuzen der wenigen entgegenkommenden Fahrzeuge gilt es anzuhalten. Es ist März, und der Wind bläst kühl. Eine einzelne Mimose sagt, dass es für einen richtigen Frühling noch zu früh ist. Man sieht das Wasser gegen die Felsen schlagen, man hört nichts, die Autofenster bleiben geschlossen.

Am Morgen des 28. Juli 1480 erschien hier eine gewaltige Flotte am Horizont. Es waren 150 Schiffe mit 18 000 Mann Besatzung. Am 29. Juli begannen Türken mit der Belagerung der Stadt, besetzten die ersten Häuser. Óranto wehrte sich. Am 11. August erreichten die Angreifer über die zerstörten Mauern und Befestigungen die innere Stadt. Sie drangen in die Kathedrale ein und metzelten Erzbischof Stefano Agricoli und die Seinen nieder, die er, den Tod vor Augen, im Glauben zusammenhielt. Am Tag darauf wurden 800 Otranter, die sich weigerten, zum Islam überzutreten, auf dem Minervahügel hingerichtet. Am 10. September 1481 mussten sich die Türken dem Ansturm der Truppen des Alfons von Aragon ergeben und wurden verjagt. Sie hinterließen einen Schutthaufen und dreihundert Überlebende, dreihundert von ehemals sechstausend Christen.

Das war einmal, und, nein, das kommt nicht wieder.

Es sind nur fünfzig Kilometer von Óranto nach Marina di Leuca, aber sie erscheinen endlos. Die Karte gaukelt eine Küstenstraße vor, die es so nicht gibt: nicht so breit, nicht so bequem, nicht so gestreckt. Am Kap ein Sommerdorf, Villegiatura, das jetzt vorwiegend aus geschlossenen, toten Häusern besteht. Eine Bar hat offen. Am äußersten Punkt der Leuchtturm. Capo S. Maria di Leuca ist der südöstlichste Punkt des Stiefels.

Es ist immer ein merkwürdiges Gefühl, an einem solchen Ort zu stehen. Du wartest auf eine Eingebung, einen Einfall, der dem Ort angemessen wäre, aber es tut sich nichts. Eine steil abfallende Geröllhalde, auf das Felsband auftreffend, das vom Wasser umspült ist. Du starrst auf die Fläche des Meeres, suchst den Horizont. Je älter man wird, desto weniger weiß man, wo man hinschaut.

In dem struppigen Gebüsch wehen Plastikreste. Ausgetretene Pfade im steilen Hang. Einige Touristen klettern auf den Felsen, schauen aufs Meer.

Zusammenfluss von Adria und Ionischem Meer, das weiß man, sehen kann man es nicht. Schon gar nicht auf den Fotos, die man hier trotzdem macht, Fotos, die vom Wissen ausgelöst sind, nicht vom Schauen, Fotos gegen das bessere Wissen, dass auf ihnen das Entscheidende nicht zu sehen sein wird.

Flüchtlinge, Schlepper, Verschleppte kommen hier keine an. Die landen weiter oben, nördlich von Ótranto, von wo es bloß achtzig Kilometer nach Albanien sind, und sie kommen, von Süden, in den Golf von Táranto. Keine Schiffe zerschellen. Keiner bricht von hier auf.

Man steht und starrt. Man ist deswegen bis hier heruntergefahren. Jetzt steht man da und sieht nichts. Kleine flackernde Lichter auf Schaumkronen. Man weiß, in genau östlicher Richtung, hundert Kilometer weiter, und man ist in Korfu. Griechenland, wieder eine andere Welt –

Im Süden Afrika. Du stellst dir vor, wie ein Strom von Müll von Venedig herunterkommt. Hat er die Meerenge hier durchquert, schwimmt er nach Süden, nach Osten, dem Müllstrom entgegen, der von dort herkommt. Bei Alexandria kriecht der Müll an Land, den Nil hinauf, vielleicht bis Kairo. Oder nach Bengasi, Tripolis, Tunis. Was uns verbindet, ist der Müll, das schwimmende Band unseres Abfalls. Die verzweigten, die zuverlässigen Straßen aus schaukelndem Plastik. Das, was nach uns bleibt und was wir hinterlassen.

Schiff nach Sizilien. ▮ Während einer nächtlichen Reise mit dem Fährschiff von Civitavecchia nach Palermo spürte ich die Erleichterung darüber, dass das Auto tief unten im Schiff ruhte, nicht gefahren werden musste. Am frühen Morgen ging die Sonne im Kabinenfenster auf. An Deck stand, im steifen Wind, als Sizilien sich näherte und Palermo seine Bucht für unser Schiff öffnete, ein Großvater mit seinem Enkel. Er fasste das Kind um die Schultern und zeigte mit dem freien Arm auf die Stadt.

«Das ist Palermo! Dort, das ist der Hafen! Der Berg hier, das ist der Monte Pellegrino! Da, entlang der Küste, geht es zum Schloss von Bagheria! Schau, jetzt erkennt man schon die Palmen am Hafen!»

Das Kind, dachte ich, wird diesen Augenblick niemals vergessen, den Morgen, als es mit dem Nonno auf dem Schiff in Palermo ankam.

Ja, das Meer –

Ich wiederum kann niemals vergessen, wie ich einem Matrosen in Messina dabei zusah, wie er das Scharnier der Ladeklappe an unserem Fährschiff mit einem Eimer voll Schmieröl übergoss, einem Strom von Öl, der sich über den Stahl in das darunterliegende Meer ergoss.

Letztes Ufer Lampedusa. ▌ Es ist wieder Saison. Die Barken, die Pötte, die Seelenverkäufer sind wieder unterwegs mit ihrer elenden Fracht, den Pakistanern, Somaliern, Sudanesen, Ägyptern, Nigerianern und all den anderen, die hinter sich das Nichts und mit sich eine Vorstellung von Europa haben, die nur bitter enttäuscht werden kann.

Die, die überleben. Es hätte das Pressebild des Jahres sein müssen, das Foto jener Barke, aus der ein Dutzend dunkler Gesichter in die Kamera blickt, während unter und hinter ihnen der Haufen der Leichen jener Passagiere zu sehen ist, die die Überfahrt nicht überlebt haben: Männer, Frauen, Kinder. Die, die am Leben blieben, mit geweiteten Augen, von den Schrecken der siebzehntägigen Irrfahrt gezeichnet, ohne Nahrung, ohne Wasser, in barer Angst. Unter den Leichen lag einer, der noch lebte. Den bittersten Kommentar schrieb ein Karikaturist, Ellekappa. Zwei Zeitungsleser; der eine: «Jene Hunderte von Leichen auf dem Grund des Mittelmeers sind nur die Spitze ...» Der andere: «Der Rest des Eisbergs bleibt zum Sterben zu Hause.»

Die, die es schaffen, landen an der Küste Siziliens oder auf Inseln wie Lampedusa oder Pantelleria, felsigem Eiland weit draußen im Meer, näher an Afrika als an Italien, oder sie werden auf dem offenen Meer aufgebracht. Lampedusa als Schauplatz, eine Insel von Fischern und Bauern, Feigen, Kaktus, wilde Oliven: 3,3 Kilometer Umfang, 205 Kilometer von Sizilien entfernt, aber nur 113 von der tunesischen Küste. Der Notruf des Bürgermeisters von Lampedusa entsprang einem neuen Schrecken: es gäbe nicht genügend Särge, um all die Toten aufzunehmen. Der Bischof von Agrigento: «Lampedusa ist ein Friedhof geworden.»

Lampedusa. Schon der Name erinnert zwingend an einen anderen, der Inbegriff geworden ist für Schiffbruch, Untergang, Tod und wunderbares Überleben, erinnert an das weltberühmte Gemälde des französischen Malers Théodore Géricault, 1791–1824, sein «Floß der Medusa». Das Riesenbild mit seinem ungeheuerlichen Gestus, malerisch bis ins Detail recherchiert und belegt, ein Tatsachenroman im Aggregatzustand des Pathos, erweist sich immer wieder als die Leit-Ikone unserer Zeit, als Vorwegnahme jenes wichtigsten aller Phänomene, die das 20. mit dem 21. Jahrhundert verbinden: Flucht, Aufbruch, Wanderung, Migration, Lebensgefahr, Tod.

Im Norden der Halbinsel, die kraft ihrer Gestalt – diesem langen Arm, der tief ins Mittelmeer greift – zum Ziel Tausender geworden ist, in der Lombardei möchte die Lega die Einwanderungsgesetze verstärken. Während noch weiter oben, in Brüssel, das Vereinte Europa um eine gemeinsame Haltung ringt, hilft man im Süden pragmatisch und selbstlos den «Extracomunitari», auch «Clandestini» genannt, Menschen, die freilich gar nicht heimlich, sondern in vielfacher Beziehung unheimlich sind.

Italien, das klassische Auswandererland, erlebt in einem langen und schmerzhaften Prozess die Umkehrung seiner Verhältnisse und mithin das, was wir alle mehr oder weniger vor Augen haben. Über jenes Europa, das einmal aufgebrochen war in die neuen Welten, brechen nun die Anderen, die Fremden herein. Was noch aussehen mag wie befristete Heimsuchung, wird unser Schicksal sein ...

Wir wissen das, gewiss. Aber es ist etwas anderes, etwas zu wissen, oder es jetzt wieder in Form dieser Fotos zu erleben, Bildern, die uns eine uneingestandene, eine dunkle Schuld vorhalten.

17. Juni 1816. ▮ Um sieben Uhr morgens hatte die *Méduse* unter dem Kommando Monsieur de Chaumareys in der Bucht von Isle d'Aix abgelegt, begleitet von der Corvette *Echo*, der Fleute *Loire* und der Brigg *Argus*. Ziel: Saint-Louis im Senegal; Auftrag: die Festigung und der Ausbau der überseeischen Kolonie, um die man sich mit den Engländern stritt. Diese *Medusa* ist eine Arche Noah mit Menschen aller Art an Bord, fünf Mal auch als Pärchen vorhanden, die auf einem verheißungsvollen Kontinent, wo es bisher nur Tiere und Neger gibt, aber zu wenig Franzosen, für Ausbreitung sorgen sollen. 1816, zwei Jahre nach Wiener Kongress und unter dem restaurativen Regime des Bourbonen Louis XVIII., ist man daran, die französische Welt noch einmal ein bisschen auszudehnen.

«Jolie brise», notieren für die Ausfahrt Alexandre Corréard, Ingénieur-Géographe, und J. B. Henri Savigny, Chirurgien, die später über das Schicksal dieser Seefahrt berichten; sie werden, mit dreizehn anderen, die einzigen Überlebenden des *Medusa*-Floßes sein. Das Unglück können sie nicht ahnen, obwohl es ein böses Omen gibt: Als man Cap Finisterre umschifft, geht ein fünfzehnjähriger Schiffsjunge über Bord, den man trotz einiger Manöver nicht mehr auffischen kann.

Am 27. kreuzt man vor Madeira, am nächsten Tag ist man vor Teneriffa. In der Nacht des 29. Juni brennt es zweimal in der Kombüse des Bäckers, aber der Backofen kann am nächsten Tag neu aufgerichtet werden. Am 1. Juli erreicht man vor Cap Bayados den Wendekreis des Krebses, und das ist der Anfang des Verhängnisses.

Man feiert ausgelassen und ziemlich ausführlich die traditionellen Zeremonien der Wendekreisüberquerung. Begeht die Maskerade des «bonhomme tropique», und zwar «avec une rare bonhomie», unter Anstiftung des Kapitäns, der das Kommando an den unerfahrenen Monsieur Richefort abgegeben hat, wobei man auf den entblößten Oberkörpern der zusammengewürfelten Soldateska die Brandzeichen aus ihrer Sträflingsvergangenheit sieht, «c'était pendant des jeux qui durent trois heures qu'on peut bien appeler mortelles, que nous courions à notre perte».

Die Fregatte *Méduse*, von der Corvette *Echo*, die weiter im Offenen segelt, mit Zeichen und Schüssen gewarnt, steuert beharrlich einen zu südlichen Kurs, kommt noch heil über die Untiefen des mit Felsen gespickten Golfs von Saint-Cyprien, gerät in eine Flaute und wird immer näher zum Land getrieben. Die rechtzeitigen Warnungen der Landratten Corréard, Ingenieur, und Estruc, Arzt, werden in den nicht vorhandenen Wind geschlagen. Man kommt vor die Bucht von Arguin, das Wasser ist noch 18 Faden tief, man versucht, allerletzter Fehler, vor dem Wind davonzukommen, statt umzudrehen, das Wasser ist noch sechs Faden tief, zwei Minuten später sitzt die Fregatte, bei schönstem Wetter, auf Grund. «L'effroi est sur toutes les figures», schreiben Corréard und Savigny später, Entsetzen auf allen Gesichtern – außer auf denen von Gouverneurin und Gouverneurstochter Schmalz.

Die Damen Schmalz blieben auffallend gelassen, als die Fregatte auf die ihr bestimmte Sandbank vor der mauretanischen Küste auflief. Das war am 2. Juli 1816, um drei Uhr fünfzehn nachmittags, bei schönem Wetter und ruhiger See, auf 19 Grad 36 Nord und 10 Grad 45 West.

Mit unbewegten Mienen saßen sie auch in der Schaluppe, als der Gouverneur, Gatte und Vater, in einem Lehnsessel ins Boot niedergelassen wurde. Rundum Aufregung und Verzweiflung. Von Bord der auseinandergebrochenen *Méduse* stürzten sich Menschen ins Meer, baten um Aufnahme in der nur leicht besetzten Schaluppe des Gouverneurs. Sie wurden abgewiesen. Man schlug auf Hände und Arme, die sich ans Dollbord klammerten, während man unter den gelassenen Wartenden auch Herrn Richefort ausmachen konnte, den Kapitänsstellvertreter, der das Auflaufen der Fregatte direkt verschuldet hatte.

Einer der Zurückgebliebenen legte an Bord des überschwemmten Wracks mit dem Karabiner auf ein zweites Boot an, das des pflichtvergessenen Kapitäns de Chaumarey, der seinerseits, und gar nicht nach Kapitänsart, drauf und dran war, sich auf und davon zu machen. Ein Soldat verhinderte den Schuss.

Im großen Boot des Gouverneurs saßen neben Richefort vor allem Offiziere, insgesamt 42 Personen, in dem des Kapitäns Matrosen, insgesamt 28 Personen. Der Rest der Schiffbrüchigen, insgesamt 320 Personen, war verteilt worden auf vier kleinere Boote und, dies vor allem, nämlich 150 Seelen, auf ein hastig und notdürftig zusammengezimmertes Floß. 17 Menschen blieben, wohl angesichts dieses Floßes, freiwillig auf dem Wrack der Fregatte zurück.

Es war verabredet, dass die Boote das schwerfällige, unsteuerbare Floß mit vereinten Kräften an Land schleppen sollten. Das kleinste Boot, mit fünfzehn Personen an Bord, nahm das Tau gar nicht erst auf. In der allgemeinen Verwirrung des Aufbruchs, als von allen Gefährten der Ruf «Vive le Roi» ertönte, schleppten nur drei von sechs Booten das Floß landeinwärts; «wir hatten günstigen Wind, und die Matrosen ruderten die Leute, die sich vor der unmittelbaren Gefahr retten wollen, die uns umgab». Nun kappte aber, sei aus nautischen Verständigungsproblemen oder aus purem Egoismus, ein Boot nach dem anderen die Verbindung zum Floß, auf dem die Menschen dicht aneinandergedrängt standen, bis zu den Hüften im Wasser, bis zu den Hüften, auch nachdem man allen Ballast, darunter Mehl und Wasser, von Bord geworfen hatte.

Es herrschte das größte Durcheinander, berichten Corréard und

Savigny später, es seien überall nur halbe Maßnahmen ergriffen worden. Man versuchte, weiter draußen Anker zu setzen und damit die Fregatte bei Flut wieder flottzubekommen, was auch fast gelang, aber eben nur fast.

In der Nacht kommen Wind und Wellengang auf, die Fregatte wälzt sich in ihrem Sandbett «wie eine große Schlange, die um sich schlägt». Das Schiff wird langsam aufgegeben. Der Gouverneur, der in dem bequemen Rettungsboot Platz genommen hatte, hatte die Idee zu dem Floß gehabt (und wird die abgerissenen Überlebenden zwei Wochen später in Saint-Louis mit feuchten Augen zu ihrer Rettung beglückwünschen). Man erleichtert noch einmal das Schiff, aber wiederum nicht entschieden genug. Da bricht in der Nacht zum 5. Juli die Fregatte auseinander, «il creva au milieu de la nuit».

Dem abdriftenden Floß wird ein 25-Pfund-Paketchen mit Zwieback zugeworfen. Es fällt ins Wasser und verklumpt zu Brei, aber es ist die einzige Nahrung von hundertfünfzig Menschen, die nun auf hohe See getrieben werden.

Das Floß, das bereits eine kleine Strecke zwischen dem Wrack der *Méduse* und dem Land zurückgelegt hat, wird von der Ebbe ins offene Meer getrieben. Bald ist das Wrack der Fregatte außer Sicht. Man befindet sich gute zwölf bis fünfzehn Meilen vor der afrikanischen Küste, aber nun geht, bevor es Abend wird, zwischen den Balken des Floßes auch noch der kleine Kompass verloren, das einzige Instrument, das eine ungefähre Orientierung erlaubt hätte.

Der erste Tag auf See soll ruhig gewesen sein. Man vertreibt sich die Zeit mit Racheschwüren gegen die ungetreuen Gefährten, mit Hoffnungen auf ihre Rückkehr und mit Gebeten, und so kann man sich hier auch einen Augenblick der Beschreibung des Floßes zuwenden.

Dieses war zwanzig auf sieben Meter groß und aus Balken, Masten und Brettern zusammengeschnürt. Als die ersten fünfzig Unglücklichen darauf Platz genommen hatten, lag es schon siebzig Zentimeter unter Wasser, und man erleichterte es nochmals von allem Ballast. Schließlich tauchte es, und nun sind wir wieder auf dem offenen Meer, vorne und hinten einen Meter tief ein. Ein einfacher Mast war aufgerichtet worden, mit Seilen befestigt und mit einem improvisierten Segel besetzt, das aber das Floß beharrlich gegen seine Längsachse drückte.

Gegen Abend und in der Nacht kommt schwerere See auf. Man bindet sich mit Tauen zusammen, wickelt Seile um Gliedmaßen, um nicht über Bord gespült zu werden. «Die Schreie der Menschen vermischten sich mit dem Lärm der Wogen.» Die Schiffbrüchigen werden mit den Wogen von hinten nach vorne gepresst, und von da wieder nach hinten; einige gehen über Bord oder treiben zwischen Tod und Leben. Um sieben Uhr morgens beruhigt das Meer sich endlich, man findet zehn bis zwölf Eingeklemmte und Tote zwischen den Balken, zwanzig andere sind weggeschwemmt worden. Zwei Söhne finden ihren Vater wie tot eingeklemmt und zerschmettert zwischen den Balken; während der Unglückliche ins Leben zurückkehrt, stürzen sich zwei Schiffsjungen und ein Bäcker in die Fluten.

«Le jour fut beau.»

Am Abend kommt wieder Wind auf, eine schlimmere Nacht steht bevor.

Die Wogen schlagen über dem Floß zusammen. Wer sich nicht in der Mitte anbinden kann, geht über Bord. Andere werden im Gedränge erstickt. Gleichzeitig muss man, damit das Floß nicht kentert, ständig von der einen auf die andere Seite wechseln. Soldaten und Matrosen schlagen ein Loch in ein Weinfass und beginnen, sich zu besaufen. Delirium auf hoher See, der Mob erhebt sich gegen Vorgesetzte und Zivilisten. Einer schlägt mit einer Axt auf die Verbindung zwischen den Balken ein und beginnt, das Floß zu zerstören. Man stürzt sich auf den Mann und wirft ihn ins Meer. Revolte. Mit Säbeln und Messern geht man aufeinander los. Unteroffiziere und Passagiere wollen das Floß gegen die Übermacht der Aufständischen erhalten. Der improvisierte Mast fällt. Einige, die ins Wasser stürzen, werden wieder aufgefischt. Die Aufständischen werfen sich auf die Geretteten, einem von ihnen versuchen sie die Augen auszustechen. Einem anderen wird der Schädel gespalten. Die einzige Frau an Bord, eine in vielen Kriegen erfahrene Marketenderin, und ihr Mann werden über Bord geworfen, wieder eingeholt. «Wir setzten die beiden Unglücklichen auf die Körper der Toten und lehnten sie an ein Fass»; da lehnen sie nun, ein rührendes Gruppenbild, «aber nur wenige hatten die Zeit, wenn man das so sagen darf, sich davon bewegen zu lassen».

Was zu den Schrecklichkeiten des späteren Berichts gehört, ist seine französische Courtoisie.

Menschlicher Abschaum aus aller Herren Länder, so Corréard und Savigny, sind diese aufständischen Soldaten, ehemalige Sträflinge aus den Bagnos des Empire, denen die Brandmarken in die Brust gebrannt waren. Nach Mitternacht geht es erneut los. Mit Messern und Säbeln werfen sich die Höllenhunde auf die in der Mitte Zusammengedrängten und sind «für die Stimme der Vernunft vollkommen taub».

Bald ist das Floß mit Leichen bedeckt. Wer keine Waffe hat, geht mit den Zähnen auf die andern los, viele der braven Verteidiger sind bald von schrecklichen Bissen gezeichnet. Am Morgen sind weitere sechzig bis fünfundsechzig Schiffbrüchige tot oder verschwunden. Sechzig Menschen bleiben immer noch. An einem Fass lehnt der Matrose Coudin, einen Jungen im Arm; die beiden waren mitsamt ihrem Fass ins Wasser geworfen worden und konnten gerettet werden. Der meiste Wein und alles Wasser sind weg. Die restlichen sechzig Personen werden auf halbe Ration gesetzt. Alle beginnen an geistiger Verwirrung zu leiden, wollen sich ins Meer stürzen, haben Halluzinationen, Essphantasien.

Einer sagt zu einem anderen: «Befürchten Sie nichts, Monsieur, ich werde an den Gouverneur schreiben und mich beschweren.» Dieser antwortet: «Haben Sie denn eine Brieftaube, um den Brief zu spedieren?»

Man versucht, ohne Erfolg, etwas zu fischen. Ein Hai zerbeißt ohne weiteres das Bajonett, das ihn töten soll. Und jetzt wird der Hunger übermächtig. «Die Unglücklichen, die der Tod noch verschont hatte, stürzten sich auf die Leichen, mit denen das Floß bedeckt war, schnitten sie in Stücke, und einige verschlangen sie unverzüglich.»

Andere berühren das Fleisch nicht; fast alle Offiziere sind unter diesen. Als man sieht, dass die schreckliche Nahrung denen Kraft gibt, die sie zu sich genommen hatten, schlägt man vor, die Stücke zu trocknen, um ihren Geschmack erträglicher zu machen. Jene, die sich enthalten konnten, nehmen mehr vom Wein.

«Wir versuchten, die Säbelgehänge und Patronentaschen zu essen, und wir schafften ein paar kleine Stücke. Einige aßen Wäsche, andere das Leder der Hüte, an dem es ein wenig Fett hatte oder vielmehr einfach Dreck. Ein Matrose versuchte es mit Exkrementen, aber es gelang ihm nicht.»

«Le jour fut calme et beau.»

Das Wasser geht den Schiffbrüchigen noch bis zu den Knien, in der Nacht stehen sie aufrecht, gegeneinandergelehnt, bilden eine unbewegliche schlafende Masse. Am Morgen liegen zehn oder zwölf Gefährten tot auf den Planken; man wirft sie ins Meer bis auf einen, den man als Proviant aufbewahrt.

An diesem Tag gelingt es, ein paar fingerkleine Fliegende Fische zu fangen, die sich unter dem Floß aufgehalten haben. Man bringt es fertig, in einer Tonne ein schwaches Feuer zu entzünden, die Fische werden gekocht, für jeden gibt es kaum eine Handvoll. In der Nacht neues Massaker. Spanier, Italiener und Schwarze erheben sich unter Führung eines Piemontesen, den andern gelingt es, alle ins Meer zu befördern. Wieder fliegt die Marketenderin ins Wasser, wieder wird sie gerettet, «die Unglückliche, sie konnte nicht voraussehen, für welches schreckliche Ende sie bestimmt war».

Am fünften Tag sind weniger als dreißig Personen übrig. An den Beinen ist kaum mehr Haut. Am Körper überall Wunden und Prellungen. Das Salzwasser nässt die Verletzungen; das Floß ist Schreien und Stöhnen. Höchstens zwanzig können sich noch selbst auf den Beinen halten und gehen. Aber der Mensch kann noch viel. So vergeht auch der sechste Tag, «et ainsi arriva le septième jour». Zwei Soldaten machen sich an den Wein, der längst streng rationiert ist; darauf steht nach dem Floßreglement die Todesstrafe. Die beiden werden ins Meer geworfen. Der zwölfjährige Leon, jener, den der brave Coudin im Arm gehalten hat, «verlischt wie ein Licht, das zum Brennen keine Nahrung mehr hat». Als er noch lebte, war er ständig hin und her gerannt auf dem Floß, über die Gliedmaßen der anderen hinweg, ohne auf ihre Schreie zu achten, nach den Eltern, nach Rettung rufend.

Siebenundzwanzig bleiben nun übrig. Fünfzehn von ihnen scheinen noch einigermaßen überlebensfähig. «Alle anderen hatten fast vollständig den Verstand verloren.» Oder sind kurz vor ihrem letzten Atemzug. Aber sie zehren von der Ration, die fürs Überleben reichen sollte. Man rechnet. Die Sterbenden könnten vor ihrem Tod noch dreißig bis vierzig Flaschen Wein konsumieren, die für die anderen von unschätzbarem Wert waren. Man hält Rat. Eine halbe Ration für die Schwachen würde nur ihr Sterben verlängern. Man beschließt, sich ihrer zu entledigen. «Drei Matrosen und ein Soldat übernahmen die grausame Exekution. Wir wandten die Augen ab.» Unter jenen, die man loswird, sind die Marketenderin und ihr Mann.

Sechs weitere Tage und Nächte stehen bevor. Aber das können die Überlebenden nicht wissen. Für sie werden es die schlimmsten Tage. Mit letzter Kraft bauen sie in der Mitte des Floßes ein erhöhtes Podest, auf dem sie sich ausstrecken können. Einmal sitzt ein weißer Schmetterling am Mast; ist es der, der mit seinem Flügelschlag den Sturm ausgelöst hat? Eine große Möwe fliegt um das Floß, und alle trachten danach, sie zum Niedersitzen zu bewegen, um sie einzufangen, vergebens. Man versucht, sich aus Fetzen ein Lager zu machen. Alle trinken nun ihren Urin, nur einer nicht. Monsieur Savigny, der Berichterstatter, bemerkt an dem anderer, «dass einige von uns einen Urin hatten, der angenehmer zu trinken war». Der Urin des Nichttrinkers schmeckt ihm «nicht wirklich unangenehm». Aber auch dieser Urin wird weniger, wird dicklich und scharf. Kaum hat man ihn getrunken, entleert man sich schon wieder. Manche stellen den Urin an einen Schattenplatz, damit er abkühlt.

Eine Zitrone findet sich, die der Finder gegen alle andern verteidigt. Dreißig Knoblauchzehen kommen aus einem kleinen Sack zum Vorschein. Man netzt die Zunge mit einem Tröpfchen Zahnwasser, von dem zwei Phiolen da sind. Auch kleine Zinnstückchen lindern auf der Zunge das unerträgliche Durstgefühl. Man süffelt Wein durch einen Federkiel, und alle fühlen sich dadurch regelrecht betrunken. Aber nein, noch ist das Ende nicht da, noch immer nicht. Haifische umkreisen das Floß, von denen einige zehn Meter lang erscheinen. Der brave Lavilette, Werkmeister, versucht die Tiere zu erstechen; sie tauchen und erscheinen ein paar Sekunden später ungerührt wieder an der Oberfläche. Quallen werden an Bord geschwemmt und verursachen dort, wo sie die geschundene und aufgeplatzte Haut berühren, die unerträglichsten Schmerzen. Das Gespräch dreht sich, immer noch, immer wieder, um die Rettung. Einer sagt noch den unvermeidlichen Scherz: Wenn es die *Argus* ist, die uns sucht, möge Gott ihr die entsprechenden Augen verleihen.

Am 16. Juli beschließt man, dass acht der Beherztesten versuchen sollten, die (weiterhin unsichtbare) Küste zu erreichen. Eine Art Boot aus Fassdauben wird gezimmert und mit einem kleinen Segel aus Fetzen versehen, sechzig oder siebzig Zentimeter breit, einige Meter lang. Die Abfahrt wird für den folgenden Tag festgesetzt. Als ein Matrose das Boot ausprobieren will, kentert es sofort. Man beschließt, den Tod auf dem Floß gemeinsam zu erwarten.

Der 17. Juli zeigt sich mit klarem Himmel. Vom Rest des Weins nimmt jeder einen kleinen Schluck. Da entdeckt ein Infanteriehauptmann ein Schiff am Horizont. Es ist die Brigg *Argus*. Jubelschreie. Aber die Brigg dreht ab. Tiefste Verzweiflung. Es gelingt, aus den Fetzen eines Segels ein kleines Zelt als Sonnenschutz herzustellen. Man beschließt, die Geschichte des Floßes und die Namen der Überlebenden in eine Planke zu ritzen und diese am Mastbaum zu befestigen, um so der Welt vom Floß der *Medusa* zu berichten.

Nach zwei Stunden verlässt Courtade, der Kanonenmeister der *Medusa*, das Zelt. Ein Aufschrei, sein ausgestreckter Arm: die Brigg ist noch einmal zurückgekehrt, kommt längsseits, nimmt die fünfzehn Überlebenden an Bord. Vier sterben in der Folge an Erschöpfung, Schwäche oder, wie eine andere Quelle sagt, daran, dass sie sich an Bord der *Argus* überfressen.

Im Februar und März 1817 beschäftigt sich ein Marinegericht an Bord eines Kriegsschiffs im Hafen von Rochefort in geheimer Verhandlung mit dem Schiffbruch der *Medusa*. Kapitän de Chaumarey wird degradiert und zu drei Jahren Gefängnis verurteilt. Normalerweise steht auf seine Vergehen – die Umstände des Schiffbruchs und sein Verhalten danach – die Todesstrafe. Über Prozess und Urteil wird in der Presse nicht berichtet. Die Überlebenden Corréard und Savigny richten eine Petition an die Regierung unter Ludwig XVIII., die Opfer müssten entschädigt und die mitschuldigen Offiziere bestraft werden. Die Regierung antwortet mit Schikanen, Bußen und Haft. Savigny und Corréard werden aus dem Staatsdienst entlassen. Im November 1817 erscheint die erste Auflage ihres Berichts, *Naufrage de la Frégate La Méduse*, nach ein paar Monaten die zweite, Anfang 1818 schon die englische Übersetzung.

Corréard etabliert sich als Verleger und publiziert politische Pamphlete. Sein Laden am Palais Royal, der während Jahren ein Herd der politischen Opposition gegen die Restauration und ein Dorn im Fleische der Regierung ist, heißt «Au naufragé de la Méduse».

Ausblick in Agrigent. ▮ Eine Endstation. Oder ein Anfang, wie man's nimmt. Die Griechen haben hier, 500 Jahre vor Christus, auf einer Hangterrasse über dem Meer, eine Stadt und einen riesigen sakralen Bezirk hingestellt. Sie waren angekommen, sie haben sich eingerichtet, 581 vor Christus; das griechische Akragas war, sagt der Reiseführer, «eine der größten und herrlichsten Städte des Altertums». Vor sich, über sich, hatten sie Sizilien und die italische Halbinsel.

Wenn man heute von der Terrasse, auf der die Tempel stehen, aufs Meer hinausblickt, nach Südosten, um genau zu sein, kann man sich vorstellen, dass dies ein Ort für größeres Heimweh war. Denn dort drüben, dort, wo man nichts sieht, nur Wasser und Himmel, dort ist Griechenland. Im Süden Afrika –

Man kann sich von Süden her heranarbeiten an die italienische Halbinsel. Die Alliierten haben das getan, die Sarazenen, die Griechen. Der Vorzug der Halbinsel ist hier augenfällig: man besetzt den schmalen, untersten Teil und versucht dann, sich den Stiefel hochzuarbeiten.

Die Boatpeople haben gar keine Wahl. Sie *retten* sich.

Sie kommen hier nicht an, nicht hier.

Weit draußen, weit außerhalb unserer Sicht, liegt Lampedusa. Da liegen auch Pantelleria und Linosa. Dort versuchen sie, an Land zu kommen. Diejenigen, die es so weit überhaupt geschafft haben.

Ein paar Schlagzeilen aus den widersprüchlichen Statistiken eines Jahres. «Immigration in Italien und Europa rückläufig» (Januar). «Lombardei: In fünf Jahren Ausländer verdoppelt. Es sind jetzt 800 000» (März). «In Italien leben 3,3 Mio. eingewanderte Mitbürger» (März). «UNO-Bericht: Italien an 16. Stelle der Immigrationsländer» (April). «Landwirtschaft: 5 % des Ertrags durch fremde Frauen. An der Spitze Rumäninnen und Chinesinnen» (April). «Nach drei Jahren haben 74 % eine regelmäßige Arbeit» (April). «4,5 Mio. Ausländer in Italien» (Mai). «Veneto: zunehmende Einwanderung. 300 000 Fremde mehr in 2004» (Mai). «Immer mehr osteuropäische Unternehmen in Italien. 65 % wählen den Norden» (Mai). «Veneto: 35 % der Arbeiter im Bausektor sind Ausländer» (Mai). «Italien unter den Ländern mit den meisten Ausländern. Aber unter dem EU-Durchschnitt» (Mai). «Caritas-Report. In Europa 56 Mio. Immigranten. 5 davon irregulär» (Juni). «2005: Von 10 registrierten Clandestini (Boatpeople, Verf.) 4 zurückgeschickt» (Juni). «Bossi-Fini-Gesetz füllt die Gefängnisse mit rückfälligen Clandestini» (Juni). «Mailand. In 10 Jahren 30 % weniger Jugendliche – Einwanderer füllen die Lücke» (Juli). «Ausländische Studenten: 600 % mehr in 10 Jahren» (Juli). «Amato: Wir sehen 18 000 Einbürgerungen vor pro Jahr, ausgenommen die Kinder» (August). «Fremdenpolizei: 60 % der Clandestini bleiben auch mit abgelaufenem Visum» (August). «UNO-Bericht: Auf der Welt emigrieren mehr Frauen als Männer» (September). «Excelsior-Untersuchung: 2006 ein Außereuropäischer aufgenommen von vier Bewerbern» (September). «Caritas/Migrantes: 3 Mio. reguläre Ausländer in Italien, jedes Jahr 300 000 neu» (Oktober). «Zuwanderung: Bis jetzt nur 10 000 Eintrittsvisa erteilt. Ein Gesuch von fünfen ist ungültig» (November).

In Porto Empedocle, dem Hafen bei Agrigent, Ausgangspunkt für die Schiffe nach Lampedusa und Linosa, saß ich vor der Hafenbar auf einem schwarzen Plastikstuhl. Ich hatte Zeit. Neben mir hockte ein älterer Mann und schwieg. Ich sah eine Stunde lang zu, wie Autos kamen und wegfuhren, wie die Insassen in der Bar hinter mir verschwanden und wieder herauskamen. Ich hatte Zeit zu bemerken, wie drei von vier Eisenträgern der Pergola, unter der man im Sommer sitzt, von den Autos krumm gefahren worden waren, und ich hatte Muße genug zu sehen, wie jeder, der aus der Bar herauskam, draußen etwas wegschnippte, den Kassenzettel oder eine Verpackung, oder zumindest auf den Vorplatz spuckte. Ich hatte Zeit genug, um zu sehen, wie manche mehrmals kamen, und Muße, darüber nachzudenken, wie viel Arbeitszeit hier durch Nichtstun verlorenging. Ich wartete auf den Entscheid, ob das Schiff nach Lampedusa am Abend fahren würde; es gab «mare mosso», Wind und die Möglichkeit, dass das Schiff draußen, in jenem anderen Klima, jener anderen Welt, nicht würde anlegen können. Als langsam klarwurde, dass das Schiff nicht fahren würde, blieb ich immer noch, am Rand des Wassers, auf einem Poller sitzen und dachte an Lampedusa.

Es gibt dort einen Platz, der heißt Piazza Medusa.

150 Jahre bevor man den Überlebenden eines Schiffsuntergangs mit einem Nashorn zusammen in einem Ruderboot auf hoher See ausgesetzt sieht, am Ende von Fellinis *E la nave va* – ein absurdes Bild für unser aller Schiffbruch (und Überleben) –, zeigt Théodore Géricault am Pariser Salon von 1819 zum ersten Mal sein Monstergemälde, drei Jahre nach dem Untergang der französischen Fregatte *Méduse*.

Die tödliche Schreckensfahrt auf dem Floß ist der wahr gewordene Albtraum von Entbehrung, Entsetzen, Verzweiflung und Untergang, von Schiffbruch insgesamt. In das Bild von Géricault, das heute im Louvre hängt, im gleichen Saal und als eine Art Antithese von Delacroix' Revolutionsbild, Marianne mit der Fahne auf den Barrikaden, kann man eintreten wie in einen Monumentalfilm. Er erzählt, im Futurum exactum, von einem Untergang, der irgendwann der unsre gewesen sein wird. Von einem Floß, auf dem wir uns schon drängen und immer noch mehr drängen werden.

Das Gemälde ist mit den Jahrzehnten immer finsterer geworden; nicht nur weil das Bitumen, das Géricault seinen Farben beigemischt hat, das Bild immer mehr zerstört. Es wird finsterer, weil es von Jahr zu Jahr wahrer wird.

Wir befinden uns mit dem «Floß der Medusa» in einer Metapher, die immer deutlicher ohne Alternative erscheint.

«Parfois j'éprouve une sensation singulière», schrieb der Kunsthistoriker Jules Michelet schon sechzehn Jahre nach dem frühen Tod des Malers, 1824, «manchmal habe ich ein spezielles Gefühl, celle d'être, moi aussi, embarqué sur un radeau qui sombrerait tout doucement ...» – selbst ausgesetzt zu sein auf einem Floß, das sanft und langsam untergeht.

Als Erster wohl hatte Michelet die Botschaft des Bildes verstanden: «C'est elle», schrieb er, «c'est la société tout entière, que Géricault embarque avec lui.» Wir, unsere ganze Gesellschaft, sind die Passagiere der *Méduse*. Einst stand ich im Louvre vor der Riesenleinwand, als ein Paar vorbeikam mit einem kleinen Kind. Der vielleicht vierjährige Junge fragte seinen Vater, indem er auf den am Heck des Floßes hingestreckten Jüngling deutete: «Papa, ce Monsieur, est-il mort?» Ja, sagte der Vater, er ist tot. «Warum denn», fragte der Bub, «y avait-il un orage?»

Hatte es ein Unwetter gegeben?

Sicher, da ist so etwas wie ein Unwetter gewesen. Ein kurzes, das vorbei ist. Und ein anderes, das noch lange anhält.

Valle dei templi. ∎ Ich hatte die Tempel von Agrigent besucht. Es hatte geregnet. Über das Meer kamen von Südosten her schwere Wolken. Der Regen fiel dichter, dann wieder, wenn sich helle Stellen zeigten im Gewölk, hörte er kurze Zeit auf. Dann trocknete die Erde auf den Wegen hell auf. Vor der Cafeteria, die geschlossen war, unterhielten sich in einem Fiat Punto ein Mann und eine Frau. Die Scheiben des Autos waren beschlagen.

Ein paar wenige Gruppen waren unterwegs; ihre Regenschirme bildeten geschlossene Dächer. Einzelne standen am Rand und hatten ihre Kapuzen hochgeschlagen.

Der Concordia-Tempel war eingerüstet, «der herrlichste Tempel Siziliens», wie ich gelesen hatte. Vom Tempel der Juno Lacinia sah man auf eine Straßenkreuzung hinunter, zwischen der Geländeterrasse mit den griechischen Bauten und dem Meer angelegt, einen Kreisel mit vier Zubringern, auf dem pausenlos Verkehr sich traf, verflocht, auseinanderging. Man hörte das Zischen der Autoreifen auf der nassen Straße.

Beim Hinunterschauen bemerkte ich, dass ich von zwei Fernsehkameras an der Ecke des Tempels beobachtet war.

Im Südwesten des Geländes, jenseits des Eingangsbereichs mit der Snackbar, der Biglietteria und den Souvenirshops, lagen die Trümmer des Tempels des Jupiter Olympus, eine gewaltige, in die Breite verstreute Masse von behauenen Steinen, Würfeln mit abgewitterten Kanten. Es schien unmöglich, die Einzelteile des ehemals riesigen Tempels, die auf den ersten Blick bereitlagen wie für einen Neubau, jemals wieder zusammenfügen zu können. Der Tempel hatte in diesem Parco Archeologico seine endgültige Gestalt erreicht.

Auf einem der Steine wuchs mit kleinen weißen Blüten ein Unkraut. Es war ihm gelungen, auf ein paar Krümeln zu keimen und sich aufzurichten. Und dann, aufmerksam geworden, bemerkte ich den Olivenbaum, der auf einer Felsplatte gewachsen war. Ich stand auf einem Weg, hatte den Stamm in Augenhöhe, und ich sah, wie die Wurzeln um den nackten Fels griffen und den Baum hielten. Anscheinend kam er allein mit dem aus, was diese Wurzeln an Nahrung fanden, hie und da ein wenig Wasser im sandigen Boden in den Ritzen des Gesteins. Ein solcher Baum ist ein Wunder, dachte ich, er braucht noch weniger als das, was man sich vorstellen kann, damit er überlebt.

Ansi hieß er. ▮ Er stand im Morgengrauen an der Anlegestelle, schon von weit draußen gut sichtbar unter der Handvoll, die da auf den Dampfer aus Neapel wartete. Eine gebeugte Figur, die weißen Haare im Wind, von Kopf bis Fuß in Weiß gekleidet. Etwas von einem Dandy hat er immer auch gehabt; das Goldkettchen am Handgelenk, am Hals. Ansi hieß er hier, der Hans aus Urdorf. Sein Schweizer Dorf hieß wirklich Urdorf.

Schon vor einer Stunde war schwarz der Vulkan aus dem Meer aufgetaucht, ein ferner dunkler Kegel im großen Grau; näher gekommen, hörte man sein Grollen. Stromboli.

Ansi hatte es sich nicht nehmen lassen, mich zu dieser Unzeit an der Pier abzuholen. Inselbrauch und seine persönliche Liebenswürdigkeit. Hans Falk war alles andere als ein Auftrumpfkünstler oder Künstlerdarsteller. Es ist kein Kitsch zu sagen: er suchte. Er suchte ununterbrochen nach etwas, das unmittelbar vor ihm lag und das er immer wieder noch nicht gefunden hatte. Er war in Luzern aufgewachsen, in Zürich hatte er gearbeitet, in London, in New York, Jahrzehnte auf großer Fahrt.

Wir fuhren vom Approdo gemeinsam auf der Ladefläche der Dreirad-Ape hauswärts, also heimwärts, in den Ortsteil Piscità. Da hatte er vor vielen Jahren ein paar verfallene Häuser zusammengekauft, Ruinen, in denen er gemalt hatte, die waren Unterschlupf gewesen, Wohnung, Atelier und Gegenstand seiner ersten Stromboli-Bilder zugleich. Er hatte angefangen zu malen, in Bilder zu übertragen, was unmittelbar um ihn herum war.

Jetzt waren da weiße Kuben, mit Liebe und finanziellen Dauerinjektionen wieder aufgebaut, außen Mittelmeer, innen klassische Moderne, Breuer, Eames, Le Corbusier, und davor eine Terrasse, eine halbrunde Kanzel über dem gischtenden Meer. Die Schöpfung eines Mannes, der die Nähe liebte und in die Ferne schauen wollte.

Wir standen dann manchen Abend hier, einen Weißwein oder einen Whisky in der Hand. Er zeigte mit dem Arm gegen den Himmel, zum Horizont, aus seiner Klappmesserstellung heraus, also mit diesem von unten heraus hergedrehten Kopf. Er hatte sich jetzt schon ein ganzes langes Leben lang von oben über seine Leinwände gebeugt, mit dem Pinsel, dem Stift von oben herunterstoßend; die Haltung hatte sich ihm aufgeprägt, wie einer Bäuerin auf dem Feld.

Es war nun die Frage zu erörtern, welche Farbe die Zone hatte, in der es schummrig wurde zwischen Himmel und Meer, und bei dieser Gelegenheit zeigte er mir auch, dass es keine Linie gibt, die die beiden trennt, es handelte sich um einen Übergang. Genau hinsehen, lange. «Was meinsch, wie sölle mer däm Blau säge? Odr isch es scho Violett?» Wie hieß das Licht, das von unten eine Wolke beleuchtete, Apricot? Pfirsich?

Nicht anders mochte einst Leonardo da Vinci auf dem Ostgrat des Ortler gestanden haben, mit der Frage beschäftigt, warum der Himmel über ihm schwarzblau erschien, die sich in die Tiefe des Raums gestaffelten Gebirge aber von Dunkelblau zu Hellblau immer lichter wurden.

Es war, zwischen Berg und Meer eine Übung im Sehen, also eine Abendunterhaltung, für mich jedoch eine Schule, wie ich sie noch nie besucht hatte. Dabei hatte Falk die Welt der Wörter und der Vergleiche nicht nötig, als Maler. Was er in den letzten Jahren gemalt hat, auf riesigen Leinwänden zum Teil, war das Licht, oder die Lichte, wenn der Plural einen Sinn ergibt. Das Licht oder das schwindende Licht. Licht auf Gegenständen, auf Flächen, und dann kam das Licht aus seinen Leinwänden zurück. Das war alles rein existenziell gewesen, primär, und von großem Ernst. Dabei auch sehr schön geworden.

Die karge Insel, Stromboli, hatte ihm alles hingebreitet, was er noch brauchte. Ein schwarzer Kegel, aus dem Feuer kommt, ein schmaler grüner Gürtel Vegetation, Zitronengärten, und dann gleich das Meer, über schwarzen Fels und Sand steil abfallend in die Tiefe; es gibt hier kein Entrinnen, kein Ausweichen. Ansi ging von hier aus nur noch vorwärts.

Das Land, aus dem er kam, die großen Museen in den Städten, in denen er früher viel gewirkt hatte, also Luzern und Zürich, hat das nicht gekümmert. Sie haben ihn nicht ausgestellt. Die Kunst hatte ja mit einem wie ihm, der noch aus der französisch-amerikanischen Schule kam, dem Informel, längst abgeschlossen. Er war denen zu früh zu erfolgreich gewesen. Er passte nicht in ihr Bild von Kunst, die keine Kunst mehr sein darf, und tatsächlich passte er immer weniger in die Zeit. Schwere Krankheiten machten den Krummen noch krümmer. Aber sie brauchten lange, um ihn umzubringen. Er war ein zerbrechliches Monument geworden. Weiß stand er, schräg, auf seiner Terrasse, die Mähne im Wind. Lo straniero, il forestiere – der Fremde. Diese Art von Fremden stirbt aus. Das waren keine Touristen, diese vielen Schriftsteller, Maler, Komponisten, Musiker, Schauspieler; mein Freund François Bondy, der im Hitzesommer über Mittag auf Ischia in der geschlossenen Buchhandlung von Forio die Schreibmaschine klappern ließ. Die Touristen kommen, um etwas zu sehen oder, noch schlimmer, um etwas zu erleben. Diese Fremden waren da, um da zu sein, um Teil zu sein vom Dasein. Mitunter sind diese Fremden das Beste, was ein Land sich wünschen kann –

Ansi starb in Zürich. Sie hatten ihn für seine letzten Tage noch einmal mit der Rettungsflugwacht von seiner Insel geholt. Eine große Trauergemeinde verabschiedete sich von ihm in St. Peter. Er selbst war gewiss schon weiter. Anzunehmen ist: wieder in Stromboli. Zu Hause in Piscità, Wind in dem Wind, der nie nachlässt dort.

Freccia del Sud. ❚ Verächtlich spuckte der Schalterbeamte ein «no» aus, als ich ihn fragte, ob mein Platz reserviert sei. Es gibt keine Platzreservation in einem Zug für Emigranten, der nur zweite Klasse führt. Ich wollte einmal auf die «Freccia del Sud». Ich schaute auf mein Ticket. 1151 Bahnkilometer zweiter Klasse für 39,20 Euro.

Zu den Geleisen geht es in Agrigento Centrale von der Schalterhalle aus, die man über die Piazza Guglielmo Marconi ebenerdig betritt, einen Stock tiefer. Die Geleisezone des Kopfbahnhofs sieht noch so aus wie auf den alten Fotos, die manchmal im Wartesaal italienischer Provinzbahnhöfe hängen: fünf gusseisenbedachte Bahnsteige; auf einzelnen Geleisen stehende Züge. Pflanzenrechtecke an den Geleiseenden: Palmen, Buchsbaum, Immergrün. Stille. Auf einem quadratischen Sockel ein Wasserhahn. Anzeigetafeln, Räume für den Stationsvorsteher («vietato entrare»). Ein Kubus mit Schließfächern. Und eine Kapelle.

Ein paar Stühle, ein Altar, das Marmorkruzifix. Alles sauber gewischt und geputzt. Eine bescheidene Madonna schaut auf die Geleise hinaus. Großes Schwarzweißfoto eines Prälaten, sympathisches, offenes Gesicht, nicht identifizierbar. An einem Pfeiler eine Steintafel mit Inschrift, Botschaft des Papstes an seine Agrigenter, gegenüber eine zweite Tafel mit der Antwort der «ferrovieri», der Bahnangestellten – eine Art Treueschwur.

«I Ferrovieri di Agrigento ricordano la visita alla città del Santo Padre Giovanni Paolo II., con rinnovato impegno aderiscono ai suoi insegnamenti che intendono applicare nel Lavoro per il bene della società ... Die Bahnarbeiter von Agrigent gedenken des Besuches des Heiligen Vaters Giovanni Paolo II., indem sie mit erneutertem Eifer seinen Ermahnungen folgend diese umsetzen in ihrer Arbeit zum Wohle der Gesellschaft. Agrigent, 6. Juli 1993.»

«La Freccia del Sud», der «Pfeil des Südens», fahrplanmäßige Abfahrt in Agrigent um 17.05, fahrplanmäßige Ankunft in Roma-Tiburtina um 07.40, Weiterfahrt über Bologna nach Milano Centrale, Milano an 14.20, ist ein Zug mit Geschichte.

Einst fuhr er von Syrakus, eine Zeit lang von Palermo. Ein Foto von Giancolombo, aufgenommen 1962, auf dem Höhepunkt der italienischen Emigration zu den Bauplätzen und in die Fabriken des Nordens, zeigt den Bahnhof Syrakus: einen Bahnsteig, ein Geleise, ein stehender Zug. Unter dem geriffelten Eisendach mit seiner gezackten Blechmarkise warten vier Männer, um sie herum sieht man eine Menge von Koffern. Zwei schauen ins Leere, einer liest Zeitung, und der am nächsten Stehende blickt in die Kamera, eine unangezündete

Zigarette im Mund. Was auffällt: helles Hemd, dunkle Krawatte. Anzugjacke. Man fuhr in der Sonntagskluft ins fremde Land.

Die «Freccia del Sud», Zug Nummer 834, wird als Express klassifiziert, führt bis heute nur zweite Klasse, neuerdings zwei Wagen mit Couchettes. Dies ist der klassische Zug der Gastarbeiter, also Fremdarbeiter, die mit diesem Zug über Mailand (durch die Schleuse des «Centro d'Emigrazione di Milano», des Durchgangszentrums für Fremdarbeiter auf ihrem Weg in den Norden im Untergeschoss des Bahnhofs) ihre Züge nach Chiasso–Zurigo–Stoccarda erreichten.

Damals – wie wenig lange ist das her: dreißig, vierzig, fünfzig Jahre. Die Bilder sind noch frisch. Hier: man sah sie beim Straßenbau, und dort, auf den Baustellen jener Mietshäuser und neuen Straßenzüge, die die Stadt jährlich um einen Ring in jede Richtung wachsen ließen. Sie waren überall, und waren doch nirgends. Da war der Kastanienröster an der Straßenecke, der Marronimann, hier der Kellner, dort der Mann von der Müllabfuhr. Sie waren da und nicht da. Sie waren nicht da, wo die Hausherren waren; sie wohnten in den minderen Quartieren, den Vorstädten, auf der anderen Seite des Flusses, der die Stadt in die Gegenden der Einheimischen und der Ausländer teilte. Es war deswegen nicht auffällig, dass sie da waren, weil es selbstverständlich schien, dass sie da waren.

Sie trugen weiße ärmellose Unterleibchen über haariger Brust, hatten tief eingekerbte Gesichter und arbeiteten mit der Zigarette im Mundwinkel. Es waren schwarzhaarige, schwarz gekleidete Frauen gekommen, eine Maria, eine Teresa, eine Agnese, die Kinder hüteten oder im Haushalt halfen, sie arbeiteten als Wäscherinnen oder in der Fabrik – Schokolade, Konserven, Spinnerei. Die Männer wiederum in den Autowerkstätten, hinter der Kasse im Lebensmittelgeschäft, in der Industrie, und das war wieder eine andere Unsichtbarkeit: welcher Einheimische außer dem Fotografen, der sie festgehalten hat, wartete schon bei Arbeitsende vor dem Fabriktor.

Sie waren in den Bergen, anwesend und unsichtbar zugleich im Nebel, auf den großen Baustellen der fünfziger und sechziger Jahre, als Mineure, Eisenleger, Betonierer, Schaler und Männer für alles.

Sie waren schon beim Bau der großen Alpentunnels da gewesen, im ausgehenden 19., und sie kamen wieder zum Bau des Gotthardstraßentunnels in den siebziger Jahren des 20. Jahrhunderts, und wiederum nach der Jahrtausendwende zum Bau des Rekordlochs, der Neuen Alpentransversale, vulgo neuer Gotthardtunnel, 51 Kilometer lang. Es geht immer noch nichts, neben vielen anderen Ausländern, die längst aus anderen Ländern kommen, ohne die Italiener, jedenfalls dort, wo man richtig anpacken muss, mit den Händen.

Das Land wäre ohne sie nicht gebaut worden. Manchmal hat ihre Anwesenheit merkwürdige Spuren hinterlassen. Die schweizerische Landestopographie verzeichnet zwischen Thusis und Tiefencastel einen seltsamen Flurnamen: Calabria. Es standen dort einst die Baracken der Arbeiter, die für die Rhätische Bahn geschuftet haben. In Trimbach bei Olten gibt es ein Quartier, das bei den Einheimischen als «Tripoli» bekannt ist – denn hier befanden sich, es war die Zeit des italienischen Libyenkriegs, die Unterkünfte von italienischen Tunnelarbeitern.

Inzwischen sind viele Fremdarbeiter hier zu Hause, in zweiter, in dritter Generation, sind Gastwirte, Importeure, Bauunternehmer, Groß- und Detailhändler, Modemenschen, Coiffeure, Velohändler, Spitzensportler und im Übrigen auch Ärzte, Juristen, Journalisten, also als Einheimische aufgegangen in der einst fremden Gesellschaft.

Die «Freccia del Sud» war ihr Zug, einer ihrer Züge, der Zubringerdienst zum Arbeitgeber im Norden. Ein Zug, der, als taste er sich langsam an einer Wirbelsäule entlang, die ganze Halbinsel samt vorgehängtem Sizilien hinauf- und hinunterkroch und immer noch kriecht, die ganzen 1500 Kilometer von der Heimat zum «Gastland», auf dem Weg in die Emigration und von dort zu Ostern und in der verordneten Winterpause wieder nach Hause.

An seinen unendlichen Haltestellen die Zeremonien des Abschieds, letzte Fotos, nicht die letzten Tränen. Die Koffer, Bündel, Schachteln, Körbe, Netze, Flaschen, Taschen; Mäntel, Jacken, Mützen. Sie gingen nicht freiwillig, sie verließen ein Land, das nicht imstande war, sie zu ernähren. Oder ihnen mit einer Ausbildung zu helfen. Viele waren halbe, manche ganz Analphabeten. «Cristo si è fermato a Eboli», schrieb Carlo Levi 1945; Eboli, der Ort, wo der arme Süden beginnt, die Basilicata, Apulien, Kalabrien, Sizilien. Doch von Eboli bei Neapel bis zur Südspitze Siziliens sind es noch einmal über 600 Kilometer. Man vergisst leicht, wie lang diese Halbinsel ist und dass es von Neapel nach Trapani noch einmal genauso weit ist wie von Mailand nach Neapel.

An diesem leicht regnerischen Märztag ist die «Freccia», zumindest bei der Abfahrt in Agrigent, mehr als halb leer. Einzelne Reisende haben sich in den Abteilwagen verteilt. Es ist leicht, allein zu bleiben auf dem blauen Synthetikpolster, das den speckigen dunklen Kunststoff von damals ersetzt hat.

Ein paar Oberschüler drängeln sich zusammen in ein Abteil.

Der Zug fährt pünktlich, ruckt an um 17.05. Schiebt sich unterhalb der Altstadt den Hügel entlang, taucht gleich in einen Tunnel, nimmt zögernd Fahrt auf durch die Hügel.

Die «Freccia» beginnt als Bummelzug, hält in Grotte, Racalmuto, wendet in Canicattì und fährt weiter nach Caltanissetta. Nach zweieinhalb Stunden und etlichen Haltestellen schließlich Enna. Dann Haltestellen wie Leonforte-Pirato, Dittaino. Es ist Nacht geworden, der Zug hat sich geleert, man fährt durchs Unbekannte (und wundert sich, dass man die Haltestellen später auf der Karte wiederfindet, in offenbar dünnstbesiedeltem Gebiet). Der Reisende, kein Held, einer, der sich langsam etwas verlassen vorkommt und sich auf den Überfall durch sizilianische Briganten gefasst macht, verstaut Geld und Ausweise auf mehrere Kleidungs- und Gepäckstücke.

Um Viertel vor neun fährt der Zug in Catania ein und bleibt dort lange stehen. Aus dem Nebenabteil dringt schweres Parfum durch die Ritzen, Menschengeruch, willkommener; es sind zwei ältere Herrschaften, die, während man gemeinsam durch das heruntergelassene Fenster auf den verlassenen Bahnsteig blickt, versichern, der Zug sei ungefährlich. Sie führen bis Mailand, sagt der Mann. Die Frau streckt sich aus hinter ihm, auf der Bank im Abteil zwischen Taschen und Mänteln.

Hohl hallende Durchsagen. Vier Stunden sind vergangen für eine Strecke von 90 Kilometern. Ob der Schwur der Eisenbahner von Agrigent bis hierhin reicht, der «erneuerte Eifer ... zum Wohle der Gesellschaft»?

Da geht es weiter. Um Viertel vor elf, nach fünfeinhalb Stunden und 235 Kilometern kommen die Lichter der Meerenge von Messina in den Blick. Die «Freccia del Sud» ist jetzt besser besetzt. In jedem Abteil hat es sich einer bequem gemacht, behauptet einen Schlafplatz. Man döst. Einige schlafen schon.

Dann steht der Zug wieder lange still auf dem nächtlichen Geleise, vor der Einschiffung auf die Fähre nach Villa San Giovanni, auf dem andern Ufer des Stretto di Messina. Die Lokomotive ist abgekuppelt, das Gebläse der Klimaanlage ausgeschaltet. Pfiffe auf dem stillen Bahngelände. Aus einem Nebenabteil lautes Schnarchen. Man sieht auf dem gegenüberliegenden Ufer Lichter, die Halbinsel, den Kontinent. Ein Flugzeug überquert tief fliegend die Meerenge in Richtung Reggio di Calabria.

Warten.

Hie und da eine unruhige Bewegung in einem anderen Abteil. Niemand ist auf dem Gang.

Gegen Viertel vor zwölf geht eine Bewegung durch den Zug. Vor der Fähre wird er nun in drei Teile zerlegt, die einzeln, langsam in den Schiffsbauch geschoben werden. Knirschende Räder auf der Verbindungsstelle zwischen Festland und Schiff.

Man spürt das Vibrieren der Motoren, dann, als die Fähre anfährt, hört man ihr Rumoren. Leise schwankt der Reisende auf der schwankenden Polsterbank im schwankenden Abteil im schwankenden Wagen auf dem schwankenden Schiff.

Gegen ein Uhr nachts steht der Zug, wieder zusammengefügt, auf dem Perron von Villa San Giovanni. Acht Stunden seit Agrigent, noch sieben bis Rom, vierzehn bis Mailand. Einzelne Reisende auf dem Bahnsteig. Es ist auch heute eine lange Reise für einen Sizilianer, der nach Mailand zur Arbeit fährt. Oder zum Studium. «Si sale in un mondo, si scende in un altro», schreibt einer in einer kleinen Reportage über diesen Zug. Ein Zug, der in gewisser Weise eine Legende ist: «Man steigt in einer Welt ein, und steigt in einer anderen aus. In einem anderen Land, dem der Emigration, die das Leben von Millionen gezeichnet hat. Einst waren es die Kartonkoffer, weinende Kinder, eine Ladung Menschheit, verzweifelt und hoffnungsvoll. Heute junge Studienabgänger auf der Suche nach einer Arbeit, die ihrer Ausbildung angemessen ist. Es ist ein Zug, der das Land verbindet – und der zeigt, wie tief gespalten es ist.»

Von 50 000 Laureati, Schulabgängern mit Abgangszeugnis, sind nach drei Jahren immer noch 20 000 arbeitslos, schreibt der Berichterstatter. 70 000 Meridionali, davon 30 000 Sizilianer, wandern jährlich in den Norden aus, vor allem in die Lombardei, aber auch in die Emilia-Romagna, ins Veneto und nach Rom.

«Eine Neuauflage der Emigration der fünfziger und sechziger Jahre ... Aber im Unterschied zu damals betrifft sie oft qualifizierte Junge, Opfer einer tiefen Krise der industriellen Produktion. Ein Phänomen, das die Schere zwischen Süd und Nord weiterhin unaufhaltsam auseinandergehen lässt.»

Das alte, unheilbare italienische Syndrom. Aber inzwischen kommt ein Teil der Passagiere der «Freccia del Sud» noch von ganz anderen Küsten.

«Vor der Toilette treffe ich zwei Immigranten», schreibt der Reporter, «die in ihrer Sprache miteinander parlieren. Sie schauen mich an und treten beiseite. Als ich zum Abteil zurückgehe, sehe ich am Ende des Ganges den Kontrolleur. Ohne nachzudenken, sage ich es den zwei Typen, die sich gleich in der Toilette einschließen. Ein paar Minuten später stehen sie im Abteil und bedanken sich. Es sind zwei äthiopische Asylanten, die nach Rom wollen, zu Verwandten und Freunden. Wie so viele kommen auch sie aus Lampedusa.»

Die «Freccia» ist, wegen eines Defekts an den Geleisen, mit einigen Stunden Verspätung aus Villa San Giovanni weggefahren. Dämmerung. Regen, Sturm. Die kalabrische Küste unter einem Sturm, der von Westen heranrast; Paola, Cetraro, Sangineto, Diamante.

Das aufgewühlte Meer, grün, braun und schwarz mit schmutzig gischtenden Wellenkämmen, versucht das Ufer zu verschlingen.

Der Sturm reißt an zerfetzten Palmen. Brandgeschwärzte Hotelfassaden. Armierungseisen zeigen in den Himmel. Skrofulöse Reihenhäuser, Überbauungen wie Krebsgeschwüre. Ein verlassener Campingplatz mit stehengebliebenen Wohnwagen, schäbige Badehütten, verkommene Tankstellen. Wilde Mülldeponien überall, Berge von Plastiksäcken an den Straßenrändern.

Marcellina, Maratea.

Dann endlich Salerno.

Der ebenfalls verspätete Schlafwagenzug nach Neapel überholt unsere «Freccia», einen vergessenen Zug.

Es gibt ein Internet-Portal, in dem man einiges über die «Freccia del Sud» lesen kann (trenoproblem.it). Einer beklagt sich, der hatte nur zwei Stunden und fünf Minuten Verspätung. Er ist aus einem andern Grund stocksauer. Er sei in seinem Couchette-Abteil die ganze Strecke sitzend gereist. Es war kein Liegewagenschaffner an Bord gekommen.

Jetzt Ankunft in Roma-Tiburtina, mit vier Stunden Verspätung.

«Das muss man erst einmal fertigbringen», sage ich zu dem jungen Mann, der sich mit mir zum Aussteigen bereitmacht. Das ist nicht seine Art Humor.

«Si deve abituarsi», sagt er knapp.

Daran muss man sich gewöhnen.

Nachwort

Gespräch am Nachmittag. ■ Terrasse gegenüber dem Palazzo Ducale, Urbino. Peter Kammerer und der Autor.

Peter Kammerer, geboren 1938 in Offenburg, Soziologe, Autor, Übersetzer, ist Professor für Soziologie in Urbino. Er lebt seit Jahrzehnten in Italien. Das Gespräch findet auf Kammerers Terrasse in der Altstadt von Urbino statt, von der man einen freien Blick zum Palazzo Ducale hinüber hat. Ich kam verspätet. Auf dem Herweg war ich einem Schild nach Urbino gefolgt, das, wie ich eigentlich wusste, in die falsche Richtung wies. Ich war ihm gefolgt, weil es da war und weil wir es gewohnt sind, einem Straßenschild zu vertrauen.

Kammerer: Wenn man meint, Straßenschilder müssten immer richtig sein, kann man sich in Italien nicht bewegen. Das heißt, man muss immer einen Grundstock an Kritik dabeihaben. Das erfordert Flexibilität ...
   D. B.: Straßenschildern in Italien ist also grundsätzlich zu misstrauen? Warum gibt es denn überhaupt Wegweiser? Wenn sie falsch sind, dann besser gar keine.
Sie sind eben nicht falsch, sondern interpretationsbedürftig, was sehr lästig und überflüssig sein kann. Ich glaube, das Grundproblem in Italien ist ein historisch-philosophisches. Die Italiener haben die längste europäische Kulturgeschichte. Sie sind die einzige europäische Gesellschaft mit zweitausend Jahren ununterbrochener Kontinuität. Ich glaube, das hat den Boden für einen ganz tiefen Skep-

tizismus bereitet. Er bringt dich in ein anderes Verhältnis zur Wahrheit. Das finde ich eine der erfreulichsten Tatsachen in Italien: nichts wird als fest und unverrückbar betrachtet. Nicht einmal der Papst! Der Umgang mit der Wahrheit ist experimentell!

Ich habe einmal Edoardo de Filippo, einen der genialsten Männer des italienischen Theaters, interviewt, und er sagte mir: Es gibt in Neapel dreißig Arten, ja zu sagen. Und fünfundzwanzig davon bedeuten nein. Ganz abgestufte Neins, ganz abgestufte Jas.

Zu meinen Zweifeln, Unsicherheiten, Verwirrungen gegenüber einigen italienischen Realitäten sagst du, ich hätte einen nordisch-protestantisch-rationalistischen Realitätsbezug. Das heißt, ein Kirchturm ist ein Kirchturm, und ein Hinweisschild ein Hinweisschild. Die ganze Wirklichkeit wird doch zu einem Albtraum, wenn das alles nicht stimmt.
Der Albtraum ist ja viel größer, wenn alles stimmt. Das ist der moderne Albtraum! Das ist Kafka – wenn alles im Einzelnen so stimmt, dass du keinen Sinn mehr siehst.

Mir kommt das hier eher wie Kafka vor ... das Erlebnis des Newcomers, der hier eine Existenz begründen will und auf diese Schwierigkeiten stößt – Aufenthaltsbewilligung, Verkehr mit Steuerämtern, technische Notwendigkeiten wie ein funktionierendes Telefon, das ständige Chaos der Administrationen.
Ich bin verheiratet mit einer Mailänderin. Graziella (G. Galvani, Schauspielerin, Verf.) ist als Mailänderin ein Produkt großer häretischer Bewegungen, die durchaus mit dem Protestantismus zu vergleichen sind. Da gibt es für alles immer nur «The one best way». Das ist Toyota, das ist Ford. Das ist Taylor, Arbeitsrationalisierung. Um ein Weinglas von hier nach da zu bringen, sagen diese Rationalisten, gibt es nur einen besten Weg.

Und jetzt, was macht der Italiener, von dem du sprichst? Er steht auf, dreht sich erst mal um *(Kammerer dreht mir den Rücken zu und betrachtet den Palazzo Ducale).* Dann bringt er dir das Wasser, so, hier herum, also auf einem kleinen Umweg *(Kammerer umrundet den*

Tisch). Weil er, wenn er so etwas tut, immer noch hundert andere Zielsetzungen hat. Das Aufstehen, um schnell einen Blick auf den Palazzo zu werfen, den Tisch aus seitlichem Winkel zu prüfen, usw., d. h., dass eine Aufgabe nur eine rationale Lösung kennt, ist für Italiener vollkommen idiotisch. Man jongliert immer mit vielen Variablen und ist für neue Unbekannte prinzipiell offen.

Heute ist das Land so schwierig, so beschissen, weil es sich mitten in einem Übergang befindet. Ist nicht wirklich modern, und auch nicht mehr wirklich alt.

Also mit meinem Befund: Sie haben die Moderne, aber sie leben sie nicht ...

... ganz einverstanden.

Da musst du mir nun mal erklären, warum auch die kleinsten Dinge nicht funktionieren, die einfachsten, ich sage mal: Abfalltrennung. Dieser winzig kleine Schritt von einem verspäteten Zug zu einem fahrplanmäßigen Zug, von einer in den Müll geworfenen Batterie zu einer entsorgten Batterie – warum ums Verrecken geht das nicht? Ich versteh's nicht.

Kann man auch nicht verstehen. Der schönste Ort von Neapel, von dem aus man einen herrlichen Blick auf den Golf hat, auf Capo Miseno, ist ein Ort, wo nur Damenbinden, Präservative, Plastikflaschen, Widerlichkeiten aller Art liegen. Ich frage mich: was hat diese Menschen bewogen, ausgerechnet am schönsten Ort diesen Schmutz zu hinterlassen? Was?

Ich habe keine eindeutige Antwort. Ich habe bei Goethe nachgelesen, der beschreibt, wie vernünftig die Neapolitaner mit dem Abfall umgehen. Er sagt, die Erde ist so fruchtbar, dass sie den Abfall nur von einem Ort wegtragen und woanders hintun, und schon sprießt dort der schönste Garten. Dass es einen Abfall gibt, der nicht fruchtbar ist, wenn du diese Neuigkeit der Moderne nicht in deinem bäuerlichen Kopf hast ...

Eine liebevolle Erklärung. Ich glaube, dass es für den Italiener, die Ver-

allgemeinerung ist mir bewusst, den Anderen nicht gibt. Und zwar im praktischen und im philosophischen Sinn. Der Italiener ist sich selbst genug, wie es das bei Ibsen von den Trollen heißt, «Troll!, sei dir selbst genug!» Wenn ich drei Parkplätze vorfinde, belege ich mit meinem Auto auch drei Parkplätze, wenn mich ein Müllsack ärgert, schmeiße ich ihn aus dem Auto, wenn ich auf der Autobahn fahre, überhole ich rechts, wenn ich in einem Laden bin und es warten schon drei Leute, schreie ich über die drei Wartenden meine Wünsche hinüber, wenn ich in eine Bar komme, brülle ich vom Eingang her meinen Sonderwunsch. Meine Verblüffung: es funktioniert sogar. Es entsteht dann dieses Chaos, wo jeder einmal drangekommen sein wird.

Ich glaube, in der Beschreibung sind wir uns vollkommen einig. Aber meine Interpretation wäre diametral entgegengesetzt. Ich würde nie einen Satz sagen wie «Der Italiener ist sich selbst genug». Der Italiener ist der sozialste Mensch, es sind eher die Deutschen, die sich selber genug sind, die Schweizer.

Das Ideal der deutschen Eisenbahnreise ist das Abteil, in dem jeweils nur einer sitzt. Geh in einen italienischen Zug, dann sind zwei Waggons total leer, und im dritten Waggon, da sitzen sie alle aufeinander. Trinken miteinander, essen miteinander, streiten miteinander. Italiener gehen immer dahin, wo andere schon sind. Das zeigt, da gibt es ein ganz tiefes soziales Bedürfnis.

Sie machen ja auch sonst alles gleichzeitig, fahren alle an Ostern gleichzeitig weg, an dem und dem Tag auf den Friedhof, an dem und dem Tag im Sommer ans Meer ...

Na ja, dieser tiefe deutsche Seufzer: ich will einen einsamen Strand. Es gab nie einen Italiener, der einen einsamen Strand wollte. Was wir «Italiener» nennen, ist das Produkt einer langen und besonderen Geschichte, ein enorm soziales Tier, ganz fein strukturiert, oder zumindest war er es einmal. Vielleicht ist das kaputtgegangen, und jetzt haben wir nur noch den Müll dieser individuellen und sozialen Verhaltensweisen. Restbestände.

Wenn sie so sozial sind, warum verhalten sie sich andern gegenüber so unsozial, man könnte auch sagen: egoistisch?

Der Vergleich der italienischen und der nordischen Vorstellungen von Erziehung ist sehr aufschlussreich. In Italien dürfen Kinder alles. Sie sind die Götter, und jeder Deutsche fragt sich, was aus denen wohl werden wird. Keine Disziplin! Und dann kommen Jugendliche mit sechzehn oder siebzehn Jahren heraus, die nichts von den Leiden haben, die pubertierende Jugendliche im Norden durchmachen. Auch das verändert sich heute. Aber in Italien gibt es keine Flegeljahre. Die hat man als Kind hinter sich gebracht.

Kehren wir zu dem Punkt zurück, wo wir sagten: die Moderne sei zwar in Italien angekommen, aber sie würde nicht bewältigt.

Die Italiener haben die Moderne erfunden! Mit dem Bankenwesen, mit dem Geldverkehr. Bis heute sind die wichtigsten Bankausdrücke italienisch, Diskont, Lombard, Kredit, Konto usw. Die Italiener haben die doppelte Buchhaltung erfunden, den Kreditbrief, als wir noch auf den Bäumen saßen. Der Aufschwung des Nordens kam mit den Fuggern erst dreihundert Jahre später! Die Italiener hatten eine florierende Tuchindustrie in Florenz, bevor die Holländer und dann die Engländer ihre Tuchindustrie entwickelt haben. Sie hatten eine hochentwickelte Technik und die Wissenschaft dazu. Warum aber haben sie den entscheidenden Schritt in die Moderne nicht getan? Warum haben sie den Zug der kapitalistischen Entwicklung verpasst? Das ist das große Geheimnis Italiens.

Ich spreche nicht vom großen Zug der Geschichte, sondern von den letzten vierzig, fünfzig Jahren. Um es mal anders zu sagen: warum unterscheidet sich Italien in seiner Entwicklung so himmelschreiend von Ländern wie Frankreich, der Bundesrepublik ...

Da halt ich's mit Goethe. «Wer nicht von dreitausend Jahren / sich weiß Rechenschaft zu geben / bleibt im Dunkeln unerfahren / mag von Tag zu Tage leben.» Fünfundzwanzig Jahre sind ein Pickel auf der italienischen Haut.

Meinetwegen ist Italien ein Methusalem, aber auch Methusalem be-
nützt heute einen Computer.

Aber die Erklärung für Haltungen findest du nicht in den letzten fünfundzwanzig Jahren, du findest sie in den letzten dreitausend Jahren.
Sagen wir dreihundert, eine Null streiche ich. Ich hab mich lange dagegen gewehrt, dass es nationale Verhaltensmuster geben soll, da war
man als 68er dagegen. Heute bin ich tief davon überzeugt, dass es so
etwas gibt.

Glaubst du, du kannst die Administration um George Bush mit den
letzten fünfundzwanzig Jahren erklären? Wenn du die Dummheit
von Bush erklären willst, seinen Fundamentalismus, sein Sendungsbewusstsein – bei so wenig Hirn so viel Sendungsbewusstsein –, und
du lässt den Protestantismus außer Acht und die Sektenbildung und
den sogenannten Wilden Westen, in dem sie die Indianer einfach tot-
geschlagen haben – wenn du diese ganze Geschichte außer Acht lässt,
wirst du Herrn Bush nie verstehen. Die kleinen Phänomene des Ver-
haltens, die großen Phänomene der Politik haben lange, lange Vor-
laufzeiten.

Dann hat also auch das Beharren eine längere Laufzeit, als der Unge-
duldige erwarten würde. Und wenn man bedenkt, dass es in Italien ge-
waltige regionale Unterschiede gibt ...
... vollkommen richtig! ...
... darf man vielleicht auch das Gefühl haben, in meinem Fall, dass die
Umbrer besonders verschlossen sind – vielleicht auch besonders beharr-
lich, beständig, treu. Und archaisch. Folge vielleicht der jahrhunderte-
alten Mezzadria ...

Die Mezzadria, die Halbpacht, war ein interessantes System. His-
torisch gesehen gibt es in Italien über 100 Pachtsysteme; die Halbpacht war, mit ihren vielen Varianten, das wichtigste. Vor allem hier,
in Mittelitalien. Die Halbpacht hat gegenüber anderen Systemen
den Vorteil, dass sie den Pächter beteiligt am Ertrag. Sie versucht,
ein langfristiges Interesse am Boden zu wecken. Sie ist eine «unter-

nehmerische Pacht», sie will aus dem Bauern einen Unternehmer machen.

Das verdeckte die Konflikte zwischen Eigentümern und Pächtern. In der Regel war ein solcher Hof etwa 16 Hektar groß. Um diesen Grund zu bewirtschaften, bedurfte es einer bestimmten Anzahl von Händen. Wenn nun eine Familie, durch Heirat oder Wegzug, zu klein wurde, oder zu groß, kam es zum Konflikt, und die Padroni ließen ihre Macht spüren, indem sie den Vertrag kündigten, das heißt, sie haben die Pächter erpresst. Daher kommt diese Idee von der Allmacht der Padroni. Diese haben ganz massiv «Biopolitik», würde es Foucault nennen, getrieben. Aber Mezzadria heißt auch: der Padrone musste das Kapital liefern. Haus, Tiere, Werkzeug hat der Padrone vorgestreckt. Und darauf bezog sich seine Rendite – also die Halbpacht ist eine bereits entwickelte kapitalistische Angelegenheit.

Im Rahmen dieser Struktur haben die Pächter ein Interesse gehabt, gut, und langfristig gut zu produzieren.

Durfte in den Zeiten der Mezzadria auch der Pächter jagen?
Ja, natürlich. Daher kommt es, dass die Jagd heute ein Massenphänomen geworden ist. Das ist keine Rivincita, keine Revanche gegen die ehemaligen Herren.

Damals war vorgeschrieben: soundso viel Holz, soundso viel Heu, Garten, Wein, Getreide – wo Halbpacht ist, findest du nie Monokultur. Sondern dieses fein gegliederte Landschaftsbild der Toskana, der Marken, Umbriens.

Die Mezzadria wurde eine Katastrophe, als die Landwirtschaft mit den Agrarimporten aus Übersee in eine Krise geriet. Das alte Gleichgewicht, das die Halbpacht garantiert hat, auch das menschliche, das Verhältnis zum Padrone, ist da auseinandergegangen. Es kam zu Konflikten, und nach dem Zweiten Weltkrieg wählte Mittelitalien kommunistisch. Nicht die großen Städte, sondern diese Agrargebiete wurden Hochburgen des PCI. Auch die Jagdverbände sind aus Tradition links – das macht es einer fortschrittlichen Regierung so schwer, gegen die Missbräuche der Jäger aufzutreten. *Welche stur auf ihrem teils abusiv genutzten «Recht» beharren. Ich habe mich auch in diesem Zusammenhang immer wieder an dem Satz «Da noi è così» gestoßen.* Ich deute dieses «Bei uns ist es so» als Höflichkeitsform. Ich rede jetzt von einem idealen Italien, einem, das es gab, das es *(Kammerer zögert)* noch gibt, aber das gerade im Verschwinden ist. «Da noi è così»: ich sage das auch von meiner unaufgeräumten Terrasse. Heute Abend kommt der Dieter Bachmann, guckt euch das mal an! Diese Hundehütte, unästhetisch, überhaupt könntet ihr aus diesem Garten so was Schönes machen. Und es stimmt absolut. Aber selbst wenn ich aufräume oder wenn ein guter Freund kommt und uns die Terrasse aufräumt, dass wir uns richtig freuen: Nach zwei Wochen sieht wieder alles genau so aus, wie du es jetzt siehst. Und wenn du dann fragen würdest, warum lässt du das wieder so verkommen, würde ich sagen: Da noi è così.

Du hast Kriterien, die ich durchaus teilen kann – aber ich wohne hier. Die sagen dir mit ihrem «da noi è così» höflich: so wie wir es machen, hat es auch einen Sinn, zumindest für uns.

Und was machst du damit, wenn eine Nachbarin nach zwei Bränden zu dir sagt: Nun gehört ihr zu uns?

Na ja, ich würde mich scheuen, das zu interpretieren. Aber es kann heißen: wir sind hier unter anderem auch eine kleine Verbrecherbande, und ihr gehört jetzt dazu. Das hörst du in jedem bayerischen Dorf auch. Du kommst als protestantischer Flüchtling in ein Dorf nach Oberbayern, alle sind höflich, alle sind freundlich. Und jetzt stiefelst du einem Mädchen nach. Und dann prügeln einige Burschen dich halb tot. Wirklich halb tot. Wenn alles gutgeht, gehörst du nach dieser Prügelei dazu. Du hast den Einstand bezahlt.

Du sprichst viel von Italiens Vergangenheit.

Stimmt. Italien war für mich das interessanteste Land der Welt. Ende der fünfziger, Anfang der sechziger Jahre. Das kann ich dir an drei Phänomenen klarmachen.

Erstens, es gab Papst Johannes XXIII. Und das Konzil. Und das Konzil war ein Weltunternehmen. Du hattest im Autobus 64, der in Rom von Termini zum Vatikan fährt, ständig Prälaten aus der Dritten Welt. Kardinal Frings kam mit dem Mercedes ... Aber der 64er: voll von schwarzen Bischöfen, von Indern und Südamerikanern. Das Konzil war die größte intellektuelle Versammlung der damaligen Zeit, und diese hat mehrere Jahre lang getagt. Da hat plötzlich ein intellektueller Wind durch Italien geweht, unglaublich.

Das zweite große Phänomen: Togliatti, die kommunistische Partei. Die italienische war die größte kommunistische Partei des Westens. Diese Leute waren vollkommene Westler, kultivierte Leute, keine Asiaten, was Herr Adenauer meinte, wenn er sagte: die Soffjets, es waren kultivierte Italiener, die hatten eine Weltsicht, die viel weniger schematisch war als die Adenauers. Und jetzt kombinier das mit dem Konzil: Für ein paar Jahre war Rom eines der Zentren der Welt.

Und das dritte Phänomen: der Nord-Süd-Konflikt. Italien ist das Land in Europa, das in seiner Struktur den Nord-Süd-Konflikt überaus interessant artikulierte. Wie ein Sandkasten, wie ein Modell. Als Willy Brandt den Nord-Süd-Konflikt entdeckte, als er sagte, es entscheidet nicht Ost–West, sondern Nord–Süd, Afrika–Europa, Dritte Welt–Erste Welt, da wusste das jeder Italiener schon seit ein paar Jahrzehnten.

Und dann fing das an kaputtzugehen. Jetzt kann man sich streiten, wann und wodurch, wo die Wende kam. Mit der Konstellation Italien wusste Europa nichts anzufangen, die von hier ausgehenden Impulse wurden vom Mainstream in Europa nicht aufgenommen.

Was ist passiert?

Meine These ist: Italien wurde «europäisiert», und damit ist eine Entwicklung eingetreten, die das Land nicht ausgehalten hat. Die Italiener wollten irgendwann auch werden wie die andern Europäer, wollten viel Zement, viel Stahl, viel Verkehr, viel Energie, viel Müll, und konnten nicht mehr mit ihren eigenen Instrumenten und Mitteln umgehen.

Das ist übrigens in der ganzen Welt so: alle Länder der Dritten Welt können mit dem, was du ihnen bringst, nicht umgehen.

Du sagst «Zement». Zement heißt Architektur. Es ist doch auffällig, wie miserabel in Italien allgemein gebaut wird, und zwar ästhetisch wie auch bautechnisch. Unfassbar. Während andere Länder längst ästhetisch hervorragend und mit HiTec bauen. Das heißt nicht, dass es hier keinen Renzo Piano gibt, aber es ist typisch, dass einem kein anderer Name einfällt.

Wenn du einem Stamm, der gewohnt ist, komplizierte Sachen aus Bambus zu bauen, das Baumaterial, mit dem er zweitausend Jahre lang die schönsten Dinge gebaut hat, wegnimmst, Zementkübel hinstellst und sagst: jetzt könnt ihr klatschen, so viel ihr wollt, kommen furchtbare Dinge heraus. Bei denselben Menschen, die vorher einen hervorragenden Geschmack bewiesen haben, weil sie zwei Dinge hatten, erstens Tradition und zweitens Liebe zum Material, mit dem sie bauten. Schau dir da drüben die Millionen von Ziegeln an, die den Palazzo Ducale bilden, eines der schönsten Bauwerke der Welt.

Bei manchen Äußerungen hoher Politiker in Italien habe ich manchmal den Eindruck, dass es eine Tendenz gibt, die Mafia als gesellschaftliches Phänomen zu akzeptieren, mit dem man eben leben muss.

Ja, das ist so.

Das wäre ungeheuerlich.

Warum?

Weil das heißen würde, dass der Staat Unrecht nicht verfolgt.

Der Staat ist eine zweischneidige Repressionsmaschine. Manchmal verfolgt er das Unrecht, oft aber verfolgt er dabei die Unrechten ...

Also erstens ist der italienische Staat der Geburtshelfer der Mafia gewesen, ganz konkret. So ähnlich wie Bush ein Geburtshelfer der Taliban war oder des Fundamentalismus, war Crispi ein Begründer der Mafia (Francesco Crispi, 1819–1901, Innenminister der Regierung Depretis, 1887, und Präsident des Ministerrates 1887–91 und 1893–96, Verf.). Crispi hat die sozialistische Bewegung in Sizilien, die ungeheuer fortschrittlich war und in den achtziger Jahren des 19. Jahrhunderts die Bauern gegen die Großgrundbesitzer organisierte, kaputt gemacht: durch die Mafia. Der Staat hat die Mafia dafür bezahlt und geschützt. Die Mafia war als sozialer Kontrolleur in Sizilien vom Staat anerkannt.

Zweitens: Anerkennung der Mafia durch die italienische Bankenwelt. Die ganze italienische Hochfinanz wusste, was in den Banken in Sizilien vor sich ging. Sie haben es akzeptiert, weil sie nur so glaubten, in Süditalien ins Geschäft kommen zu können.

Mussolini hat die Mafia bekämpft, aber nicht weil es ihm um Recht und Freiheit ging, sondern weil sie die konkurrierende Macht war. Die Mafiosi gingen einfach auf Tauchstation, in die faschistische Partei; dann kamen die Amerikaner und haben die Schläfer geweckt.

Und dann kam die große Bluttat, Portella della Ginestra. 1946 wurden die Gemeindewahlen in Sizilien von den Sozialisten und den Kommunisten gewonnen, und daraufhin hat am 1. Mai 1947 der Bandit Giuliano im Auftrag politischer Kräfte, hinter denen Innenminister Scelba stand, Dutzende von Bauern erschossen. Francesco Rosi hat darüber einen großen Film gedreht. Die Democrazia Cristiana hat von nun an die Mafia benutzt, um die Bauernbewegung und radikale Opposition zu disziplinieren.

Ein Mann wie Andreotti hatte natürlich fein gesponnene Beziehungen zur Mafia. Man kann ihm selbstverständlich kein Delikt nachweisen. Aber Andreotti hat augenzwinkernd zu verstehen gegeben: ich muss mit der Mafia auskommen. In bestimmten Situationen waren die von ihr kontrollierten Stimmen machterhaltend.

Während die Mafia offenbar auf dem Vormarsch ist, wurde die Justiz von der Regierung Berlusconi beschnitten, marginalisiert, in den Würgegriff genommen.

Ich finde, Leute wie Previti (Cesare Previti, geb. 1934, Advokat, Politiker, enger Vertrauter von Berlusconi und mit ihm in den sog. Fininvest-Skandal verwickelt, Verf.) oder Berlusconi sind in ihrer Art gefährlichere Leute als die Mafia. Ich würde die Mafia etwas zynisch so sehen: das sind Leute, die machen illegale Geschäfte, eine Geschäftsbande. Aber schau dir einmal die Welt an: welcher Konzern macht keine illegalen Geschäfte, selbst Siemens macht das, und gegen die Geschichte der amerikanischen Ölkonzerne, mein lieber Mann – da ist die Mafia eher ein Pennälerverein.

Die Mafia hat keinen politischen Machtanspruch?

Die Mafia ist erstens ein Geschäfte tätigender Kriminellenverband und zweitens ein lokaler Ordnungsfaktor in Sizilien, Neapel, Kalabrien, Apulien. Solche Ordnungsfaktoren sind natürlich auch Unordnungsfaktoren – aber nimm Genua, nimm Heiligendamm. Waren die Polizisten nun Ordnungshüter oder Unordnungsstifter? Das hängt von deiner Position ab.

In welcher Weise gehört Italien zu Europa?

Neben den Deutschen waren nach dem Weltkrieg die Italiener die begeistertsten Europäer. Die Deutschen waren das aus einem Schuldkomplex, sie dachten, mit Europa als Zukunft bringen sie ihren Hitler hinter sich und werden wieder akzeptiert. Die Wiege Europas aber, mehr als Griechenland, ist Italien. Wenn wir glauben, dass unsere Identität, dass unser Leben und der Wert des Lebens damit zusammenhängt, was wir in den letzten zweitausend Jahren gemacht haben, und wenn man deshalb glaubt, diese Geschichte sei wichtig, dann wird Italien unverzichtbar. Die Alternative ist falsch gestellt, aber lieber verzichte ich auf Europa als auf Italien. Wenn die Moderne Bankrott macht, liegt hier noch Zukunft. Hoffe ich.

Inhalt

Umbrien & Zürich, Anfang November 2006
bis Ende 2007

Ich danke meinen Freunden Bruno Hitz und Peter Kammerer
für ihre kritische Lektüre, und dem Verleger Nikolaus Hansen für
die Anregung und die intensive Begleitung bei der Entstehung
des Manuskripts.